Nuevo paradigma teológico

Nuevo paradigma teológico

Juan José Tamayo-Acosta

EDITORIAL TROTTA

COLECCIÓN ESTRUCTURAS Y PROCESOS
Serie Religión

A las universidades, facultades e institutos de teología
de América Latina en los que soy docente:
México, Nicaragua, Costa Rica, Perú, Venezuela, Ecuador y Colombia
donde vieron la luz, en un clima de diálogo
interdisciplinar, intercultural e interreligioso,
muchas de las ideas expuestas en este libro

Primera edición: 2003
Segunda edición revisada: 2004

© Editorial Trotta, S.A., 2003, 2004
Ferraz, 55. 28008 Madrid
Teléfono: 91 543 03 61
Fax: 91 543 14 88
E-mail: editorial@trotta.es
http://www.trotta.es

© Juan José Tamayo-Acosta, 2004

ISBN: 978-84-8164-658-0
Depósito Legal: M-52.550-2003

Impresión
Service Point, S.A.

ÍNDICE

Introducción: Nuevos horizontes para un nuevo paradigma teológico 11

1. LA VERDAD EN IMÁGENES: HACIA UNA TEOLOGÍA HEURÍSTICA E INTERROGATIVA 15

2. PRINCIPIO-MISERICORDIA Y PRINCIPIO-LIBERACIÓN 21
   2.1. Una teología inmisericorde 21
   2.2. Simone Weil, intelectual compasiva 22
   2.3. Jon Sobrino: el principio misericordia 24
   2.4. Gustavo Gutiérrez: el principio-liberación 26

3. HORIZONTE INTERCULTURAL: INCULTURACIÓN E INTERCULTURALIDAD 31
   3.1. Los límites de la inculturación 31
   3.2. De la inculturación a la interculturalidad 35
   3.3. Interculturalidad en la teología 37
   3.4. Interculturalidad en la Biblia 43
   3.5. Diferentes paradigmas en la historia del cristianismo .. 47

4. HORIZONTE INTERRELIGIOSO 51
   4.1. Pluralismo religioso 51
   4.2. «Sin diálogo, las religiones se anquilosan» 52
   4.3. Hacia una teología liberadora de las religiones 56
   4.4. Una espiritualidad interreligiosa 62

5. HORIZONTE HERMENÉUTICO: MÁS ALLÁ DEL FUNDAMENTALISMO 65
   5.1. El ser humano como intérprete 65

5.2. Algunos hitos de la hermenéutica moderna	66
5.3. La teología hermenéutica	69
5.3.1. Desmitologización y hermenéutica existencial	70
5.3.2. Hermenéutica teológica y teoría crítica de la sociedad	72
5.3.3. El giro lingüístico	74
5.3.4. Imaginación creadora y hermenéutica de la sospecha	77
5.4. El problema de los dogmas	81
6. HORIZONTE FEMINISTA: GÉNERO Y TEOLOGÍA, MÁS ALLÁ DEL PATRIARCADO	85
6.1. La violencia contra las mujeres, principal instrumento del patriarcado	86
6.2. Mujer y teología: una historia de des-encuentros	88
6.3. Teología crítica y hermenéutica de la sospecha	89
6.4. La no-ordenación de las mujeres y la exclusión del poder	91
6.5. Un discurso inclusivo sobre Dios	93
6.6. Feminización de la pobreza y opción por las mujeres pobres	97
6.7. Teología ecofeminista	99
6.8. Espiritualidad en perspectiva feminista	101
6.9. El cuerpo y la sexualidad	103
7. HORIZONTE ECOLÓGICO: DEL ANTROPOCENTRISMO AL GRITO DE LA TIERRA EN BUSCA DE SU LIBERACIÓN	113
7.1. ¿Hay un lugar para la ecología en el discurso teológico?	113
7.2. Dios, Cristo y el Espíritu Santo en perspectiva ecológica	116
7.3. Lectura ecológico-festiva de la creación	118
8. HORIZONTE ÉTICO Y PRÁXICO: LA ÉTICA, TEOLOGÍA PRIMERA; LA PRAXIS, ACTO PRIMERO	123
8.1. La ética como filosofía primera	123
8.2. Lugar de la ética en el cristianismo	126
8.3. La ética como teología primera	131
9. HORIZONTE UTÓPICO: PRINCIPIO-ESPERANZA Y REHABILITACIÓN TEOLÓGICA DE LA UTOPÍA	139
9.1. El país de la utopía: «¿Por qué no?»	139
9.2. La esperanza como principio y virtud	140
9.3. *Spes quaerens intellectum*	142
9.4. La Biblia, enciclopedia de utopías	144

ÍNDICE

10. HORIZONTE ANAMNÉTICO: EL RECUERDO SUBVERSIVO DE LAS
    VÍCTIMAS 155
    10.1. La historia humana, ¿un proceso progresivo de
          emancipación? 155
    10.2. Apología de la apocalíptica 158
    10.3. La obediencia a las víctimas, constitutivo de la conciencia moral 159

11. HORIZONTE SIMBÓLICO: DE LOS «SÍMBOLOS ROTOS» A UNA
    TEOLOGÍA SIMBÓLICA 163
    11.1. El despertar de la imaginación simbólica 163
    11.2. Recuperación de la tradición teológico-simbólica ... 167
    11.3. El símbolo «da que pensar» 169
    11.4. Del lenguaje dogmático al simbólico 171

12. TEOLOGÍA Y CIENCIAS DE LA RELIGIÓN 177
    12.1. La teología, «saber parcial sobre un objeto parcial» 177
    12.2. Filosofía de la religión y fenomenología de la religión 179
    12.3. Psicología de la religión y sociología de la religión ... 183
    12.4. Historia de las religiones y antropología de la religión 186

13. HORIZONTE ECONÓMICO: TEOLOGÍA Y ECONOMÍA EN TIEMPOS DE GLOBALIZACIÓN 189
    13.1. Relación entre teología y economía 189
    13.2. Teología económica del mercado 190
    13.3. Crítica de los dogmas de la economía liberal 193
    13.4. Globalización neoliberal y globalización de la solidaridad 196
    13.5. Marginación y exclusión: lugar social de la teología 200
          a) La cultura de la satisfacción, una cultura excluyente 200
          b) Una población sobrante e indefensa 202
          c) Hacia una teología desde la exclusión 204

14. EL FUTURO DE DIOS: ENTRE LA MÍSTICA Y LA LIBERACIÓN 205
    14.1. «Dios ha perecido en la locuacidad de sus testigos» .. 205
    14.2. Versiones contrapuestas de Dios 207
    14.3. «Venciste, Galileo» 208
    14.4. El retorno de Dios, contra todo pronóstico 209
    14.5. El tiempo de los místicos: Dios como «silencio del
          universo» 211
    14.6. La mística, en el horizonte del sentido 213
    14.7. En la senda de la liberación, de la vida y de la esperanza 215

14.8. Adiós al Dios del teísmo 217
14.9. La muerte del Dios de la teodicea 218
14.10. Hablar de Dios, creer en Dios y orar a Dios, después de Auschwitz 220

Introducción

NUEVOS HORIZONTES PARA UN NUEVO PARADIGMA

En el actual panorama teológico internacional hay una especie de consenso tácito entre los teólogos y las teólogas —con frecuencia transgredido, es verdad— que establece un reparto de tareas, temas y horizontes atendiendo a las áreas geoculturales y socioeconómicas de procedencia. En este reparto a las teólogas y los teólogos del Primer Mundo les correspondería preferentemente dar respuesta a los desafíos que proceden de la cultura moderna, intentando dar razón de —y hacer creíble— la fe cristiana en una sociedad caracterizada por la increencia en sus diferentes manifestaciones: ateísmo filosófico y científico, agnosticismo, indiferencia religiosa, etc.

El camino seguido por esta teología ya no es —como fuera otrora— el anatema, ni siquiera el enfrentamiento entre cosmovisiones ideológicas opuestas, sino el diálogo exigente y comprensivo, riguroso y fecundo, entre religión y cultura, cristianismo y secularización, fe, ciencia y razón, evangelio y modernidad, experiencia religiosa y existencia en el mundo, religión cristiana y otras religiones. Ello no significa que la teología moderna sea ajena al fenómeno de la pobreza, del que se ocupa en su vertiente moral, pero no constituye su principal desafío ni lo aborda como problema teológico. De ahí que pase por él como por brasas, sin apenas detenerse por considerar que no le afecta directamente.

Uno de los principales referentes del reciente magisterio eclesiástico que guía la reflexión teológica es la Constitución pastoral sobre la Iglesia en el mundo actual del concilio Vaticano II. Las principales disciplinas que le sirven de interlocutoras son, entre otras, la filosofía y la antropología. Los encargados de hacer este tipo de reflexión son generalmente profesores y profesoras de disciplinas eclesiásticas en las facultades de teología y en los seminarios diocesanos o religiosos.

Según la susodicha distribución de tareas, las teólogas y los teólogos del Tercer Mundo deberían centrarse en responder a los desafíos procedentes del mundo de la pobreza y de la injusticia, testimoniar la fe cristiana y dar razón de ella entre las mayorías populares empobrecidas, que presentan múltiples y a cuál más demacrados rostros: niños y niñas de la calle, prostitución infantil, campesinos sin tierra, mujeres doble o triplemente oprimidas, indígenas excluidos, negros marginados, personas desempleadas, etc. Una descripción certera de tal situación extrema nos la ofrecen la III Conferencia del Episcopado Latinoamericano, celebrada en Puebla (México) en 1979, y la IV, celebrada en Santo Domingo (República Dominicana) en 1992[1]. Un porcentaje muy alto de esas mayorías empobrecidas es cristiano y vive su religiosidad a través de múltiples manifestaciones.

¿Qué cometidos se les asigna a los teólogos y las teólogas del Tercer Mundo en la división de temas y tareas previamente fijada? No necesitan ocuparse de los desafíos que proceden del mundo de la increencia, porque ni afecta a sus sociedades, ni tienen medios para estudiarlos, ni son de su competencia. Deben dar por buenos los resultados y las conclusiones de la reflexión teológica del Primer Mundo. A ellos les corresponde, más bien, preguntarse cómo ser cristianos y cristianas en un mundo marcado por la exclusión social, étnica, cultural y religiosa, que afecta a las mayorías populares del Tercer Mundo, y qué función han de jugar las iglesias y los movimientos cristianos proféticos en una situación así.

En ese contexto, a las teólogas y los teólogos se les pide que reflexionen sobre la relación intrínseca entre cristianismo y liberación, fe y lucha por la justicia, colonialismo y dependencia, derechos humanos y derechos de los pobres, esperanza teologal y utopías históricas, salvación en Cristo y transformación social, amor y solidaridad, comunidad cristiana y fraternidad-sororidad.

Los temas bíblicos más recurrentes que se les asigna en el trabajo exegético son, entre otros: el éxodo, la denuncia profética, el

---

1. III Conferencia General del Episcopado Latinoamericano, *Documentos de Puebla*, PPC, Madrid, 1979, n. 20; IV Conferencia General del Episcopado Latinoamericano, *Nueva evangelización, promoción humana, cultura cristiana* (Santo Domingo, 12-18 octubre de 1992), PPC, Madrid, 1993.

INTRODUCCIÓN

cielo nuevo y la tierra nueva, el reino de Dios, la práctica de Jesús, la muerte de Jesús, la resurrección como utopía. La principal mediación son las ciencias humanas y sociales.

Los sujetos de esta teología, se dice, no tienen por qué ser teólogos profesionales, sino comunidades eclesiales de base, movimientos cristianos de solidaridad, grupos de lectura bíblica y de oración, etc. El magisterio que les sirve de referencia son los documentos de las Conferencias del Episcopado Latinoamericano celebradas en Medellín, Colombia (1968), Puebla de los Ángeles, México (1979), y Santo Domingo, República Dominicana (1992).

En los entornos culturales y cristianos del Primer Mundo se tiende a considerar a la teología de la liberación realizada en el Tercer Mundo como teología menor, rayando con la catequesis. Sus cultivadores, al decir de un influyente obispo español —antes teólogo— *no son teólogos de raza*, ya que no se ocupan de los grandes temas del cristianismo: Dios, Trinidad, Espíritu Santo, la gracia, etc. Si se conoce a fondo los contenidos de dicha teología, enseguida podrá comprobarse que esos grandes temas son centrales en la teología de la liberación. Lo que pasa es que la orientación difiere de la seguida por buena parte de la teología académica y de la jerarquía eclesiástica del Primer Mundo.

Es verdad que los contextos religiosos, culturales, sociopolíticos y económicos de unas y otras teologías son diferentes, pero no hasta justificar la división de planos y horizontes indicada, ya que supone parcializar la teología y dividirla en compartimentos estancos sin comunicación entre sí. Tal división corre el peligro de recluir a cada teología en su campo de reflexión, haciéndola insensible a los planteamientos de las otras. La parcelación desembocaría en atomización, pérdida de la globalidad e insolidaridad. Por tanto, no puede darse por válida.

Las siguientes reflexiones tienen como objetivo la búsqueda de *horizontes comunes* desde los que puedan reflexionar y en los que puedan encontrarse las diferentes teologías del Primer y del Tercer Mundo, sobre todo aquellas que caminan o desean caminar por la senda de la liberación, manteniendo tanto el rigor metodológico de todo discurso religioso y su *pathos* profético, como la creatividad hermenéutica propia de cada teología conforme al contexto en que se lleva a cabo. En ese sentido, amén de universal, la teología es contextual.

Los horizontes que voy a exponer en esta obra son los siguientes: el *intercultural e interreligioso*, que va más allá de la inculturación y busca un diálogo entre culturas como base para una teología ecuménica de las religiones; el *hermenéutico*, clave de bóveda de toda teología, que intenta liberar al discurso religioso de todo resto de fundamentalismo; el *feminista*, que cuestiona el carácter patriarcal de las creencias y teorías religiosas y elabora una reflexión en perspectiva de género, si bien articulada con otras categorías; el *ecológico*, que pretende superar el antropocentrismo y escuchar el grito de la Tierra en busca de su liberación junto con la del ser humano oprimido; el *ético-práxico*, que considera la ética como teología primera, y no como aplicación de los principios generales, y la praxis como acto primero de toda reflexión; el *utópico*, que, partiendo del principio-esperanza y de la enciclopedia de utopías que es la Biblia, reformula la teología como *spes quaerens intellectum*; el *anamnético*, que recupera la herencia apocalíptica, se centra en el recuerdo subversivo de las víctimas en busca de su rehabilitación y considera la obediencia a los que sufren elemento constitutivo de la conciencia moral; el *simbólico*, que cuestiona el lenguaje dogmático en que suelen desembocar los discursos religiosos y recupera el símbolo como el lenguaje propio de las religiones y de la teología.

La originalidad de este estudio radica en el *nuevo paradigma teológico que resulta de la articulación de dichos horizontes*, y que dice adiós al paradigma dogmático.

La obra se completa con una reflexión sobre el futuro de Dios, que sitúo más allá del teísmo, entre la mística y la liberación. La razón de este final se halla en mi doble convicción de que el futuro de la teología depende en buena medida del futuro de Dios y de que el futuro de Dios está condicionado por el modo de presentarlo en la teología.

1
LA VERDAD EN IMÁGENES:
HACIA UNA TEOLOGÍA HEURÍSTICA E INTERROGATIVA

La religión, decía Hegel, es la verdad en imágenes. Lo mismo puede decirse de la teología, y muy especialmente en una época como la actual caracterizada por el pluralismo cultural y la fragmentariedad de la verdad. Un texto de Nietzsche resulta muy clarificador al respecto: «¿Qué es, entonces, la verdad? Una hueste ambulante de metáforas, metonimias y antropomorfismos»[1]. Los filósofos, cree Nietzsche, son «idólatras de los conceptos», manejan «momias conceptuales» y nos engañan acerca del «mundo verdadero». Incurren con frecuencia en el fideísmo de la verdad, que consiste en confundir la verdad con «su fe». En consecuencia, más que defender la verdad, lo que hacen es imponer sus propias creencias. El filósofo alemán los ridiculiza diciendo que se ofrecen en «holocausto por la verdad», cuando en realidad son comediantes de feria[2]. La concepción nietzscheana de la verdad y su crítica de los filósofos como idólatras conceptuales es extensible a los teólogos.

Un correctivo al planteamiento puramente conceptual es la sugerente y original propuesta de una *teología metafórica* en el marco de un nuevo paradigma teológico para una era ecológica y nuclear[3]. Dada la inadecuación de toda forma de dirigirse a Dios y

---

1. F. Nietzsche, *El libro del filósofo*, Taurus, Madrid, 1974, p. 91.
2. Cf. F. Nietzsche, *Crepúsculo de los ídolos*, Alianza, Madrid, 1973.
3. Cf. S. McFague, *Metaphorical Theology*, Fortress Press, Philadelphia, 1982; Íd., *Modelos de Dios. Teología para una era ecológica y nuclear*, Sal Terrae, Santander, 1994.

de hablar de él, cree Sallie McFague, el discurso teológico sólo puede ser metafórico. La teología metafórica es heurística e imaginativa, es decir, explora metáforas alternativas, juega con imágenes nuevas, trenza nuevas ideas y crea nuevas perspectivas. Es, a su vez, desestabilizadora de las imágenes patriarcales y triunfalistas.

La teología metafórica es *experimental*. En tiempos de incertidumbre y de búsqueda no es posible hacer teología a partir de definiciones últimas o de afirmaciones incuestionables. En tiempos de perplejidad intelectual como los presentes la arrogancia no es buena consejera. El enrocamiento en un estilo autoritario de hacer teología deslegitima a ésta ante los nuevos climas culturales. La teología se sitúa más del lado del desarmado David que del gigante Goliat.

Es también *iconográfica*. Su principal característica consiste en la riqueza de imágenes; pero no cualesquiera imágenes, sino aquellas que mejor sintonizan con las culturas de nuestro tiempo. «Los conceptos sin imágenes —asevera con razón McFague— son estériles»[4]. Tan pertinente observación quiebra la tendencia generalizada de la teología a acentuar la claridad conceptual a costa de la pluralidad y riqueza iconográficas. No debe olvidarse que en las creencias y las prácticas de las personas y de las comunidades religiosas influyen más las imágenes y los símbolos que los conceptos.

La teología metafórica ha de ser, asimismo, *pluralista*. Son necesarias muchas imágenes para expresar la riqueza de la experiencia religiosa, pues una sola no agota el misterio de Dios. Todas las imágenes son parciales. Además, la teología es una forma de reflexión entre otras, no la única, ni acaso la más importante. Volveré sobre esta idea cuando hable del diálogo interreligioso y de la colaboración entre las teologías y las otras disciplinas que se ocupan de la religión.

Cualquier consideración de la teología como totalidad conclusa e indivisa desemboca fácilmente en un discurso totalitario, pues de la totalidad a lo totalitario no hay más que un paso, y, en el caso de la teología, dicho paso se da con frecuencia. Y nada más lejos de la teología que un sistema cerrado donde la verdad quiera imponerse por la vía de una razón imperial falsamente universalista, por la de un autoritarismo dogmático o por la de la verificación empírica irrefutable.

«La pregunta —decía Heidegger— es la suprema forma del saber». Siguiendo esta máxima, la teología ha de ser interrogativa y

---

4. Cf. S. McFague, *Modelos de Dios,* cit., p. 80.

creativa, estar en actitud de búsqueda y de tanteo, de sospecha y de autocrítica permanente. Lo expresaba K. Barth en un texto antológico:

> El trabajo teológico se distingue de los otros —y en eso podría ser ejemplar para toda tarea del espíritu— por el hecho de que aquel que quiere realizarlo no puede llegar a él descansado, desde unas cuestiones ya solucionadas, desde unos resultados ya seguros, no puede continuar el edificio sobre unos fundamentos que ya han sido colocados, no puede vivir de unos réditos de un capital acumulado ayer, sino que se ve obligado, cada día y cada hora, a volver a empezar por el *principio* [...] Si la teología no quiere precipitarse en la arterioesclerosis, en el aburrimiento ergotista, su trabajo de ningún modo puede ser rutinario, no se puede realizar en función de un automatismo[5].

Una teología con estas características debe preguntarse por el modo más adecuado de hablar de Dios y prestar especial atención a las imágenes sobre Dios. El símbolo de Dios, nos recuerda la teóloga feminista Elisabeth A. Johnson, funge como símbolo primordial de todo sistema religioso y constituye para las personas creyentes el referente fundamental en su comprensión del mundo, de la historia y de la vida humana. El lenguaje sobre Dios conforma la identidad de las comunidades de fe, determina su orientación vital y orienta su praxis[6]. Un Dios dictador como el adorado por el general chileno Pinochet genera prácticas violentas. Un Dios liberador como el de los mártires Ignacio Ellacuría y monseñor Romero genera actitudes de paz y perdón, de reconciliación y hermandad. Un Dios vengativo como el de Bin Laden provoca actitudes de venganza y la aplicación de la ley del talión entre sus seguidores. Un Dios del «pueblo elegido» como el de George Bush genera actitudes de exclusión para con otros pueblos y las minorías. Un Dios pacífico como el de Martin Luther King activa una lucha no violenta a favor de la igualdad y de la no discriminación.

La mayoría de los nombres de Dios en la Biblia llevan la marca andro-antropo-céntrica y patriarcal: el Dios de mis padres, el Dios de Abrahán, Isaac y Jacob (Éx 3, 6.15.16; 4, 5), el Campeón de

---

5. K. Barth, *Introducción a la teología evangélica*, Ediciones 62, Barcelona, 1965, pp. 152-153.
6. Cf. E. A. Johnson, *La que es. El misterio de Dios en el discurso teológico feminista*, Herder, Barcelona, 2002, pp. 18 ss.

Jacob, el Pastor y Piedra de Israel, el Dios de tu padre y El Saddai (el Todopoderoso) (Gn 49, 24-25), Yhwh (Señor) (Éx 6, 2-3), el Dios Rey; Yhwh Sebaot (Señor de los ejércitos) (Is 6, 3.5), el Guerrero Divino (Dt 32, 22-23.40-42; Is 51, 9 - 52,12) el Pastor, el Padre (Dt 32, 6; Jr 3, 19; 31, 7-9)[7].

Pero también hay otras imágenes y términos bíblicos ocultados por la exégesis androcéntrica o secuestrados por la teología tradicional, que habría que recuperar. El Segundo Isaías habla del *Deus absconditus*: «De cierto que tú eres el Dios que te escondes, el Dios de Israel, el salvador» (Is 45, 15). El título de salvador aplicado a Dios no se asocia con actuaciones espectaculares, sino con una presencia misteriosa. El reconocimiento de Yahvé como Dios escondido forma parte de la experiencia de la fe bíblica, sobre todo en momentos de sufrimiento y enfermedad, de marginación social o de violencia sin causa[8]. Esta imagen le resulta muy cara a Pascal, que en sus *Pensamientos* afirma: «Cualquier religión que no diga que Dios está escondido no es verdadera, y cualquier religión que no dé la razón de ello no es instructiva». Gerhard von Rad observa, siguiendo a Barth, que todo verdadero conocimiento de Dios comienza por reconocer que está escondido. La imagen del *Deus absconditus* está muy presente en la filosofía de la religión de Ernst Bloch.

En la Biblia aparece con relativa frecuencia la imagen de «Dios que esconde su rostro». La encontramos en los Salmos, hasta doce veces, en algunos libros proféticos como Miqueas, Isaías, Jeremías y Ezequiel, en el Deuteronomio (31, 17.18; 32, 20) y en el libro de Job (13, 24; 34, 29). Más aún, Dios guarda silencio cuando sus adoradores se dirigen a él en tono de súplica.

Dios es presentado como el *incomparable*. No admite comparación con realidad terrena alguna, incluido el ser humano. Hay aquí una crítica del lenguaje antropomórfico sobre Dios.

Hay que recuperar términos bíblicos como *Hokmah*-Sabiduría, *Ruah*-Espíritu, *Dabar*-Palabra, que expresan lo inalcanzable e inmanipulable del misterio divino. La figura bíblica del espíritu (*ruah* en hebreo, femenino) significa viento, respiración, aliento, y remite

---

7. Cf. N. D. Tryggue Mettinger, *Buscando a Dios. Significado y mensaje de los nombres divinos en la Biblia*, El Almendro, Córdoba, 1994.
8. Cf. J. Briend, *Dios en la Escritura*, Desclée de Brouwer, Bilbao, 1995, para quien «la experiencia del Dios que se oculta forma parte constitutiva de la fe» (p. 101).

al dinamismo de Dios. Dios no es el «motor inmóvil», sino la fuerza vital siempre en movimiento.

¿Cuáles serían las imágenes inadecuadas y cuáles las adecuadas para mostrar a Dios? De entrada deben eliminarse aquellas que tienen que ver con el poder y con el patriarcado en cuanto encarnación del poder masculino, las que expresan relaciones de sumisión y dependencia. Hay que privilegiar las imágenes relacionadas con la naturaleza, como «fuente de todos los bienes», «luz», «viento vivo», «agua de la vida». Tales imágenes sintonizan con las de la tradición mística y expresan la unidad con el todo, y no la sumisión al todo. Puede recurrirse a términos que expresen profundidad, como «mar», «hondura», «fondo» («Dios en el fondo del ser», dirá P. Tillich).

Las imágenes relacionadas con el amor, como *Agape*, Amante, Amigo, se encuentran en las mejores tradiciones sapienciales, proféticas, filosóficas y teológicas. Dios como *Agape* subraya el amor que se da enteramente sin esperar nada a cambio. Dios como Amante acentúa su presencia junto a la persona amada que está pasándolo mal, su implicación en el sufrimiento del mundo, su com-pasión con los que sufren. Implica solidaridad, empatía e incluso identificación con todo lo viviente. La imagen del amante en los místicos expresa el amor apasionado, ardiente y dulce de Dios. Dios es «el único que ama al mundo sin evitar ensuciarse las manos, sino total y apasionadamente, disfrutando de su variedad y su riqueza, encontrándolo atractivo y valioso, recreándose en su realización»[9].

Otra imagen adecuada puede ser la de Amigo. «Sin amigos, nadie querría vivir, aun cuando tuviera todos los otros bienes», afirma Aristóteles en *Ética a Nicómaco* (1.155a). Ahora bien, el filósofo griego cree que, cuando la distancia es tan grande como la que separa a los seres humanos de la divinidad, no resulta posible la amistad (1.159a). Otro es el punto de vista de Tomás de Aquino, que habla de la analogía de la amistad con Dios con la amistad humana. Dado que, a través del Espíritu, llegamos a ser *como* amigos de Dios, afirma, podemos recurrir a él en la desgracia en busca de consuelo, conversar con él, compartir bienes y secretos íntimos, e incluso disfrutar de paz, goce y seguridad en su presencia. Con todo, en la teología de Tomás de Aquino Dios no aparece como amigo.

La perspectiva evangélica y la teología feminista van más allá. En las tradiciones evangélicas Jesús es presentado no sólo como

---

9. S. McFague, *Modelos de Dios*, cit., p. 217.

amigo de sus discípulos, sino como «amigo de publicanos y pecadores» (Mt 11, 19), con quienes comparte la mesa (*comensalía*) para escándalo de sus correligionarios. Con la imagen de Dios como amigo, la teología feminista subraya la idea del compañero solidario, fiel, siempre al lado del amigo, y expresa la necesidad que tiene de nosotros como colaboradores/as para llevar a feliz término y plenitud la creación entera. La amistad es el modo de relación más libre entre personas adultas, porque no resulta de una imposición, sino de una elección. Comporta confianza y responsabilidad mutuas, reciprocidad, participación en tareas comunes e inclusividad.

Una nueva imagen de la teología metafórica es el mundo como *cuerpo de Dios* y, por ende, el cuerpo del mundo como lugar de encuentro con Dios. Lo que significa que «la inmanencia tiene un carácter "universal" y su trascendencia un carácter "terrenal"»[10]. En esta línea, la Trinidad se presenta como misterio de relación con el mundo, de comunión tripersonal y de comunicación con la humanidad. Frente a la doctrina tomista que establece la ausencia de «relación real» de Dios con la creatura y a la imagen de un Dios «en solitario y narcisista que sufre de tan completo como es», según la atinada descripción de W. Kasper, es necesario considerar el ser-en-comunión como constitutivo de la naturaleza divina.

Lo divino no se entiende a través de términos excluyentes, sino por medio de categorías de relación dinámica y armónica entre opuestos: poderoso y débil, presente y oculto, sufriente y consolador, etc. En este contexto se produce un cambio en la concepción del poder de Dios: no es un poder arrogante, opresivo, que recurra a la violencia, sino un poder-en-relación, que hace a los seres humanos partícipes del poder de la vida y lo convierte no en Dios-sobre-nosotros, sino en Dios-en-nosotros.

La forma más adecuada para hablar de Dios es la simbólica, pero no cualquier símbolo vale, ni puede concederse carácter absoluto a un único símbolo, por muy luminoso y adecuado que nos parezca. Volveré sobre el tema cuando analice la crítica feminista al lenguaje y las imágenes androcéntricas sobre Dios.

10. *Ibid.*, p. 306.

2
PRINCIPIO-MISERICORDIA Y PRINCIPIO-LIBERACIÓN

2.1. Una teología inmisericorde

¿Qué tipo de saber es la teología? William Temple, antiguo arzobispo anglicano, dio del teólogo una definición mordaz y sarcástica: Es una persona muy sensata y sesuda que pasa toda una vida encerrada entre libros intentando dar respuestas exactísimas y precisas a preguntas que nadie se plantea. Dicha idea se corresponde con la del teólogo que, según la escena imaginada por el filósofo danés Sören Kierkegaard, se presenta ante el tribunal de las acciones humanas en el juicio final. Dios le pregunta si se había preocupado ante todo del reino de Dios y de ayudar a sus hermanos. El profesor tuvo que responder negativamente. Pero enseguida matizó que sabía cómo se decía este versículo de la Biblia en nueve idiomas. El ángel de la trompeta que estaba al lado de Dios se enfureció y gritó al teólogo: «¡Cuentista!». Y le dio tal bofetada que lo arrojó lejos del tribunal.

La teología entendida como «ciencia» está plagada de abstracciones que suelen considerarse condición necesaria para su cientificidad. A mayor abstracción, mayor carácter científico. A mayor concreción y aterrizaje en la realidad histórica, menor rigor científico. Según esa lógica, la praxis es ajena a la teología; pertenece, más bien, al campo de la moral o de la pastoral.

Una teología así es un saber inmisericorde que pasa de largo, sin detenerse ni preocuparse ante el sufrimiento, como el sacerdote y el levita de la parábola del «buen samaritano». A este tipo de teología la calificó Hugo Assmann con toda razón, hace tres décadas, de «cínica» en un texto memorable que sigue teniendo hoy la misma vigencia —o quizá más— que cuando fuera escrito:

Si la situación histórica de dependencia y dominación de dos tercios de la humanidad, con sus treinta millones anuales de muertos de hambre y desnutrición [actualmente son ya cuarenta millones, y la mayoría en el Tercer Mundo], no se convierte en el punto de partida de cualquier teología cristiana hoy, aun en los países ricos y dominadores, la teología no podrá situar y concretizar históricamente sus temas fundamentales. Sus preguntas no serán preguntas reales. Pasarán al lado del hombre real. Por eso, como observaba un participante en el encuentro de Buenos Aires, «es necesario salvar a la teología de su cinismo». Porque realmente frente a los problemas del mundo de hoy muchos escritos de teología se reducen a un cinismo[1].

2.2. *Simone Weil, intelectual compasiva*

Frente a esa concepción a-pática e im-pasible, hay que considerar la teología como conocimiento con virtualidades terapéuticas, conforme al modelo socrático del saber, capaz de cuidar, de sanar, en una palabra, de *salvar*. A la teología debería serle aplicable la afirmación de Epicuro sobre la filosofía: «Vana es la palabra del filósofo que no contribuya a aliviar, siquiera mínimamente, las penas y sufrimientos de los seres humanos».

Modernamente ha llenado de contenido la certera aseveración de Epicuro la pensadora francesa Simone Weil (1909-1943), muy cercana al cristianismo, tanto en su vida como en su filosofía[2]. Según su amiga y biógrafa Simone Pétrement, hablar de la vida de la pensadora francesa «implica asimismo hablar de su obra. Porque

---

1. H. Assmann, *Teología desde la praxis de la liberación*, Sígueme, Salamanca, 1973, p. 40.
2. Cf. S. Weil, *A la espera de Dios*, prólogo de C. Ortega y prefacio de J. M. Perrin, Trotta, Madrid, ³2000; Íd., *La gravedad y la gracia*, Trotta, Madrid, ³2001; Íd., *Pensamientos desordenados*, Trotta, Madrid, 1995; Íd., *Reflexiones sobre las causas de la libertad y la opresión social*, Paidós, Barcelona, 1995; Íd., *Echar raíces*, Trotta, Madrid, 1996. Entre los estudios sobre S. Weil cabe citar: C. Revilla (ed.), *Simone Weil: Descifrar el silencio del mundo*, Trotta, Madrid, 1995; S. Plant, *Simone Weil*, Herder, Barcelona, 1997; S. Pétrement, *Vida de Simone Weil*, Madrid, Trotta, 1997. La obra de Pétrement es la más extensa y completa biografía sobre la pensadora francesa.

la vinculación entre vida y pensamiento, en su caso, fue prácticamente total. Nadie ha acordado de manera más heroica sus actos con sus ideas»[3]. S. Weil fue una intelectual a contra-corriente de los intelectuales de su tiempo, a quienes fustiga con severidad inusitada, ubicándolos del lado de los idólatras y de los burgueses y llamando la atención sobre la ausencia de compasión en ellos. Tilda de egoísta a la modernidad y tacha de idólatras a los pensadores modernos. Sitúa al mismo nivel la idolatría de la ciencia y la de la iglesia. Los científicos, afirma, creen en la ciencia como la mayoría de los católicos cree en la iglesia. En un clima así, ella se torna paradigma de *intelectual compasiva*. Perteneciendo a una familia acomodada, se encarnó entre los excluidos. Siendo una brillante estudiante, tuvo siempre la mirada puesta en los últimos de la fila social. Ejerciendo como prestigiosa profesora de filosofía con un gran bagaje cultural, abandonó su cátedra y se puso a trabajar de peón en una fábrica para experimentar en su propia carne las duras condiciones de vida de la clase trabajadora. En la guerra civil española se alistó junto a los anarquistas como muestra de apoyo a la causa republicana, donde creía se encontraba la causa de la justicia y de la verdad.

El ideal de intelectual compasiva encarnado en su persona se ve confirmado por el testimonio de Simone de Beauvoir, coetánea suya. Cuenta la compañera de Sartre en su libro *Memorias de una joven normal* que, siendo ambas estudiantes, solía ver a la joven Weil deambular por el patio de la Sorbona con un ejemplar de *L'Humanité* en uno de los bolsillos del chaquetón. Siempre le intrigó su extraña forma de vestir y su reputación de persona inteligente. Por ese tiempo una terrible hambruna había devastado China. A Simone de Beauvoir le contaron que Weil, al enterarse de la noticia, había llorado. «Unas lágrimas —comenta— que me obligaron a respetarla más aún que sus dotes filosóficas. Pues envidiaba un corazón capaz de latir a través del universo entero». Un día se hizo la encontradiza con ella en el patio de la universidad y empezaron a hablar. Weil le dijo a Beauvoir que lo único importante sobre la

---

3. S. Pétrement, *op. cit.*, p. 12. «Sólo vivió 34 años, pero su manera radical de comprometerse con las penalidades de los hombres la condujo a luchar en los frentes más diferentes, defendiendo e identificándose siempre con los más desfavorecidos. Al mismo tiempo concibió una de las obras más sugerentes sobre cuestiones sociales y políticas, estéticas y espirituales» (C. Ortega, «La vida indómita y radical de Simone Weil»: *El País*, «Babelia», 7 de febrero de 1998, p. 8).

tierra era la Revolución capaz de eliminar el hambre en el mundo. Beauvoir le respondió que lo importante es que los seres humanos encuentren sentido a su existencia. A lo que Weil, tras mirarla de arriba abajo, le contestó: «¡Cómo se nota que nunca has pasado hambre!». Beauvoir cayó en la cuenta entonces de que la había catalogado como una «pequeña burguesa espiritualista», y eso la irritaba porque se creía liberada de su clase.

La propia Weil revela toda su capacidad compasiva en textos escalofriantes y dramáticos donde habla de la *desgracia de los otros encarnada en ella misma*. La opción por los pobres, formulada tan nítidamente en sus obras, se hace realidad en su vida de trabajadora manual. Antes de trabajar manualmente, confiesa la pensadora francesa en *A la espera de Dios*, «sabía perfectamente que había muchas desgracias en el mundo, tenía la obsesión por ellas, pero no las había comprobado nunca por un contacto prolongado; no había tenido experiencia de la desdicha, salvo de la mía, que no era sino una desdicha a medias, puesto que era biológica y no social»[4].

Fue trabajando en la fábrica, confundida con la masa anónima, sigue confesando, cuando «la desdicha de los otros entró en mi carne y en mi alma. Nada me separaba de ella, pues había olvidado realmente mi pasado y no esperaba ningún futuro, pudiendo difícilmente imaginar la posibilidad de sobrevivir a aquellas fatigas [...] He recibido para siempre la marca de la esclavitud como la marca de hierro candente que los romanos ponían en la frente de sus esclavos más despreciados. Desde entonces, me he considerado siempre una esclava»[5].

2.3. *Jon Sobrino: el principio-misericordia*

En el terreno de la reflexión cristiana, uno de los teólogos que mejor ha captado y formulado la dimensión compasiva del quehacer teológico ha sido Jon Sobrino. Para él la teología no puede limitarse a ser el frío y objetivo *intellectus fidei,* pasando de largo ante el sufrimiento ajeno causado por la situación inhumana e injusta de la pobreza. La teología ha de entenderse, más bien, como *intellectus amoris et misericordiae* que se hace cargo del sufrimien-

---

4. S. Weil, *A la espera de Dios*, cit., p. 40.
5. *Ibid.*

to de las víctimas desde la com-pasión, toma partido por los derechos de los seres humanos y de los pueblos empobrecidos y denuncia proféticamente a quienes causan dicho sufrimiento. Según esto, no hay razón para concebir separadamente misericordia e *intellectus* como si se tratara de dos dimensiones paralelas o ajenas. Para Sobrino la categoría articuladora de la reflexión teológica es el *principio-misericordia*, que entiende como un específico amor que está presente en el origen de un proceso, se encuentra activo a lo largo del mismo, lo guía en una determinada dirección y conforma los distintos elementos del proceso[6]. Según esto, la misericordia no es sólo un sentimiento anímico que se mueve en la superficie y se queda en el plano de las obras piadoso-caritativas, sino que «informa todas las dimensiones del ser humano, la del conocimiento, la de la esperanza, la de la celebración y... la de la praxis»[7].

La misericordia es el principio fundamental de la acción de Dios en la historia, que opta parcialmente por las víctimas y en contra de sus verdugos. Es la re-acción espontánea de Dios nacida de la indignación ética ante el sufrimiento de un pueblo humillado en su dignidad, vejado en su libertad y sometido a unas condiciones inhumanas de vida. Así se pone de manifiesto en numerosos textos bíblicos. El más emblemático al respecto es quizá la manifestación de Yahvé a Moisés:

> He visto la aflicción de mi pueblo en Egipto, he escuchado el clamor ante sus opresores, conozco sus sufrimiento. He bajado para librarlo de la mano de los egipcios y para subirlo de esta tierra a una tierra buena y espaciosa; a una tierra que mana leche y miel (Éx 3, 7-8).

Por eso, J. Sobrino puede afirmar, en expresión feliz, que «en el principio estaba la misericordia»[8].

El principio-misericordia conforma la vida, el mensaje y la misión de Jesús de Nazaret, configura su visión y relación con Dios y define su visión del ser humano y su actitud ante él. En la parábola del «buen samaritano» Jesús llama la atención sobre la ausencia de misericordia en la realidad histórica a través de las figuras del levita

---

6. Cf. J. Sobrino, *El principio-misericordia*, Sal Terrae, Santander, 1992.
7. J. Sobrino, «Iglesias ricas y pobres y el principio-misericordia», en X Congreso de Teología, *Dios o el dinero*, Evangelio y Liberación, Madrid, 1989, p. 118.
8. J. Sobrino, *El principio-misericordia*, cit., p. 32.

y del sacerdote y recurre al principio-misericordia para definir a la persona cabal, íntegral, solidaria. En los conflictos con sus adversarios religiosos y políticos antepone la misericordia al cumplimiento de la ley. La práctica de la misericordia es constitutiva del conocimiento teológico. A su vez, el conocimiento teológico se orienta a la realización de dicha práctica.

La teología debe comprenderse desde la tríada fe-esperanza-amor. La teología, amén de *fides quaerens intellectum* y *spes quaerens intellectum*, es *amor quaerens intellectum*, es decir, teoría de una práctica misericordiosa erradicadora del sufrimiento. Pero la prioridad le corresponde al amor. Por ello, la inteligencia de la fe y de la esperanza se subordina a la *inteligencia del amor*[9].

La compasión es un elemento común a la mayoría de las religiones: budismo, judaísmo, cristianismo, islam, y puede convertirse sin dificultad en principio inspirador de prácticas éticas interreligiosas y en principio vertebrador de una teología de las religiones, que estudiaré más extensamente en un capítulo de esta obra.

Pero las religiones no pueden desconocer las severas, y a veces atinadas, críticas de Nietzsche a la compasión ante el sufrimiento del otro, tras la que, a su juicio, puede esconderse una legítima defensa muy sutil o incluso una venganza, ya que si no fuéramos en ayuda de quien sufre, nos sentiríamos cobardes y se vería reducido nuestro honor. Nietzsche cree que hay que guardarse de la compasión porque es un afecto enfermizo y un instinto depresivo, comporta merma de vida y de energía vital, difunde y propaga el sufrimiento en el mundo, es contraria a la razón, debilita lo individual buscando la felicidad en el sacrificio del individuo a la colectividad, y, en definitiva, constituye «la praxis del nihilismo»[10]. Esta concepción tan estrecha de la compasión me parece uno de los puntos débiles de la filosofía nietzscheana, frente al que la teología debe contra-argumentar fundadamente.

---

9. Cf. J. Sobrino, «¿Cómo hacer teología? La teología como *intellectus amoris*»: *Sal Terrae* (1989), pp. 307-317.
10. F. Nietzsche, *El anticristo*, Alianza, Madrid, 1992, 31; cf., también, F. Nietzsche, *Más allá del bien y del mal. Preludio de una filosofía del futuro*, Alianza, Madrid, 1995; Íd., *Aurora*, Edaf, Madrid, 1996.

2.4. Gustavo Gutiérrez: el principio-liberación[11]

Junto al principio-misericordia se encuentra el *principio-liberación*, uno de los más fecundos de la segunda mitad del siglo XX, desarrollado preferentemente por las teologías del Tercer Mundo. La liberación se entiende como correlato del tema socio-analítico de la dependencia y como superación del concepto «desarrollo», que muy pronto adquirió connotaciones ideológico-políticas y reveló su falsedad. Si la teoría de la dependencia activaba una nueva metodología en las ciencias sociales, el principio-liberación ponía en marcha un cambio de paradigma en la teología.

En el concepto *liberación*, tal como es utilizado por los teólogos y las teólogas, suelen distinguirse tres niveles de significación: el de la liberación desde la perspectiva sociopolítica, cultural, étnica y de género, en el que se sustenta la acción transformadora; el de la liberación del ser humano a lo largo de la historia, que se mueve en el plano de la utopía; el de la liberación del pecado, que se sitúa en el plano de la fe e implica la liberación integral de la persona. Los tres niveles son parte de un único y complejo proceso global. Los tres se iluminan y mantienen exigencias recíprocas y fecundas. Su lugar de encuentro es la utopía entendida como creación permanente de un ser humano nuevo en una sociedad solidaria y cualitativamente distinta. A partir de aquí, la teología debe clarificar la relación entre salvación y proceso histórico de liberación. Es una de las cuestiones que debe estar en el centro del nuevo paradigma. De ella se ocupan prioritariamente las teologías de la liberación, que, siguiendo el método de historificación de los conceptos teológicos, historifican el concepto de «salvación», sin por ello agotar su significado en la historia. La salvación, afirma Gustavo Gutiérrez, orienta, transforma y lleva a la historia a plenitud. Conforme a esta idea, el teólogo peruano define la teología de la liberación como una «teología de la salvación en las condiciones concretas, históricas y políticas»[12]. La liberación es la forma histórica de la salvación.

---

11. Para una profundización sobre el principio-liberación, I. Ellacuría y J. Sobrino (eds.), *Mysterium liberationis. Conceptos fundamentales de la teología de la liberación*, Trotta, Madrid, ⁵1994. He estudiado este principio en J. J. Tamayo-Acosta, *Para comprender la teología de la liberación*, Verbo Divino, Estella, ⁵2000; Íd., *Presente y futuro de la teología de la liberación*, San Pablo, Madrid, 1994.

12. G. Gutiérrez, «Praxis de liberación y fe cristiana», en Varios, *La Iglesia en América Latina. Testimonios y documentos (1969-1973)*, Verbo Divino, Estella, 1975, p. 37.

La fundamentación filosófica y teológica del método de historificación de los conceptos se encuentra en las obras de Ignacio Ellacuría, quien lo entiende como principio de desideologización, de verificación y de realización. En cuanto principio de ideologización, muestra lo que no aparece expresamente y desvela o, mejor, desenmascara lo que oculta. En cuanto principio de verificación, analiza la realización de los conceptos en cada contexto y muestra el grado de falsedad o de verdad que contienen. En cuanto principio de realización, muestra la orientación de la acción moral y cuestiona las condicionamientos que imposibilitan la puesta en práctica de los objetivos propuestos.

Uno de los intelectuales latinoamericanos que con más lucidez supo captar la importancia del citado principio en el nacimiento del nuevo paradigma teológico bajo el signo de la liberación fue el escritor e intelectual peruano José María Arguedas, a quien su compatriota Gustavo Gutiérrez dedica el libro *Teología de la liberación. Perspectivas*, que se abre precisamente con un texto de la novela *Todas las sangres*, de Arguedas[13]. Éste define a Gutiérrez, ya en 1968, como «el teólogo del Dios liberador», y lo contrapone al «cura del Dios inquisidor» de su novela *Todas las sangres*. Más aún, establece una similitud entre las «lúcidas y patéticas conferencias» pronunciadas por Gutiérrez en Chimbote y las palabras del sacristán y cantor de San Pedro de *Todas las sangres*.

Recordemos la escena para confirmar lo acertado de la apreciación de Arguedas. El sacristán de San Pedro le dice al cura que «Dios es esperanza, Dios alegría, Dios ánimo» y que «Dios se ha ido de San Pedro, creo que para siempre». El cura le responde con la doctrina tradicional de la omnipresencia divina: «Dios está en todas partes, en todas partes», y le dice que, después de tantos años ejerciendo como sacristán, no es cristiano verdadero. El sacristán niega con la cabeza e interpela al cura de esta guisa:

> ¿Había Dios en el pecho de los que rompieron el cuerpo del inocente maestro Bellido? ¿Dios está en el cuerpo de los ingenieros que están matando «La Esmeralda»? ¿De señor autoridad, que quitó a sus dueños ese maizal donde jugaba la Virgen con su Hijito, cada

---

13. Arguedas cuenta que él mismo leyó a Gustavo Gutiérrez en Lima el texto con que se abre *Teología de la liberación. Perspectivas* (J. M.ª Arguedas, *El zorro de arriba y el zorro de abajo*, ed. crítica de E.-M. Fell, CSIC, Madrid, 1990, p. 245).

cosecha? No me hagas llorar, padrecito. Yo también como muerto ando. Don Demetrio (el indio) tiene Dios, en la «kurku» (la jorobada que fue violada por don Bruno) está Dios, cantando; en don Bruno pelea Dios con el demonio; para mí no hay consuelo, de nadie[14].

El propio Gutiérrez considera al sacristán de San Pedro «precursor de la teología de la liberación»[15].

En los inicios de la teología de la liberación la categoría «liberación» se movió en un estrecho arco semántico, el referido a los aspectos socioeconómicos. Entonces quizá fuera necesario poner ahí el acento porque resultaba lo más acuciante. Hoy, sin embargo, las teologías de la liberación del Tercer Mundo se muestran especialmente sensibles a otras situaciones de opresión que sufren las personas y los grupos humanos por razones de género, etnia, raza, cultura, religión, etc., y la naturaleza, sometida al irracional modelo de desarrollo científico técnico. Éstas son tan relevantes y decisivas como las socioeconómicas, con las que están perfectamente armonizadas para mantener al Tercer Mundo en un permanente estado de dependencia y postración. Conforme a esta lógica, el principio-liberación ha de sintonizar con los nuevos horizontes de la liberación, los nuevos rostros de la pobreza, los nuevos sujetos que protagonizan las luchas liberadoras de nuestro tiempo: indígenas, negros, campesinos, inmigrantes, niños/as de la calle, mujeres, religiones, etcétera.

En el nuevo paradigma teológico no podemos renunciar a la categoría «liberación», pero tampoco podemos convertirla en la única. Ha de compaginarse con otras como género, raza, etnia, pueblo, mestizaje, pluralismo religioso, ecología[16].

---

14. J. M.ª Arguedas, *Todas las sangres*, Horizonte, Lima, ³1987, p. 413.
15. Cf. G. Gutiérrez, «Entre calandrias», en P. Trigo (ed.), *Arguedas. Mito, historia y religión*, CEP, Lima, 1982, p. 274. En este espléndido trabajo Gutiérrez cita testimonios del propio Arguedas, en los que se pone de manifiesto la perfecta sintonía entre el teólogo y el escritor.
16. M. Amaladoss, *Vivir en libertad. Las teologías de la liberación en el continente asiático*, Verbo Divino, Estella, 2000; Kä Mana, *Teología africana para tiempos en crisis*, Verbo Divino, Estella, 2000; J. J. Tamayo y J. Bosch (eds.), *Panorama de la teología latinoamericana*, Verbo Divino, Estella, 2001; R. Gibellini (ed.), *Itinerarios de la teología africana*, Verbo Divino, Estella, 2002.

3
HORIZONTE INTERCULTURAL: INCULTURACIÓN E INTERCULTURALIDAD

3.1. *Los límites de la inculturación*

El nuevo paradigma teológico no puede sustentarse en el predominio de una cultura sobre las demás, que habrían de someterse o integrarse en aquélla. Y sin embargo así ha sido y sigue siendo todavía. La primera constatación que se nos impone por la fuerza arrolladora de los hechos es el eurocentrismo de la cultura, la historia y la interpretación bíblica cristianas, que, a pesar de todos los esfuerzos de diálogo, sigue pesando todavía en el imaginario colectivo de las personas y los grupos cristianos, sobre todo occidentales, en las mentes de los teólogos y las teólogas, en no pocos proyectos de evangelización, incluidos los liberadores e inculturados, en la organización de las iglesias y en el modo de dirigirlas desde el centro.

Eso choca con el hecho mayor de nuestro tiempo, del que se tiene una conciencia cada vez más acusada: el *policentrismo cultural*, que habrá de tener su reflejo en la teología cristiana. El modelo cultural del cristianismo no puede ser el medioevo, pero tampoco la modernidad, ya que si aquél resulta hoy anacrónico, ésta posee carácter eurocéntrico y no responde —o al menos no presta la debida atención— a las preguntas que provienen de la pluralidad de culturas y del mundo de la pobreza y de la marginación. Preguntas que deben ser asumidas por el nuevo paradigma. Ello explica las críticas generalizadas, y a mi juicio justificadas, a la idea y a la práctica de la «inculturación», que proceden de distintos ámbitos y de las que voy a ocuparme a continuación.

NUEVO PARADIGMA TEOLÓGICO

Desde la teología de las religiones se cuestiona el concepto de «inculturación» tal como es utilizado por la teología moderna occidental porque tras él se esconde una teoría de la cultura y de la religión no aceptada por las teologías asiáticas, africanas y latinoamericanas actuales y una visión distorsionada de los respectivos continentes donde se elaboran esas teologías. Con la expresión «inculturación de la teología» se da por supuesto que existe una teología universal preexistente con una estructuración temática establecida (teología fundamental, teología de la revelación, eclesiología, cristología, antropología teológica, escatología, sacramentos, etc.) de cuño preferentemente europeo, que se adapta a un determinado contexto. Entendida así la inculturación, estaríamos ante un nuevo, aunque más sutil, imperialismo teológico.

La crítica se dirige también a las actuales estrategias evangelizadoras del cristianismo occidental que tiende a expandirse por otros continentes, no a través del discipulado y del seguimiento de Jesús de Nazaret, el Cristo liberador, sino por la mediación de Mammón, el Capital convertido en ídolo, invirtiendo ingentes sumas de dinero en programas de evangelización entre los «infieles». El teólogo de Sri Lanka Aloysius Pieris, que es el que hace este tan severo cuestionamiento, se siente incómodo concretamente con la teología misionera de la encíclica *Redemptoris missio*, que rechaza la teología asiática del reino de Dios y sigue defendiendo una concepción de la misión como implantación de la iglesia en territorios de infieles. Ésta se traduce en la creación de diócesis dirigidas por obispos que, nombrados desde el «centro eclesiástico», controlan a las comunidades del Tercer Mundo y la teología que se elabora en su seno. Lo que se impone en este modelo de evangelización no es la antinomia irreconciliable entre Dios y Mammón, sino la alianza del Dios cristiano con Mammón y con los valores que representa. Así, la iglesia se hace visible como «bastión de poder», y no como comunidad de servicio a las personas, sectores, pueblos y continentes más desfavorecidos. Pieris se pregunta, en tono de denuncia, si no es verdad que la organización eclesiástica ha recurrido a la estrategia de controlar a los pobres en vez de ponerse de su lado y acompañarlos en su lucha por la liberación integral[1].

---

1. Cf. A. Pieris, *Liberación, inculturación, diálogo religioso. Un nuevo paradigma desde Asia*, Verbo Divino, Estella, 2001; cf. Íd., *Love Meets Wisdom. A Christian Experience of Buddhism*, Orbis Books, Maryknoll, 1988.

La inculturación esconde y, a veces, incluso manifiesta de manera muy explícita una tendencia a subordinar a las culturas minoritarias. Desde el escenario misionero latinoamericano abierto al pluralismo cultural y religioso se critican también algunas de las tendencias actuales cristianas de la inculturación. Desde hace varias décadas ha dejado de emplearse el concepto «misión», que ha sido sustituido por «evangelización». El concepto «misión», observa el teólogo alemán afincado en Brasil desde hace varias décadas Paulo Suess, estaba «tarado por la herencia colonial»[2] e iba asociado a la expansión europea y al sometimiento político y cultural que los primeros misioneros impusieron a América Latina. Se esperaba que el cambio conceptual fuera acompañado de un cambio ideológico de fondo: de la misión «colonial» a la de la evangelización «liberadora» en clave de diálogo entre las distintas culturas latinoamericanas. Pero el desplazamiento no fue todo lo amplio que debiera. El acento se puso, y con razón, en la pobreza estructural y la violencia institucionalizada, pero sin reparar en que la mayoría de las veces la pobreza se construye sobre ruinas culturales. La atención prestada por la nueva evangelización liberadora a la diversidad histórica, cultural y religiosa de América Latina, a sus raíces indígenas y afrolatinoamericanas, a su ecología cultural, etc., fue, más bien, escasa. En algunos textos oficiales de la iglesia latinoamericana se sigue manteniendo todavía un lenguaje colonial y machista. El documento final de la Conferencia Latinoamericana de Obispos celebrada en Puebla de los Ángeles (México), en 1979, habla reiteradamente de la necesidad de que la cultura y la fe cristianas «penetren» e «irrumpan» en los corazones y las culturas de los pueblos para corregir los errores y las desviaciones que en ellos se encuentran.

Coincido con P. Suess en la necesidad de una resignificación de la palabra «misión», para designar con ella «un programa de descolonización acorde con el Evangelio, un programa de rememoración histórica, de presencia pluricultural, de solidaridad social y de diálogo respetuoso de la condición humana»[3].

Pieris extiende la crítica a la teología occidental de las religiones en la doble modalidad del magisterio académico de los teólogos y del magisterio pastoral de los obispos. Los dos tienen como punto

---

2. P. Suess, «Falta de claridad en el escenario misionero. Análisis crítico de recientes documentos y tendencias en la Iglesia»: *Concilium* 251 (1994), p. 144.
3. *Ibid.*

de partida y marco de referencia el problema de la singularidad y la especificidad de Jesucristo y de la religión cristiana, que se convierte en el centro del debate interreligioso e interteológico, desplazando a un segundo plano la opción por los pobres y el compromiso por las víctimas, que deben ser, a mi juicio, como mostraré más adelante, el horizonte de toda teología ecuménica de la liberación.

También se critica, y con especial radicalidad, la inculturación desde una perspectiva filosófica. El filósofo Raúl Fornet-Betancourt considera harto problemática y sospechosa la idea de la «inculturación de la filosofía» porque opera con una orientación «demasiado unilateralmente occidental» del *logos* filosófico, al que se eleva a la categoría de racionalidad única y se erige en modelo de pensamiento universal con valor normativo y carácter canónico para toda forma de pensar. Se supone que existe un tronco filosófico y cultural común que debe implantarse en otros suelos, adaptándose, eso sí, a las condiciones climatológicas y orográficas particulares de cada suelo, pero manteniendo los rasgos fundamentales considerados irrenunciables y universalmente válidos. Estaríamos —o, mejor, estamos— ante una reedición de la «filosofía perenne», aunque con rostro «inculturado». Fornet-Betancourt hace ver cómo, por ejemplo, la inculturación del *logos* greco-occidental en el pensamiento indígena latinoamericano implica un colonialismo sutil en varios niveles de dicho pensamiento:

> En el nivel de la memoria simbólica del imaginario indígena, pues quedaría desestructurada por conceptos lógicos; en el nivel de la palabra («mito»), las palabras fundantes quedarían descolocadas en el imaginario indígena al verse éste forzado a aceptar la jerarquía establecida por la razón griego-occidental; en el nivel de la tradición como formación viva de palabras fundantes, pues las tradiciones autóctonas se verían sometidas a un proceso de disolución, en el sentido de que por la inculturación del *logos* se les estaría imponiendo otro centro fundante[4].

¿Dónde radica el problema? No en las tradiciones indígenas, sino en la metodología filosófica heredada, de la que está ausente la comunicación intercultural. Y eso es aplicable también a la «filosofía latinoamericana», afectada en amplios sectores por el eurocen-

---

4. R. Fornet-Betancourt, *Transformación intercultural de la filosofía*, Desclée de Brouwer, Bilbao, 2001, pp. 239-240.

trismo en el plano de la comprensión de la realidad, pero también en el del lenguaje.

Si, a pesar de las objeciones planteadas, se quiere seguir manteniendo la idea de inculturación, hay que ser consecuentes en su aplicación, haciendo que funcione en una doble dirección: de las tradiciones filosóficas, culturales y religiosas indígenas a las occidentales, y de éstas hacia aquéllas. Eso es aplicable a la relación entre otras filosofías, religiones y culturas. Sólo así puede darse un verdadero diálogo intercultural.

Cabe preguntar todavía: ¿es posible la inculturación del Evangelio y, de manera más general, de la fe cristiana? Las respuestas a esta pregunta pueden resumirse en dos. La primera subraya la trascendencia del Evangelio y la transculturalidad del cristianismo. Según esto, puede inculturarse en cualquier situación humana, pero ninguna cultura puede apropiarse del Evangelio, ni siquiera la europea que se ha configurado en torno al cristianismo, porque las trasciende a todas. El Evangelio juzga a las culturas, discierne lo que de bueno y verdadero, de pecaminoso y falso hay en ellas, y contribuye a su purificación.

La segunda respuesta parte de que no existe el Evangelio en forma pura, al margen de la cultura, sino que ya viene inculturado desde el principio por la cultura del evangelizador, y éste, bajo la influencia de su cultura, destaca unos aspectos del mensaje evangélico y descuida otros. «Sencillamente —dice el teólogo norteamericano R. Schreiter— no existe nada que se parezca a una inculturación pura y simple del Evangelio»[5].

La dificultad de la inculturación es mayor todavía en el caso del catolicismo. La religión católica está extendida por la mayoría de los países del mundo que cuentan con culturas diferentes y, en consecuencia, ofrece una pluralidad de rostros y de realizaciones. Con todo, atendiendo a su organización, su forma de gobierno, su código moral y su teología, el catolicismo en su conjunto se conforma como una cultura religiosa, espiritual, o, mejor, eclesiástica. Lo que torna muy difícil, e incluso estéril, cualquier intento de inculturación simétrica.

---

5. R. Schreiter, «¿Inculturación de la fe o identificación con la cultura?»: *Concilium* 251 (1994), p. 32.

3.2. De la inculturación a la interculturalidad

El análisis precedente me lleva a concluir que es necesario pasar del modelo de la inculturación al de la interculturalidad y de la contextualidad. Y no sólo por razones instrumentales y estratégicas de coyuntura, sino antropológicas y culturales, hermenéuticas y metodológicas de fondo, como ha demostrado con rigor R. Fornet-Betancourt a lo largo de su extensa producción filosófica y de las iniciativas puestas en marcha por él a este propósito, como la «Sociedad para la Filosofía Intercultural» y los «Congresos Internacionales de Filosofía Intercultural»[6]. El horizonte de la *interculturalidad* está ya muy presente en las distintas disciplinas y los diferentes campos de la reflexión, como la filosofía, la antropología, la comunicación, el derecho, la filología, la pedagogía, la psicología, etc. También se está abriendo paso en el campo de la teología a buen ritmo y con buena orientación.

El punto de partida de la filosofía intercultural es la constatación de que la filosofía no tiene una estructura monolítica, sino que hunde sus raíces en diferentes tradiciones culturales y se desarrolla conforme a los condicionamientos de cada cultura. Bien puede afirmarse que cada sociedad ha desarrollado una filosofía específica con su metodología propia, su conceptualización, sus sistemas de expresión e incluso sus contenidos propios. Occidente no es la cuna de la filosofía, como erróneamente y con soberbia intelectual se ha presentado. La filosofía occidental es una forma más de pensamiento entre otras muchas que se han desarrollado en los más plurales ámbitos. No puede imponerse, por tanto, a las demás ni sobre las demás, por razones de precedencia cronológica o de superioridad cultural. La filosofía intercultural va tras la búsqueda de pistas culturales que faciliten la manifestación polifónica de lo que llamamos filosofía desde el multiverso de las culturas[7].

Tarea de la filosofía intercultural es desoccidentalizar la filosofía: Occidente no es la cuna de la filosofía; es sólo, por decirlo con una perogrullada, la cuna de la filosofía occidental; el lugar de una

---

6. Cf. R. Fornet-Betancourt, *op. cit.*; R. Panikkar, *Sobre el diálogo intercultural*, San Esteban, Salamanca, 1990; D. de Vallescar Palanca, *Cultura, multiculturalismo e interculturalidad. Hacia una racionalidad intercultural*, PS, Madrid, 2000.

7. Cf. G. Bonfil Batalla (comp.), *Hacia nuevos modelos de relaciones interculturales*, México, 1991; G. Dietz, *El desafío de la interculturalidad*, Granada, 2000; P. Gómez García (coord.), *Las ilusiones de la identidad*, Madrid, 2000.

forma de pensar. Pero hay otras cunas de otras formas de pensar, de hacer filosofía. La filosofía tiene muchos lugares de origen. La desoccidentalización de la filosofía no significa desplazar a la filosofía occidental a un lugar marginal, sino colocarla en su lugar. La filosofía intercultural llama la atención sobre la pluralidad de formas de articularse y estructurarse la filosofía. Más allá de las facultades, los departamentos, los cursos académicos, los tratados, las obras de especialización, las conferencias, etc., está el discurso oral a través del que se expresan muchas culturas.

Al poner el acento en el carácter contextual de toda forma de pensar no se está negando la pretensión de la universalidad de la filosofía, también de la intercultural. Lo que se rechaza es la cristalización de esa universalidad en un universo cultural determinado, cual es el occidental. Lo que se está criticando son las deficiencias de ese modelo de universalidad. La filosofía intercultural replantea la universalidad no en el ámbito de la tensión universal-particular, sino en el horizonte del diálogo entre universos contextuales que manifiestan su voluntad de universalidad a través de una comunicación horizontal. Su metodología es, por ende, el *poli-logo* o, si se prefiere, el diálogo multilateral.

Tampoco sospecha de la razón filosófica usual porque sea racional o filosófica, sino por su carácter monocultural occidental. Como alternativa propone una reubicación de la razón en los usos plurales que se dan en las múltiples prácticas culturales de la humanidad, y la reconstrucción de la historia de la razón a partir de ellas. Por este camino, las fuentes del razonamiento, lejos de achicarse, se ensanchan.

La filosofía intercultural se inscribe en un movimiento más amplio de investigadores, pensadores, hombres y mujeres de la cultura, que quieren contribuir a la convivencia solidaria entre los seres humanos pertenecientes a culturas distintas y vinculados a tradiciones e identidades que vienen de lejos. No se queda en el plano puramente teórico. Tiene su traducción en el terreno social y político a través de los Foros Internacionales de la UNESCO o de otros como el Foro Internacional de las Alternativas.

3.3. *Interculturalidad en la teología*

También en el terreno de la teología se está trabajando en clave intercultural con todo rigor metodológico y hermenéutico desde hace varias décadas. Uno de los lugares privilegiados de la reflexión intercultural son las *teologías contextuales* que desde las décadas sesenta y setenta del siglo pasado se desarrollan en América Latina, Asia y África con importantes resultados y en las que pueden distinguirse dos tendencias o direcciones no siempre armonizadas. La primera pone el acento en la identidad cultural, étnica y religiosa, denuncia la colonización cultural llevada a cabo por el cristianismo occidental y aboga por un cristianismo acorde con la propia identidad y liberado de todo colonialismo. La segunda centra su atención en la opresión sociopolítica y económica y aboga por la transformación de las estructuras injustas como tarea prioritaria, sin descuidar por ello los aspectos culturales y étnicos.

En Asia existe hoy una pluralidad de teologías cristianas contextuales, entre las que cabe citar: la teología *minjung* de Corea, la de la *lucha* de Filipinas, la de los *dalit*, la *feminista* y la *ecologista*[8]. La teología *minjung* coreana es la reflexión de los cristianos pobres que tiene su base en la historia del pueblo. Es una teología inclusiva en cuanto integra la vida, el cuerpo, la tierra y la comunidad. Se expresa a través de relatos, símbolos, danzas y acciones rituales. La teología de la *lucha* de Filipinas es la reflexión que nace de los pobres y oprimidos y de los cristianos y cristianas que se comprometen en su lucha de liberación. La teología de los *dalit* («aplastado», «pisoteado») surge de la experiencia de opresión a que se ven sometidos más de 125 millones de personas por el sistema de castas imperante. La teología *feminista* parte de la triple opresión a que viven sometidas las mujeres: como mujeres, como víctimas de un sistema económico injusto y como pertenecientes a las clases populares marginadas. Interpreta el mensaje cristiano a través de la hermenéutica feminista desde su propio contexto de opresión y a partir de su participación en los movimientos de emancipación de la mujer. La teología *ecologista* entiende el cosmos como mediación simbólica del encuentro humano-divino e inter-humano y busca la armonía de la humanidad con la tierra y la creación de una comunidad cosmoteándrica capaz de unir a Dios, el universo y los seres humanos.

Son de destacar las reflexiones de algunos teólogos y teólogas cristianos en diálogo con las religiones orientales. Aloysius Pieris, nacido en 1934 en Sri Lanka, es investigador del budismo y desa-

---

8. Cf. M. Amaladoss, *Vivir en libertad. Las teologías de la liberación en el continente asiático*, Verbo Divino-Scam, Estella, 2000.

rrolla su teología en comunicación con los budistas y en contacto con grupos multirreligiosos comprometidos en la lucha por la liberación de los oprimidos. George Soares-Prabhu (1929-1979), exegeta indio e inspirador de grupos de acción, habla del *dharma* de Jesús de Nazaret, cuyo origen sitúa en su experiencia de Dios como *abbá*. Sebastian Kappen (1924-1993), jesuita indio, centra su reflexión teológica en la importancia de la transformación cultural para la liberación integral. Presenta a Jesús de Nazaret como un profeta contracultural, como lo fueron también Buda y los cantos de la tradición hinduista *bhakti* (devoción). M. M. Thomas, nacido en 1916 en la India, ha impulsado el movimiento ecuménico en diversos campos. Destaca el impacto de Cristo en los movimientos de liberación, debajo de los cuales descubre una búsqueda de sentido y de autotrascendencia. Entiende la salvación como la interiorización espiritual de la verdadera humanización.

La teología contextual africana se caracteriza por una gran vitalidad y una pluralidad de tendencias[9]. Una tendencia es la que enfatiza lo específico de la identidad africana: su antropología, su cosmología, su cultura, su filosofía, su ética, «su alma», y subraya el antagonismo entre los valores espirituales de África y el espíritu mercantil y materialista de Occidente. Se muestra partidaria de adaptar el evangelio a la cosmovisión africana y de hacer una teología conforme a sus categorías antropológicas y religiosas. Otra tendencia es la de las teologías africanas de la liberación, que consideran limitado e insuficiente el planteamiento «culturalista» de la teología de la identidad y cree necesario hacer un análisis más amplio de la realidad que tenga en cuenta, además de los elementos culturales específicos, los aspectos económicos, políticos y sociales, así como el contexto internacional en que se desarrollan las relaciones entre los pueblos. El Evangelio constituye para estas teologías una fuerza estructuradora de las relaciones sociales.

La tercera tendencia es la teología de la reconstrucción, que pretende integrar el problema de la identidad cultural y la liberación en un nuevo paradigma. La base de la liberación de África no radica, según ella, en la oposición África-Occidente, ni el problema

---

9. Cf. Kä Mana, *Teología africana para tiempos de crisis. Cristianismo y reconstrucción de África*, Verbo Divino-Scam, Estella, 2000; J. M. Ela, *Fe y liberación en África*, Mundo Negro, Madrid, 1990; Íd., *El grito del hombre africano*, Scam-Verbo Divino, Estella, 1998; A. Nolan, *Dios en África*, Sal Terrae, Santander, 1989.

NUEVO PARADIGMA TEOLÓGICO

teológico de fondo se encuentra en una identidad cultural estereotipada, sino en la lucha contra todas las formas de lo «inhumano», en la propuesta de una civilización solidaria y responsable, y en la construcción de una «fraternidad más allá de la etnia».

La teología latinoamericana de la liberación fue una de las primeras teologías contextuales que, desde mediados de los años sesenta del siglo pasado, renunciaba a ser simple remedo o sucursal de la teología elaborada en Europa, bien bajo el signo de la modernidad, bien bajo el control del Vaticano, e iniciaba un nuevo modo de hacer teología con identidad propia que respondiera a los principales desafíos de América Latina. Se quebraba así la larga tradición religiosa que legitimaba el orden colonial y el eurocentrismo imperante entonces en el panorama teológico universal. El objetivo de la nueva teología era encontrar un lenguaje teológico capaz de traducir el mensaje cristiano en clave liberadora, de sintonizar con el compromiso revolucionario de los cristianos e iluminar sus itinerarios de fe en medio de la conflictividad que dominaba todas las esferas de la realidad latinoamericana.

Como en los casos de Asia y África, en la teología latinoamericana de la liberación pueden distinguirse desde el principio dos tendencias: la que ponía el acento en la identidad cultural latinoamericana y la que se centraba en la situación de dependencia, subdesarrollo y pobreza del continente, causada por el desarrollo de los países ricos. Esta segunda fue la que predominó y tuvo un desarrollo metodológico más estructurado.

Actualmente la interculturalidad de la teología latinoamericana se despliega en varias direcciones, todas intercomunicadas: ecologista, feminista, campesina, indígena, afroamericana y económica[10].

La Tierra se ha convertido en uno de los principios inspiradores de la actual teología latinoamericana. «Ciencia de Dios» (= teología) y «ciencia de la Tierra» (= ecología) no operan como dos discursos paralelos, y menos aún enfrentados. Ambos parten, al decir de L. Boff, de dos heridas que sangran: la pobreza, que rompe el tejido social y vital de miles de millones de ser humanos, y la violencia contra la naturaleza, que quiebra el equilibrio del sistema. La

---

10. Cf. J. J. Tamayo-Acosta, *Para comprender la teología de la liberación*, Verbo Divino, Estella, ⁵2000; Íd., *Presente y futuro de la teología de la liberación*, San Pablo, Madrid, 1994; J. J. Tamayo y J. Bosch (eds.), *Panorama de la teología latinoamericana*, Verbo Divino, Estella, 2001; Ch. Rowland (ed.), *La teología de la liberación*, Cambridge University Press, Madrid, 2000.

perspectiva ecológica amplía el horizonte de la teología, ya que incorpora las aportaciones de las ciencias del universo y de la vida: geo-logía, bio-logía, cosmo-logía, bio-ética, eco-logía, eto-logía, etc. Las mujeres latinoamericanas, excluidas del campo del conocimiento teológico en los inicios de la teología de la liberación, vienen asumiendo desde hace cuatro lustros el protagonismo en la construcción de un discurso teológico inclusivo e integrador. Con la ayuda del feminismo y del ecofeminismo han cuestionado los conceptos androcéntricos acuñados por la primera teología de la liberación de los años sesenta y setenta y han contribuido a articular un discurso emancipador en torno a las categorías de género y de vida. La opción por los pobres se traduce aquí como opción por las mujeres pobres.

El mundo del campesinado abre nuevos horizontes en la teología desconocidos hasta ahora. La tierra es experimentada en clave dialéctica: como lugar de vida, pero también de muerte; como espacio de realización humana, pero también como fuente de conflicto; como realidad opresora y como experiencia religiosa liberadora. Los campesinos persiguen la armonía con la tierra a través de movimientos de resistencia contra quienes detentan el control sobre vidas y haciendas. La teología descubre en esta experiencia dual el poder del mal en la historia y la fuerza liberadora de Dios.

La interculturalidad de la teología de la liberación se extiende a las comunidades indígenas y negras, humilladas en su dignidad y tratadas como extranjeras en su propia tierra; a ellas se les niega el campo estructurante de lo cotidiano: sus símbolos, tradiciones, religiones, dioses, lengua, arte, costumbres, concepción del mundo, organización social y política, etc. El objetivo de las teologías indígena y negra es reconstruir las alteridades de esas comunidades sofocadas por el cristianismo colonial y por la cultura imperial.

Una línea transversal recorre las nuevas formas de teología intercultural latinoamericana: la crítica de la religión económica del mercado, que opera con categorías dogmáticas, y de su lógica idolátrica, que exige el sacrificio de vidas humanas y el holocausto de la naturaleza. Frente a los ídolos de muerte, el Dios de la vida...

Otro espacio de interculturalidad ha sido el movimiento ecuménico, primero intercristiano y después interreligioso, que se ha desarrollado a lo largo de todo el siglo XX. Gracias a él, las iglesias y las religiones han tomado conciencia de la diversidad cultural y de la interdependencia de nuestro mundo, se han abierto a otras culturas y han descubierto la necesidad de establecer redes de comunicación interreligiosa e intercultural. El objetivo del ecumenismo no era reducir la diversidad religiosa a uniformidad, sino aprender a con-vivir en la diversidad y la inter-relación de creencias religiosas y prácticas culturales[11].

En la apertura de la teología a la interculturalidad han jugado un papel importante las ciencias sociales, ya que la han ayudado a descubrir la necesaria interacción entre religiones y culturas. Son de destacar las reflexiones teológicas sobre interculturalidad y mestizaje, que constituyen una alternativa al pensamiento único de la actual globalización neoliberal. En este ámbito de reflexión arrojan mucha luz las investigaciones de Virgilio Elizondo, teólogo y fundador del Centro Cultural México-Americano de San Antonio, Texas, en torno al cruce de culturas y creencias entre los cristianos hispanos en los Estados Unidos[12]. Por caminos similares va la reflexión sobre el fenómeno de la inmigración en la perspectiva de las religiones y el debate en torno a las posibilidades y los límites del multiculturalismo y la interculturalidad en las sociedades desarrolladas[13].

Otro ámbito de reflexión en clave intercultural, quizá el más creativo hoy, es la teología liberadora de las religiones, que analiza con rigor metodológico y perspectiva amplia la capacidad de verdad que tienen las afirmaciones teológicas en las distintas tradiciones religiosas y estudia sus dimensiones emancipatorias. De ella me ocuparé en el capítulo siguiente.

Como fruto de estas aportaciones, la teología cristiana va perdiendo poco a poco su carácter etnocéntrico y colonial de antaño, afirma la dignidad de todos los seres humanos, reconoce la identidad de cada cultura sin jerarquizaciones previas y accede a una

---

11. Cf. J. Bosch, *Para comprender el ecumenismo*, Verbo Divino, Estella, 1991; T. Buss, *El movimiento ecuménico en la perspectiva de la liberación*, Hosbol/CLAI, Quito, 1996; J. de Santa Ana, *Ecumenismo y liberación*, San Pablo, Madrid, 1987.
12. Cf. V. Elizondo, «Condiciones y criterios para un diálogo teológico intercultural»: *Concilium* 191 (1984), pp. 41-51; Id., *The Future is Mestizo*, Orbis Books, Maryknoll, 1996.
13. Cf. J. Goytisolo y S. Naïr, *El peaje de la vida*, Aguilar, Madrid, 2002; S. P. Huntington, *El choque de civilizaciones y la reconfiguración del orden mundial*, Paidós, Barcelona, 1997; G. Sartori, *La sociedad multiétnica. Pluralismo, multiculturalismo y extranjeros*, Taurus, Madrid, 2001; Varios, «Emigrantes y refugiados: un desafío ético»: *Concilium* 248 (1993); Varios, «Los retos de las migraciones»: *Iglesia Viva* 205 (2001).

comprensión del ser humano en toda su complejidad y polifonía. El paso no puede ser más gigantesco, si bien está todavía en sus inicios. Ello exige una revisión a fondo de la fe cristiana y de la teología al menos en tres planos: en el histórico, para superar el exclusivismo y el inclusivismo, y asumir decididamente el modelo pluralista; en la teoría del conocimiento, para no reducir el lugar de la verdad de las afirmaciones teológicas a la propia religión, sino abrirlo a las distintas tradiciones religiosas; en el interreligioso, para el reconocimiento de la igual dignidad histórica de las religiones.

Rahner llamó la atención en su día sobre el exceso de celo del magisterio romano cuando pretende controlar las teologías no europeas o «cuando interviene sin documentarse previamente, y por tanto equivocándose sobre el modo de vivir esas teologías no europeas»[14]. Para evitar ese peligro proponía la internacionalización de la Congregación para la Doctrina de la Fe, o sea, la presencia en ella de representantes de las teologías de las diferentes áreas culturales, y recomendaba al alto magisterio romano «prudencia y precaución a la hora de juzgar posiciones teológicas de contextos culturales diversos partiendo de una teología que necesariamente sigue siendo particular»[15]. Del mismo parecer era su colega el teólogo alemán Joseph Ratzinger. Empero, cuando llegó a la cúpula de la Congregación para la Doctrina de la Fe se olvidó de sus opiniones anteriores y convirtió a ésta en un organismo todavía más centralista y represivo. Desde hace dos lustros los teólogos y las teólogas que trabajan en la elaboración de una teología intercultural están bajo permanente sospecha y son amonestados, procesados y condenados por quienes tienen el poco tolerante menester de «preservar» la integridad de la fe y perseguir la heterodoxia. Los casos más recientes han sido el teólogo de Sri Lanka Tissa Balasuriya y el teólogo belga Jacques Dupuis, profesor de teología durante varias décadas en la India, el primero condenado por la Congregación para la Doctrina de la Fe y el segundo amonestado.

Rahner invita a la teología europea a adoptar una actitud autocrítica y a no imponer a las otras teologías exigencias metodológicas o ideológicas que no emanan de la fe en Cristo, sino de una cultura particular. Llama a un diálogo franco de dicha teología con las teologías jóvenes y a mostrarse dispuesta a aprender de ellas.

---

14. K. Rahner, «Europa como partner teológico», en K. H. Neufeld (ed.), *Problemas y perspectivas de teología dogmática*, Sígueme, Salamanca, 1987, p. 373.
15. *Ibid.*, p. 375.

3.4. *Interculturalidad en la Biblia*

La interculturalidad en las distintas tradiciones bíblicas está siendo objeto de estudio hoy. La Biblia se presenta como una obra intercultural que describe la historia de un pueblo, Israel, que va forjando su identidad política, cultural y religiosa en permanente confrontación —con su doble componente de choque y encuentro— con las culturas y las religiones limítrofes. No puedo detenerme en el recorrido de todas las tradiciones, porque desborda el horizonte de esta obra. Voy a fijarme en dos ejemplos de interculturalidad: el libro de la Sabiduría y el Nuevo Testamento.

En el libro de la Sabiduría se produce un encuentro entre dos tradiciones culturales, la sapiencial judía y la helenista. La categoría *Sophia*, personificada en femenino, ejerce una función mediadora entre las enseñanzas de una y otra: la bíblica, más centrada en el orden justo, y la helenista, orientada a la búsqueda de la más alta felicidad y del bien supremo. Para ambas tradiciones la base común en que se sustenta todo es el deseo de saber y la educación[16].

La *Sophia* es personificada en una mujer que goza de sabiduría, es presentada como maestra de la justicia y aparece junto a Dios en el momento de la creación. En ella se unen el nacionalismo de Israel y el universalismo. Esa categoría se convierte en símbolo de la crítica a la tiranía y las arbitrariedades de los monarcas gobernantes. El libro de la Sabiduría introduce un nuevo lenguaje sobre Dios e imágenes que vienen a asemejarlo a la imagen de la diosa. Así resume S. Schroer:

> La *Sophia* en el libro de la Sabiduría es el símbolo de un diálogo interreligioso e intercultural en una sociedad multicultural del siglo I a.C. Esta obra pretende acoger positivamente el pluralismo existente de religiones y culturas, reinterpretando la propia tradición, abriéndose de buena gana a influencias ajenas y dejando que éstas la inspiren [...] Sin embargo, este proceso de transformación no conduce al abandono de la tradición acreditada, a la supresión de los caracteres de la fe judía o a modas esotéricas[17].

Los intentos de la dogmática y de la apologética por reducir a unidad, e incluso a uniformidad, las distintas tradiciones culturales,

---

16. Cf. S. Schroer: «Cambios en la fe. Documentos de aprendizaje intercultural en la Biblia»: *Concilium* 251 (1994), pp. 15-29.
17. *Ibid.*, p. 29.

religiosas y teológicas del Nuevo Testamento se han saldado con un rotundo fracaso. Lo único que han conseguido ha sido violentar los textos y desfigurar sus contenidos. Los estudiosos del Nuevo Testamento y del cristianismo primitivo coinciden en destacar la gran creatividad y libertad de la reflexión teológica, así como la pluralidad de eclesiologías, prácticas litúrgicas, estructuras eclesiales, actitudes morales y pautas culturales en los escritos neotestamentarios y en la vida de las primeras comunidades cristianas, donde aquéllos tienen su *Sitz im Leben*. Esa pluralidad «*no permite a ninguna iglesia dar carácter exclusivo o absoluto a sus enseñanzas o prácticas particulares*»[18].

El escriturista norteamericano Raymond E. Brown distingue hasta siete tradiciones eclesiales, teológicas y culturales distintas en el período sub-apostólico, es decir, el que ocupa el último tercio del siglo I d.C.: *a*) la de las Cartas Pastorales (1-2 Timoteo, Tito), donde el autor se muestra muy preocupado por las tendencias judaizantes que exigían la circuncisión, presta especial atención a la organización de la iglesia, pone el acento en el control oficial de la enseñanza y reclama sumisión a las autoridades religiosas y civiles; *b*) la tradición paulina de Colosenses/Efesios, que da una visión idealista de la iglesia («novia sin mancha»), afirma su estructura carismática (apóstoles, profetas, evangelizadores...), no hace hincapié en sus aspectos institucionales ni muestra preocupación por la sucesión apostólica; *c*) la de Lucas/Hechos de los Apóstoles, que establece la continuidad entre el Jesús histórico y los comienzos de la iglesia y concede un papel relevante al Espíritu Santo como protagonista que guía a la comunidad cristiana; *d*) la de la Primera

---

18. R. Modrás, «Eliminación del pluralismo entre las iglesias mediante el pluralismo dentro de las Iglesias»: *Concilium* 88 (1973), p. 249; subrayado del autor. A partir de este principio, Modrás extrae esta importante conclusión, válida para hoy: «No hay dogma, ritual o estructura organizativa capaces de situarse por encima de la historia y, en consecuencia, de cualquier posibilidad de una necesaria reforma. No hay ninguna teología, sea la de san Agustín, la de santo Tomás, la de Lutero o la de Calvino, que no sea susceptible de ser corregida, mejorada o superada. No existe ninguna estructura eclesial, sea la papal, la episcopal, la presbiteral o la congregacional, que pueda pretender en exclusiva la posesión de unos orígenes apostólicos. El ordenamiento eclesial puede y debe mantenerse hoy abierto en principio a todas las posibilidades que se dieron en la Iglesia del Nuevo Testamento. La fragmentación y el cisma son resultado de considerar divino lo humano, esencial lo accidental, capital lo periférico» (*ibid*., pp. 249-250).

Carta de Pedro, que subraya el sentido de pertenencia de los cristianos a un grupo unido y único con clara conciencia de pueblo de Dios y tiende a generar un sentimiento de exclusividad; *e)* la del Cuarto Evangelio, que enfatiza la relación personal del cristiano con Jesús, el igualitarismo y el discipulado, y no los cargos u otras distinciones; *f)* la de las Cartas de Juan, que reconoce el papel del Espíritu Santo como fuerza de la iglesia, pero se enreda en polémicas que terminan en hostilidad hacia los extraños y reducen el amor al círculo de «los hermanos»; *g)* la de Mateo, que muestra un gran respeto por la ley, la institución y la autoridad, si bien introduce correctivos para no caer en el legalismo y el autoritarismo[19].

Resumiendo, puede afirmarse que en el Nuevo Testamento convergen dos tendencias culturales: la judía y la helenista. Una convergencia en tensión permanente. Pablo distingue expresamente dos tipos de comunidades atendiendo a sus diferencias culturales: «la comunidad primitiva de Jerusalén», que surge después de la muerte de Jesús de Nazaret, o «las comunidades de Dios en Judea» (Gál 1, 22; 1 Tes 2, 14), y las «comunidades de los gentiles» (Rom 16, 4)[20]. La tendencia judía consideraba necesario compaginar la fe en el Mesías y la esperanza en la resurrección con la aceptación de la circuncisión y la práctica de la ley. Su principal y máximo representante era Santiago, el hermano del Señor. La helenista, por el contrario, no exigía la aceptación del judaísmo a los paganos que se convertían y deseaban formar parte de la comunidad cristiana. Su máximo representante fue Pablo de Tarso. Pedro adopta una actitud irenista, cargada de ambigüedad, provocando una reacción violenta por parte de Pablo, que le echa en cara lo simulado de su comportamiento:

> Cuando vino Cefas [Pedro] a Antioquía me enfrenté con él cara a cara, porque era censurable. Pues antes que llegaran algunos de parte de Santiago, comía en compañía de los gentiles; pero una vez que aquéllos llegaron, empezó a evitarlos y apartarse de ellos por

---

19. Cf. R. E. Brown, *Las iglesias que los apóstoles nos dejaron*, Desclée de Brouwer, Bilbao, 1986; Íd., *La comunidad del Discípulo Amado*, Sígueme, Salamanca, 1979; Íd., *El Evangelio según Juan. Introducción, traducción y notas*, 2 vols., Cristiandad, Madrid, ²1999; Íd., *Introducción al Nuevo Testamento*, 2 vols., Trotta, Madrid, 2002.
20. Cf. E. W. Stegemann y W. Stegemann, *Historia social del cristianismo primitivo. Los inicios en el judaísmo y las comunidades cristianas en el mundo mediterráneo*, Verbo Divino, Estella, 2001.

miedo a los circuncisos. Y los demás judíos disimularon con él, hasta el punto de que el mismo Bernabé fue arrastrado a la simulación (Gál 2, 11-13).

Poco a poco va perdiendo protagonismo la iglesia de Jerusalén y lo va ganando la iglesia de los gentiles, liderada por Pablo: se arrincona la herencia cultural hebrea y cobra relevancia la filosofía griega en la teología cristiana, hasta llegar a confundirse. A la larga, el olvido de una tradición y la absolutización de otra supuso un empobrecimiento para el cristianismo. El deterioro en las relaciones con el judaísmo llega a su zenit cuando el cristianismo se alía con el poder político y se convierte en religión oficial del Imperio. A partir de ese momento, el cristianismo no sólo rompe con la tradición judía, sino que se torna antisemita, y el antisemitismo llegará a ser durante siglos señal de identidad de la iglesia católica.

3.5. Diferentes paradigmas en la historia del cristianismo

K. Rahner dividía la historia de la iglesia en tres momentos: el judeo-cristianismo, que tuvo una muy breve duración; el cristianismo de herencia helenística, que tiene su continuidad en la civilización europea; el cristianismo mundial, iniciado con el Vaticano II, que constituye el modelo a construir en el futuro. En su obra «magna» *El cristianismo. Esencia e historia,* Hans Küng recurre a la teoría de los paradigmas científicos del historiador de la ciencia Thomas Kuhn, para establecer una tipología nueva en la historia del cristianismo, atendiendo a las diferencias culturales[21]. Th. Kuhn define los paradigmas como «realizaciones científicas universalmente reconocidas que, durante cierto tiempo, proporcionan modelos de problemas y soluciones a una comunidad científica» o «una constelación global de convicciones, valores, modos de proceder, etc., compartidos por los miembros de una comunidad determina-

---

21. H. Küng, *El cristianismo. Esencia e historia*, Trotta, Madrid, ²2001. Se trata de una obra «magna» tanto por su volumen, 1950 páginas!, como por su contenido global y su rigor metodológico. Me parece comparable a *La esencia del cristianismo,* de A. Harnack (de principios del siglo XX). Las dos son obras maestras que abren nuevos horizontes, cada una en su tiempo, y tienen vocación de permanencia. El libro de Küng está llamado a ser referencia bibliográfica obligada en el estudio interdisciplinar de la esencia e historia del cristianismo.

da»[22]. Por cambio de paradigma entiende «aquellos episodios de desarrollo no acumulativo en que un antiguo paradigma es reemplazado completamente, o en parte, por otro nuevo e incompatible»[23].

Küng estructura el itinerario del cristianismo en torno a cinco grandes paradigmas o constelaciones globales: el judeo-apocalíptico del protocristianismo, el ecuménico-helenista de la Antigüedad cristiana, el católico-romano medieval, el evangélico-protestante de la Reforma y el racionalista-progresista de la Modernidad. El primero se sitúa entre la tradición judía y la novedad del Evangelio de Jesús y se caracteriza por la expectación escatológica centrada en el retorno de Jesús y en la inminente llegada del reino de Dios. El segundo, preparado por los judeocristianos helenistas que habían huido a Antioquía tras el martirio de Esteban, supone el paso del particularismo judío al cristianismo de los gentiles a través de la mediación de la cultura helenista, bajo el impulso y la inspiración de Pablo de Tarso, que fue su iniciador. Si el primer paradigma se ubicaba en un entorno rural, el ecuménico-helenista era un movimiento preferentemente urbano. El tercer paradigma, el católico-romano medieval, cuyo padre teológico y eclesiológico fue san Agustín, se caracteriza por la integración de la iglesia en el sistema imperial, donde se considera realizado el reino de Dios, y por su configuración jerárquico-patriarcal a imagen y semejanza del poder político.

El paradigma evangélico-protestante, cuyo iniciador fue el joven teólogo alemán Martín Lutero, viene preparado por importantes movimientos de reforma (Hus, Wiclif), que la institución eclesiástica sofoca, y por los concilios para la reforma en los miembros y en la cabeza de la iglesia, como los de Constanza, Basilea, Ferrara-Florencia y Letrán, que demostraron una total ineficacia. El nuevo paradigma, que provoca una radical cesura en la cristiandad medieval, se caracteriza por la recuperación de la dimensión subjetiva de la fe en sintonía con el descubrimiento moderno de la subjetividad, la centralidad y la vuelta a la Biblia interpretada en clave personal-existencial, la justificación por la fe, el sentido comunitario-congregacional, la refundación de los sacramentos, la reforma de la iglesia a partir del Evangelio y la cruz como principio teológico.

El paradigma racionalista y progresista de la modernidad inten-

---

22. Th. Kuhn, *La estructura de las revoluciones científicas*, FCE, México-Madrid, 1980, p. 13.
23. *Ibid.*, p. 149.

ta reformular y vivir el cristianismo en el nuevo clima sociocultural y religioso caracterizado por la autonomía de la razón, el final del sistema absolutista, la división de poderes, la secularización del Estado, la cultura de los derechos humanos, la desaparición de los estamentos, la libertad de creencias, la revolución científico-técnica («saber es poder») y el pluralismo de cosmovisiones. El nuevo paradigma valora positivamente el fenómeno de la secularización y lo considera el ámbito más adecuado para vivir la fe cristiana de manera adulta en plena época de Ilustración, que Kant define como «la salida del ser humano de su autoculpable minoría de edad». Quien formuló con mayor rigor teológico y coherencia vital el paradigma de la secularización y el lugar del cristianismo en él fue Dietrich Bonhoeffer en sus cartas desde la prisión[24].

Ante la crisis de la modernidad, Küng llama la atención sobre la aparición de un nuevo paradigma, que él llama de la «transmodernidad» y que debe tener en cuenta cuatro dimensiones de la realidad no atendidas debidamente en los paradigmas anteriores: la cósmico-ecológica (relación ser humano-naturaleza), la antropológica de género (igualdad-diferencia hombre-mujer), la socio-económica (justicia-injusticia) y la religiosa (relación ser humano-divinidad). Se olvida, sin embargo, del paradigma de la liberación, que se desarrolla desde hace cuatro décadas en el Tercer Mundo con creatividad y tiene una notable influencia en importantes sectores cristianos del Primer Mundo comprometidos en la lucha contra la exclusión y solidarios con los pobres de la Tierra. En ese paradigma el cristianismo deja de ser opio del pueblo y se convierte en fuerza de liberación a través de la praxis del seguimiento de Jesús.

Tras este recorrido cabe concluir que es necesario pasar de un cristianismo *culturalmente monocéntrico*, que pretende imponer sus usos, costumbres y tradiciones al mundo entero, a un cristianismo universal *culturalmente policéntrico*, que se encarna en las diferentes culturas. Metz llega a afirmar a este respecto que «hoy debe partirse del supuesto de que la iglesia no es que "tenga" fuera de Europa una iglesia del Tercer Mundo, sino que "es" una iglesia del Tercer Mundo con una proto-historia europeo-occidental»[25]. Los datos le dan la razón.

---

24. Cf. D. Bonhoeffer, *Resistencia y sumisión*, Ariel, Esplugues de Llobregat, 1969.
25. J. B. Metz, «La teología en el ocaso de la modernidad»: *Concilium* 191 (1984), p. 37.

4

HORIZONTE INTERRELIGIOSO

4.1. *Pluralismo religioso*

El horizonte intercultural está estrechamente relacionado con el interreligioso, como relacionadas están culturas y religiones. El primer dato que se impone por su propia evidencia es el gran potencial numérico de las religiones y su amplio pluralismo. Es uno de los signos de nuestro tiempo. Más de tres cuartas partes de la población mundial están vinculadas, de una u otra forma, a alguna religión. El cristianismo cuenta con cerca de 2.000 millones de seguidores; el islam, con 1.200 millones; el hinduismo tiene entre 800 y 900 millones; el budismo, en torno a 350 millones; la religión tradicional china, 225 millones; las religiones indígenas, 190 millones; la religión yoruba, 20 millones; la juche, 19 millones; el sikhismo, 18 millones; alrededor de 16 millones tiene el judaísmo; 14 millones, el espiritismo; entre 5 y 6 millones, la religión baha'i; 4 millones, el jainismo; 4 millones, el shintoísmo; 3 millones, el Cao Dai; en torno a 2 millones y medio, la religión tenrikyo; 1 millón, el neopaganismo; 800.000 personas, el movimiento unitario-universalista; 750.000 personas, la Iglesia de la Cienciología; 750.000, el rastafarianismo; 150.000, el zoroastrismo. En torno a una cuarta parte de los Estados mantiene vínculos formales con una religión, siendo muchos de ellos confesionales.

Lo que estos datos muestran es la gran pluralidad de manifestaciones de Dios, de dioses, de lo divino o de lo sagrado en la historia, las múltiples experiencias del Misterio, las plurales ofertas de salvación y los numerosos mediadores religiosos. Esa pluralidad debe afirmarse y mantenerse como signo de riqueza. Cualquier intento de uniformidad provocaría un empobrecimiento en el universo religioso. Son precisamente ese pluralismo y la defensa de su riqueza simbólica y de sentido los que demandan imperiosamente la necesidad del diálogo. Veamos en qué condiciones y con qué características.

4.2. «*Sin diálogo, las religiones se anquilosan*»

Las religiones no pueden seguir siendo fuentes de conflictos entre sí y con las sociedades en cuyo seno están insertas, ni en el terreno doctrinal ni en el moral. Deben reconocerse, respetarse y tender puentes de diálogo. «Sin diálogo el ser humano se asfixia y las religiones se anquilosan», sentencia certeramente R. Panikkar[1]. El diálogo interreligioso constituye hoy uno de los más luminosos signos de los tiempos, que puede ahorrar muchos sufrimientos estériles y facilitar la convivencia entre los pueblos[2].

1. R. Panikkar, «Diálogo intrarreligioso», en C. Floristán y J. J. Tamayo (eds.), *Conceptos fundamentales del cristianismo*, Trotta, Madrid, 1993, p. 1148.
2. Cf. J. Hick, *God has Many Names*, Westminster J. Knox, Louisville, 1982; Íd., *Problems of Religious Pluralism*, St. Martin, New York, 1988; J. Hick-P. Knitter (eds.), *The Myth of Christian Uniqueness. Toward a Pluralistic Theology of Religions*, Orbis Books, Maryknoll, 1987; Íd., *No Other Name? A Critical Survey of Christian Attitudes toward the World Religions*, Orbis Books, Maryknoll, 1985; Íd., *One Earth Many Religions. Multifaith Dialogue and Globlal Responsability*, Orbis Books, Maryknoll, 1995; H. Küng, *El cristianismo y las religiones. Hacia el diálogo con el islam, el hinduismo y el budismo*, Cristiandad, Madrid, 1987; Íd., *Teología para la postmodernidad*, Alianza, Madrid, 1989, especialmente el capítulo «Hacia una teología de las grandes religiones», pp. 167-202; Íd., *Proyecto de una ética mundial*, Trotta, Madrid, ⁵2000; Íd., *El judaísmo. Pasado, presente, futuro*, Trotta, Madrid, ³2001; H. Küng y K. J. Kuschel, *Hacia una ética mundial. Declaración del Parlamento de las Religiones del Mundo*, Trotta, Madrid, 1994; J. Dupuis, *Hacia una teología cristiana del pluralismo religioso*, Sal Terrae, Santander, 2000; A. Pieris, *Liberación, inculturación, diálogo religioso*, Verbo Divino, Estella, 2001. Cf. además: J. Sobrino, *Religiones orientales y liberación*, Cristianisme i Justicia, Barcelona, 1989; Varios, «Verdadera y falsa universalidad del cristianismo»: *Concilium* 155 (1980), especialmente los artículos «Etnocentrismo y relatividad cultural», de W. Dupré, pp. 169-182, y «Fe y vida cristianas en un mundo religioso pluralista», de Puthiadam, pp. 274-288; Varios, «¿Qué es la religión?»: *Concilium* 156 (1980); Varios, «El cristianismo y las grandes religiones»: *Concilium* 203 (1986); Varios, «Ética de las grandes religiones y derechos humanos»: *Concilium* 228 (1990).

Ahora bien, el diálogo no puede perderse en disquisiciones sobre los aspectos diferenciales de cada religión para marcar las distancias. Por ese camino, las religiones se enrocarían en sus propias posiciones y se separarían cada vez más, generando un clima de enfrentamiento, al menos en el terreno conceptual, que suele ser el comienzo de conflictos mayores. Tampoco puede centrarse en la búsqueda de consensos doctrinales que dejarían insatisfechas a todas las religiones, pues eso les exigiría renunciar a aspectos fundamentales de cada una. Ello no significa que se evite la discusión e incluso la confrontación. Ambas son necesarias en todo diálogo vivo y exigente como el que llevan a cabo hoy los teólogos y las teólogas de las diferentes religiones.

El diálogo no pretende uniformar el mundo de los ritos, símbolos, creencias y cosmovisiones religiosas, que constituyen una de las principales riquezas de las religiones y de la humanidad, pero tampoco diluir las señas específicas de identidad de cada religión en un único modelo religioso.

En el diálogo interreligioso no puede aceptarse sin más la tesis de la Ilustración radical, que considera falsas todas las religiones, como tampoco la concepción católica tradicional de que sólo la religión católica es la verdadera, ni la idea de que todas las religiones poseen el mismo grado de verdad[3]. Muchos, y de muy distinto signo, han sido los criterios propuestos para juzgar la autenticidad de las religiones: la «verificación ética» y la «racionalidad filosóficamente demostrable» (W. James), la actuación global y sus consecuencias prácticas para la vida personal y para la convivencia social (J. Dewey), la coherencia teórica, la relación con el Absoluto, la experiencia religiosa interior, la propuesta de un sentido último y total de la vida, la transmisión de unos valores supremos no sometidos a los cambios epocales, el establecimiento de unas normas de conducta de obligado cumplimiento (H. Küng), etc. Todos ellos son complementarios.

El diálogo ha de partir de unas relaciones simétricas entre las religiones y de la renuncia a actitudes arrogantes por parte de la que en un determinado territorio o contexto cultural pretende considerarse la más arraigada o preponderante. Las religiones son respuestas humanas a la realidad divina que se manifiesta a través de diferentes rostros. Todas ellas forman un «pluralismo unitario» (P.

---

3. Cf. H. Küng, *Teología para la postmodernidad*, cit.

Knitter). A su vez, cada una posee una «singularidad complementaria» abierta a las otras.

Dos son las características que definen el diálogo interreligioso: la *correlacionalidad* y la *responsabilidad global*[4]. Con la idea de correlacionalidad se quiere expresar que todos los participantes en el diálogo deben expresar sus convicciones con plena libertad; que las religiones sean consideradas iguales en derechos, si bien no necesariamente iguales en sus afirmaciones de verdad; que se reconozcan y se respeten las diferencias; que unas religiones aprendan de las otras. Los movimientos de la liberación necesitan «no sólo religión, sino *religiones*», afirma Knitter, ya que la liberación integral de los seres humanos y de la naturaleza resulta una tarea demasiado ardua y compleja para que se cargue sobre las espaldas de una sola nación, cultura, religión o iglesia. La cooperación en la praxis liberadora ha de ser intercultural e interreligiosa. Los mismos teólogos latinoamericanos de confesión cristiana son conscientes del potencial revolucionario y liberador que tienen las religiones no-cristianas. Es un diálogo tolerante y respetuoso del pluralismo.

Pero el diálogo y la tolerancia no pueden convertirse en fines en sí mismos o en algo absoluto, como tampoco en el objetivo último de esta teología. Ambos tienen sus límites, que son las víctimas de la sociedad. Como indica certeramente D. Sölle, la tolerancia termina donde los seres humanos se ven privados de su libertad, destruidos en su dignidad y violados en sus derechos.

Esto nos lleva a subrayar la segunda característica del diálogo: que sea *globalmente responsable* en las respuestas a los graves problemas de la humanidad y del planeta, que se convierten en imperativo para todas las religiones. La principal preocupación de toda religión que se crea auténtica se dirige a la situación de po-breza y opresión en que viven las mayorías humanas y el planeta. El conocimiento de Dios y la fe en él no se quedan en el plano puramente doctrinal; llevan a «practicar a Dios». Lo expresa Jon Sobrino así:

> Se va conociendo al Dios liberador en la praxis de liberación, al Dios bueno en la praxis de la bondad y de la misericordia, al Dios

---

4. Cf. P. Knitter, «Toward a Liberation Theology of Religions», en J. Hick y P. K. Knitter, *The Myth of Christian Uniqueness*, cit., pp. 170-200; Íd., *One Earth, Many Religions. Multifaith Dialogue and Global Responsability*, Orbis Books, Maryknoll, 1995. Para un mejor conocimiento del pensamiento de P. Knitter, cf. A. Moliner, *El pluralismo interreligioso y la perspectiva de las víctimas. Estudios de las aportaciones de Paul Knitter*, Facultat de Teologia de Catalunya, Barcelona, 2001.

escondido y crucificado en la persecución y en el martirio, al Dios plenificador de la utopía en la praxis de la esperanza[5].

La opción por los pobres es una dimensión constitutiva del ser de Dios, y la praxis de liberación es la traducción histórica de dicha opción.

El horizonte del diálogo es la *salvación* como experiencia radical de sentido frente al sin-sentido de la muerte y a la vida sin-sentido de muchos seres humanos. En todas las religiones se da una tensión fecunda entre la conciencia de finitud y contingencia del ser humano, por una parte, y la aspiración a la vida sin fin, liberada de todas las opresiones que nos esclavizan, por otra. Es en ese terreno, y dentro de la pluralidad de respuestas, donde las religiones pueden aportar sus mejores tradiciones a la causa de salvación-liberación de la humanidad. Volveré sobre el tema en el apartado siguiente.

El *cosmos* es el lugar natural del ser humano y del *Logos* de Dios, el lugar de encuentro de todos los seres, el centro neurálgico de todo proyecto de liberación, el espacio común en que las religiones viven su proyecto de salvación. Algunas religiones —entre ellas el cristianismo— han pasado por el cosmos como por brasas, desentendiéndose de su responsabilidad para con él, e incluso convirtiéndolo en basurero de los desechos de las sucesivas civilizaciones. Sin embargo hay que afirmar que la salvación del cosmos es inseparable de la salvación del género humano. En esa tarea las religiones tienen un papel irrenunciable.

Uno de los objetivos del diálogo interreligioso es, como afirma con precisión H. Küng, «la búsqueda de un *ethos* básico universal»[6], en otras palabras, un consenso ético en torno a las grandes causas de la humanidad pendientes de resolver: la paz y la justicia, la igualdad de derechos y deberes y el respeto a las diferencias culturales, la protección del medio ambiente y los derechos de la tierra, la defensa de los derechos de los seres humanos y de los pueblos, y la emancipación de la mujer.

En el II Parlamento de las Religiones del Mundo, reunido en Chicago en 1993, representantes de numerosas religiones firmaron

---

5. J. Sobrino, «El Vaticano II y la Iglesia en América Latina», en C. Floristán y J. J. Tamayo (eds.), *El Vaticano II, veinte años después*, Cristiandad, Madrid, 1985, p. 118.
6. H. Küng, «A la búsqueda de un *ethos* básico universal de las grandes religiones»: *Concilium* 228 (1990), pp. 289-309.

una declaración en la que hicieron un certero diagnóstico de las principales enfermedades que aquejan a la humanidad, expresaron su denuncia sobre las situaciones más graves y asumieron unos compromisos concretos[7].

En el diagnóstico se llama la atención sobre la crisis radical que atraviesan la economía, la política y la ecología. Se visualizan los dramáticos enfrentamientos entre los pueblos, las clases sociales, las razas, los géneros —masculino y femenino— y las religiones. A veces son las propias religiones quienes provocan o atizan las tensiones, fomentando comportamientos fanáticos, xenófobos y de exclusión social.

Las denuncias se centran en el mal uso de los ecosistemas del planeta, en las desigualdades económicas y en el desorden social, tanto nacional como internacional.

Los compromisos se centran en la defensa de una cultura de la no-violencia y del respeto a la vida, de una cultura de la solidaridad que desemboque en un nuevo orden mundial más justo que el actual, de una cultura de la tolerancia y de un estilo de vida veraz, de una cultura de la igualdad entre hombres y mujeres.

Las religiones poseen un importante potencial ético expresado por medio de sus preceptos fundamentales que hay que practicar siempre y en todo lugar. Así Confucio: «Lo que no deseas para ti, no lo hagas a los demás seres humanos». También el judaísmo: «Todo cuanto queráis que os hagan los seres humanos, hacédselo también vosotros». Y el cristianismo: «Todo cuanto queráis que os hagan los seres humanos, hacédselo también vosotros» (Mt 7, 12; Lc 6, 31a)[8]. Pero no podemos quedarnos ahí.

Además de principios éticos generales, las religiones pueden ofrecer modelos de vida inspirados en las grandes personalidades religiosas, motivaciones morales convincentes para actuar, una determinación de fines y un horizonte de sentido a su vida.

4.3. *Hacia una teología liberadora de las religiones*

Actualmente se están poniendo las bases para una teología liberadora de las religiones que hace suyas las principales aportaciones de las

---

7. Cf. H. Küng y K. J. Kuschel (eds.), *Hacia una ética mundial,* cit.
8. Cf. H. Küng, «Ekumene abrahámica entre judíos, cristianos y musulmanes», en J. J. Tamayo-Acosta (ed.), *Cristianismo y liberación. Homenaje a Casiano Floristán,* Trotta, Madrid, 1996, p. 53.

teologías de la liberación de las décadas precedentes, reformulándolas en el horizonte del diálogo interreligioso, asume los análisis de la teología feminista, aplicándolos críticamente a las diferentes tradiciones religiosas, en su mayoría patriarcales, integra las reflexiones de las teologías contextuales e intenta descubrir los elementos liberadores presentes en las diferentes religiones, tanto cósmicas como metacósmicas. Me parece una de las reflexiones teológicas más innovadoras del presente y con más perspectivas de futuro[9].

Su principal característica es la dipolaridad dinámica, que implicar asumir los dos polos de la realidad: la necesidad del diálogo interreligioso y la perspectiva de las víctimas; la pluralidad de religiones y creencias y la pluralidad de pobres y oprimidos; el respeto hacia el «otro religioso» y la compasión con el «otro sufriente»; la diversidad religiosa y la responsabilidad global; la vivencia mística de la fe y las demandas proféticas; la trascendencia y la finitud; lo cósmico y lo metacósmico; el cultivo de la sabiduría y la práctica del amor; la necesidad de la interculturalidad y la urgencia de la liberación; la armonía y la diferencia. Esta teología ha de mantener ambos polos en tensión dialéctica y mutuamente fecundante. La respuesta a las interpelaciones que proceden de ellos debe darse unitariamente.

¿Por dónde empezar la elaboración de esta teología? ¿Hay un sustrato compartido por todas las religiones que pueda constituir el punto de partida para el diálogo? Así lo creen algunos autores que se empeñan en buscan una esencia común a todas las religiones para construir sobre seguro y no dar saltos en el vacío. Sin embargo, esa postura plantea un problema de fondo. Si se quiere tomar en serio el pluralismo religioso en toda su riqueza y complejidad tanto en el pasado y el presente como en el futuro, hay que renunciar a la búsqueda de una teoría general o una fuente común de la religión. Lo genuinamente diferente en las religiones no puede reducirse a uniformidad. Incluso el teocentrismo como base del diálogo resulta cuestionable por dos razones: la ausencia de dioses en determinadas religiones y la tendencia a imponer las propias concepciones de Dios o del Absoluto a los creyentes de otras religiones.

Como indiqué en el apartado anterior, un punto de partida común puede ser, y de hecho lo está siendo en no pocas experiencias religiosas dialógicas, la categoría *sotería*, «el misterio inefable de la

---

9. Remito a las obras citadas en la nota 2 de este capítulo, especialmente las de Pieris, Knitter y Dupuis.

salvación» (A. Pieris), entendida como fuente de los criterios éticos y como capacidad para promover el bienestar eco-humano y trabajar por el bienestar de los oprimidos. El acercamiento soteriocéntrico es menos propenso a los abusos ideológicos que el teocéntrico, y más fiel a los datos de los estudios de las religiones comparadas. Parece fuera de duda que las religiones tienen más puntos en común en sus respectivas soteriologías que en sus teologías, donde las diferencias son muchas veces abismales e imposibles de superar. La *sotería* se concreta en la lucha por la justicia y la liberación, que es la base transcultural y el *locus* común compartido por las religiones, y en la *opción por los pobres*, que tiene una prioridad hermenéutica.

La teología liberadora de las religiones debe dirigir su mirada allí donde se produce el sufrimiento eco-humano, es decir, el dolor de la tierra y de la humanidad. Es la voz de las víctimas la que ha de oírse en el diálogo interreligioso y la que ha de guiarlo. Son las víctimas las que activan el círculo hermenéutico de la teología. En eso coinciden todas las teologías de la liberación.

La teología liberadora de las religiones opera con una hermenéutica de la sospecha múltiple. Empieza por sospechar de la facilidad con que la interpretación de las Escrituras sagradas y la formulación de la doctrina pueden convertirse en ideología al servicio de los intereses de la cultura, la política y la economía dominantes. Sospecha de la tendencia a confundir la voluntad de Dios con los intereses de la religión que dice representarlo, de sus dirigentes y portavoces. Sospecha igualmente de la tendencia a minusvalorar otras tradiciones culturales y sensibilidades religiosas. La sospecha se extiende, en fin, a las doctrinas «ortodoxas» que no dan frutos éticos.

Una de las principales aportaciones a la teología liberadora de las religiones viene de los teólogos asiáticos que intentan recuperar los aspectos liberadores tanto de las religiones metacósmicas como de las cósmicas.

Empecemos por las metacósmicas[10]. Del hinduismo se tiene la imagen de que es una religión con la mirada puesta en el otro mundo y ajena a las injusticias y desigualdades del presente. Sin embargo, existen reflexiones teológicas y prácticas religiosas encarnadas en la historia y comprometidas con la liberación de los marginados. Es el caso de Mohandas Karamchand Gandhi (1869-1948),

---

10. Cf. M. Amaladoss, *Vivir en libertad. Las teologías de la liberación en el continente asiático*, Scam-Verbo Divino, Estella, 2000.

que, desde una experiencia religiosa radical, defendió una liberación integral basada en un humanismo espiritual y luchó por la emancipación política y social de la India a través de la no violencia activa. Swami Agnivesh, miembro del movimiento de reforma *Arya Samaj*, defiende una sociedad védica igualitaria donde nadie puede exigir derechos especiales y privilegios por nacimiento. Los textos védicos le han servido de inspiración para un movimiento socialista dirigido por él que lucha por la liberación de cinco millones de jornaleros esclavos.

En el budismo existen importantes movimientos en pro de la transformación social. El monje budista tailandés Bhikkhu Buddhadasa (1906-1993) defiende un socialismo dhámmico, basado en estos principios: bien común, respeto y amabilidad cariñosa, limitación y generosidad. Thich Nhat Hanh, monje budista vietnamita de la tradición mahayana exiliado en Francia, cree que la *vigilancia* no supone huir del mundo sino que exige trabajar por la liberación de los otros bajo la guía de la compasión ante su sufrimiento.

Similar inspiración liberadora se encuentra en los escritos de algunos teólogos musulmanes asiáticos. El doctor iraní Ali Shariati (1933-1977), comprometido en los movimientos de liberación y de resistencia contra el Sha de Persia, presenta al Dios del islam como «Dios de los oprimidos, de los que luchan por su libertad, de los mártires de la causa de la verdad y la justicia». El musulmán indio Asghar Ali Engineer, comprometido en la defensa de los derechos humanos y a favor de la armonía entre las religiones, descubre en el Corán la existencia de una corriente favorable a la justicia y a la liberación.

La religiosidad cósmica vivida por numerosas personas y comunidades populares en Asia posee también importantes aspectos liberadores, como ha demostrado A. Pieris. He aquí algunos de los más significativos[11]:

— Su espiritualidad tiene que ver con las necesidades vitales básicas, como la vivienda, la comida, el trabajo. Para resolver esas necesidades, los pobres no pueden contar con Mammón, que es el que, cual vampiro, les chupa la sangre. El único aval es Dios: el Dios del arroz y del *curry*, del vestido y la vivienda, del matrimonio y los hijos. Por eso se dirigen a él pidiéndole justicia, pero justicia para esta tierra, no para después de la muerte. Su relación con Dios

11. Cf. A. Pieris, *Liberación, inculturación, diálogo religioso*, cit., pp. 260-262.

se mueve en el terreno cósmico, donde lo sagrado, lo femenino y lo terreno entran en un ciclo no contaminado por los criterios de la sociedad de consumo.

— Las mujeres tienen en la religiosidad cósmica un espacio para expresar su situación de marginación y encuentran vías para salir de ella.

— Al estar apegada a las necesidades terrenas y creer en la existencia de fuerzas cósmicas que guían la vida cotidiana, la espiritualidad tiene un componente ecológico, que se expresa a través de la participación en los movimientos de defensa de la Tierra.

— La mediación discursiva a través de la que se expresa esa espiritualidad es el *relato*.

El carácter intramundano de esta religiosidad y su apelación al Dios de justicia actúan con frecuencia como estímulo en las movilizaciones populares, y no como «opio del pueblo». Por eso, los elementos liberadores de las religiones cósmicas están siendo asumidos e integrados gradualmente por las propias religiones metacósmicas como el budismo, el hinduismo y el cristianismo, así como por las teologías de liberación y las feministas.

En el caso del cristianismo, esa asunción tiene lugar en las comunidades de base, cuyo objetivo no es la afirmación de su identidad religiosa, ni siquiera el diálogo interreligioso, sino la liberación de las personas y los grupos desposeídos de su dignidad y sus derechos. Es en la preocupación por la liberación donde alimentan su identidad. Es en la espiritualidad de la liberación donde redescubren la singularidad de Jesús el Cristo, que radica en su alianza con los pobres y en su denuncia de Mammón. Las comunidades de base hacen creíble así la fe cristiana en un clima de crisis de credibilidad provocada preferentemente por la sumisión del poder eclesiástico al sistema capitalista. Esta concepción de la singularidad de Cristo me parece más conforme con el mensaje y la praxis de Jesús de Nazaret que la singularidad según el modelo teándrico de Dios-Hombre-Salvador, que resulta ajena del todo a la mayoría de las culturas asiáticas.

El teólogo de Sri Lanka Aloysius Pieris, uno de los principales representantes de la teología liberadora de las religiones, formula la opción por los pobres en torno a dos axiomas: *a*) Jesús de Nazaret como antinomia irreconciliable entre Dios y Mammón; *b*) Jesús de Nazaret como alianza irrevocable entre Dios y los pobres[12].

---

12. *Ibid.*, pp. 247 ss.

HORIZONTE INTERRELIGIOSO

El primer axioma, que exige el desprendimiento, la pobreza voluntaria y la renuncia a Mammón, es común al cristianismo y a las religiones no-bíblicas de Asia, y constituye el núcleo de la doctrina de la liberación en la mayoría de las culturas asiáticas. Hay una convicción básica de que la atadura a las cosas esclaviza a la persona y obstaculiza su liberación; sólo la Verdad puede concedernos la libertad. Ése es el significado de *vairagya* en el hinduismo y de *alpecchata* en el budismo. Ésa es la orientación fundamental de la propiedad común de la tierra en la religiosidad cósmica de las culturas tribales y clánicas. En el cristianismo evangélico se expresa a través del discipulado y seguimiento de Jesús.

Esos cimientos religiosos, profundamente arraigados y extendidos en las culturas orientales, están siendo socavados por la civilización científico-técnica, el capitalismo y el consumo, que han convertido el dinero en Mammón, quien ha suplantado al ser humano, la comunidad y la Tierra.

El propio cristianismo occidental no vive la espiritualidad de la pobreza voluntaria en su seno. Por eso no es creíble en sus espacios de influencia —¡y menos aún en las culturas asiáticas!—, ni es capaz de detener la ola consumista e idolátrica del capitalismo. Paradójicamente quien sí vivió la espiritualidad del Sermón de la Montaña y la ética del discipulado fue Gandhi, que no era cristiano.

El segundo axioma, la alianza irrevocable entre Yahvé y los pobres, entre Dios y las no-personas de este mundo, el pacto sellado por Dios en defensa de los oprimidos y contra los poderes de Mamón, generadores de pobreza y opresión, constituye la identidad específica de la religión bíblica. La singularidad del cristianismo radica precisamente en que ese pacto se ha encarnado en la persona y la práctica de Jesús de Nazaret, del que somos seguidores. La singularidad de Cristo, a su vez, consiste en su alianza con los oprimidos, su compromiso por la liberación de los pobres y su lucha por el bienestar de la humanidad y de la tierra. La universalidad de Cristo se manifiesta en la universalidad del pobre.

A partir de los criterios soteriocéntricos presentes en la opción por los pobres, la teología cristiana debe revisar la manera tradicional —todavía muy arraigada en la exégesis bíblica, en la formación teológica y en la transmisión de la fe— de entender a Cristo como Palabra-Revelación última, definitiva y normativa de Dios y como Salvador único y universal. Este lenguaje no parece el más adecuado para el diálogo interreligioso y menos aún para la elaboración de una teología de las religiones. Atendiendo a la praxis liberadora como criterio hermenéutico privilegiado, puede constatarse el carácter igualmente salvífico de los distintos caminos religiosos y sus respectivos guías y mediadores.

4.4. Una espiritualidad interrreligiosa

Junto a la teología liberadora de las religiones es necesario propiciar una *espiritualidad interreligiosa*, en correspondencia con la actual era interespiritual en la que van eliminándose las fronteras y los antagonismos que a lo largo de milenios de prehistoria e historia de la humanidad han separado y enemistado a las religiones[13]. El momento presente se caracteriza por la transgresión de fronteras religiosas y el surgimiento de nuevas identidades interreligiosas. La interespiritualidad tiene el mismo signo: ser cruce y encuentro de las experiencias espirituales, morales y rituales de las diferentes tradiciones religiosas. Uno de los lugares privilegiados para dicho encuentro es la mística.

En el origen de las religiones hay una experiencia mística vivida en toda su radicalidad por los fundadores y los primeros seguidores. El hinduismo se remonta a los *rishis*, los sabios del bosque[14]. El *Dharma* budista arranca del momento de la Iluminación de Siddharta Gautama, el Buddha[15]. El judaísmo tiene su origen en la revelación de Yahvé a los patriarcas de Israel, a Moisés el Libertador y a los profetas. El cristianismo nace del encuentro de Jesús con Dios, a quien, en un gesto de confianza inédito y desacostumbrado en el judaísmo, según J. Jeremias, se dirige llamándole *Abba* (= papámamá). Se trata de una experiencia que implica una relación directa, sin mediaciones institucionales, con Dios, que tiene su continui-

---

13. Me parece muy iluminador en este tema el n.º 280 (1999) de la revista *Concilium* dedicado a la *Transgresión de fronteras: ¿Surgimiento de nuevas identidades?*, y especialmente el artículo «El misticismo como cruce de fronteras últimas: reflexión teológica», de W. Teasdale, pp. 121-126, que inspira este apartado.
14. Cf. E. Gallul Jardiel, *El hinduismo*, Orto, Madrid, 2000; Ramana Maharshi, *Enseñanzas espirituales*, Kairós, Barcelona, 1986.
15. B. Nyanaponika, *El corazón de la meditación budista*, Cedel, Barcelona, 1992; R. Panikkar, *El silencio del Buddha*, Siruela, Madrid, 1996; T. Román, *Buda. El sendero del alma*, UNED, Madrid, 1997; A. Vélez de Cea, *Buddha*, Orto, Madrid, 1998; Íd., *El buddhismo*, Orto, Madrid, 2000.

dad en la mística cristiana[16]. El origen del islam se encuentra en la revelación de Allah a Mahoma y en la experiencia mística del Profeta, que tiene su continuidad en el *sufismo*, cuya máxima figura y autoridad es el teólogo y poeta murciano Ibn-Al-'Arabi (1165-1240)[17]. La mística posee elementos comunes en todas las religiones y puede ser un lugar de convergencia de las distintas experiencias religiosas. Se caracteriza por la relación directa y el conocimiento directo de lo divino. La conciencia mística es unitiva, no dual, integradora, no disgregadora. Las personas místicas se sienten tocadas, invadidas y transformadas por lo trascendente, aun cuando no puedan describirlo. A pesar de la fugacidad de la experiencia mística, sus frutos perduran y sus resultados se dejan sentir en las actitudes de quienes la viven: serenidad y equilibrio, paz interior y paciencia, alegría y compasión, desinterés y simplicidad, amabilidad y acogida. En una descripción que se ha hecho ya clásica, William James resume las características comunes a los fenómenos místicos en estas cuatro: *inefabilidad* (el lenguaje resulta inadecuado para expresar el contenido de la experiencia mística, que se sitúa entre los estados afectivos); *cualidad de conocimiento* (hay una penetración en la verdad que resulta insondable al intelecto discursivo); *transitoriedad* (los estados de conciencia mística no permanecen mucho tiempo, si bien pueden repetirse); *pasividad* (la persona mística se siente arrastrada por una fuerza superior a la que no puede sustraerse)[18].

La conciencia de la Realidad Última puede expresarse en la mística a través de dos trayectorias diferenciadas: como relación profunda de amor del ser humano personal con un Dios personal o como realización transpersonal de la conciencia última de la mente. El recorrido de ambos caminos constituye un enriquecimiento de la

---

16. Cf. J. Jeremias, «Abba», en Íd., *El mensaje central del Nuevo Testamento*, Sígueme, Salamanca, 1966, pp. 11-37. Para la mística europea, cf. A. M. Haas, *Visión en azul. Estudios de mística europea*, Siruela, Madrid, 1999.
17. Cf. Ibn-Al-'Arabi, *El secreto de los nombres de Dios*, introducción, tradución y notas de P. Beneito, Editora Regional de Murcia, Murcia, 1996; Íd., *Las contemplaciones de los misterios*, traducción de S. Hakim y P. Beneito, Editora Regional de Murcia, Murcia, 1995; Íd., *Guía espiritual*, traducción de M. Amrani y T. Bayrak, Editora Regional de Murcia, Murcia, 1995; E. Galindo Aguilar, *La experiencia del fuego. Itinerario de los sufíes hacia Dios*, Verbo Divino, Estella, 1994; Idries Shah, *Los sufís*, introducción de E. Graves, Kairós, Barcelona, 1996; A. Schimmel, *Dimensiones místicas del islam*, Trotta, Madrid, 2002.
18. Cf. W. James, *Las variedades de la experiencia religiosa*, Península, Barcelona, 1986, pp. 285-321.

experiencia mística. La interespiritualidad invita a ese recorrido conjunto, de forma que, si se acepta la invitación, «compartimos una comprensión mucho más amplia de lo Absoluto y tenemos la oportunidad de experimentar, tanto lo divino personal, como la Fuente transpersonal»[19].

Un ejemplo del encuentro de espiritualidades puede encontrarse en un texto paradigmático del místico musulmán Ibn 'Arabi: «Hubo un tiempo en que yo rechazaba a mi prójimo si su religión no era como la mía. Ahora, mi corazón se ha convertido en receptáculo de todas las formas religiosas: es pradera de gacelas y claustro de monjes cristianos; templo de ídolos y Kaaba de peregrinos; tablas de la Ley y pliegos del Corán. Porque profeso la religión del amor y voy a donde quiera que vaya su cabalgadura, pues el amor es mi credo y mi fe».

---

19. W. Teasdale, «El misticismo como cruce de fronteras últimas: reflexión teológica», cit., p. 125. Cf. W. Teasdale y G. Caims (eds.), *The Community of Religions*, Continuum, New York, 1996; W. Teasdale, «The Interespiritual Age. Practical Mysticism for the Third Millenium»: *Journal of Ecumenical Studies* 34/1 (1997).

5

HORIZONTE HERMENÉUTICO:
MÁS ALLÁ DEL FUNDAMENTALISMO

5.1. *El ser humano como intérprete*

Las religiones viven sometidas de manera permanente al acoso de los *fundamentalismos* que ponen en peligro la convivencia y generan un clima de intolerancia e incluso de violencia fanática. El fundamentalismo no se manifiesta sólo en el terreno de las actitudes religiosas y de las prácticas sociopolíticas. Aparece también en los discursos teológicos. El fenómeno fundamentalista suele darse en sistemas de creencias que se sustentan en textos revelados. Una de sus características es la *renuncia a la hermenéutica* como mediación entre los textos fundantes de las religiones y el contexto cultural en que se leen. Se cree que los textos sagrados han sido revelados directamente por Dios, son inmutables, tienen un solo sentido, el literal, y deben aplicarse a cada situación concreta en su literalidad. Tal concepción conduce derechamente a la uniformidad y al dogmatismo en las creencias y cierra todo camino al diálogo con las culturas de nuestro tiempo. El fundamentalismo propende a aislar el texto sagrado de su contexto socio-histórico y lo convierte en objeto devocional. En el caso de la religión judeo-cristiana estaríamos ante un acto de bibliolatría.

La mejor respuesta al fundamentalismo dentro de las religiones es la *hermenéutica,* clave de bóveda de toda teología. Sin la mediación hermenéutica, el discurso teológico deja de ser tal para convertirse en un acto de repetición de los textos del pasado, de reproducción del discurso oficial, de legitimación de la institución religiosa y de acatamiento acrítico de las declaraciones doctrinales emanadas del magisterio jerárquico —que se convierte en el único principio hermenéutico—. Los teólogos y las teólogas debemos afirmar con G. Steiner: «Lo que me interesa es la "interpretación" en cuanto que da a la palabra una vida que desborda el instante y lugar en que ha sido pronunciada y transcrita. La palabra "intérprete" recoge todos los matices adecuados»[1].

La mediación hermenéutica es inherente a la condición humana, como han puesto de relieve las diferentes filosofías del siglo XX. El ser humano vive y actúa, piensa y delibera, comprende y cree, juzga y experimenta, bajo el signo de la interpretación. El acto de comprender es interpretación, como lo es también experimentar en un sentido distinto del meramente pasivo, hasta el punto de que ser una persona «experimentada» consiste en haber conseguido ser un buen intérprete. «Ser humano es actuar reflexivamente, decidir deliberadamente, comprender inteligentemente, experimentar plenamente. *Lo sepamos o no, ser humano es ser un hábil intérprete*»[2].

La hermenéutica ha sido la mediación a la que el ser humano ha recurrido siempre para resolver las dudas que le plantea la existencia, superar el estado de perplejidad en que se ve sumido cuando tiene que habérselas con situaciones que le desbordan y encontrar sentido a experiencias negativas. A través de ella ha conseguido descubrir los secretos de fenómenos de la naturaleza y de la cultura, cuyo significado se le escapaba, y descifrar el significado de no pocas manifestaciones artísticas y literarias del más remoto pasado.

La interpretación es también inherente al cristianismo, sobre todo cuando se pasa de la tradición oral a la escrita y tiene que habérselas con textos.

5.2. *Algunos hitos de la hermenéutica moderna*

Se han propuesto distintas teorías sobre la interpretación. Aquí vamos a centrarnos en algunas de las más influyentes desarrolladas a partir de la Edad Moderna[3]. La configuración autónoma de la

---

1. G. Steiner, *Après Babel*, p. 37; tomo la cita de Cl. Geffré, *El cristianismo ante el riesgo de la interpretación. Ensayos de hermenéutica teológica*, Cristiandad, Madrid, 1984, p. 17.
2. D. Tracy, *Pluralidad y ambigüedad. Hermenéutica, religión, esperanza*, Trotta, Madrid, 1997, pp. 23-24; subrayado mío.
3. Cf. Ll. Duch, «Hermenéutica», en C. Floristán y J. J. Tamayo (eds.), *Conceptos fundamentales del cristianismo*, Trotta, Madrid, 1993; J. Ferrater

hermenéutica como reflexión sobre las reglas de la interpretación aplicada a las Escrituras tiene lugar en la obra de Matthias Flacius Illyricus *Clavis Scripturae sacrae*, de 1567, cuyo objetivo era asegurar la posibilidad de una interpretación de las Escrituras con validez universal a partir de unas reglas de interpretación previamente establecidas que fueran reconocidas de manera universal para, desde ahí, cuestionar en su raíz la teología católica tridentina.

Friedrich Schleiermacher (1768-1834) da un paso gigantesco, hasta el punto de ser considerado el primer eslabón de la historia moderna de la hermenéutica. No limita la hermenéutica a un conjunto de reglas objetivas para la interpretación de textos, ni la ve como algo externo a los textos interpretados, sino que la entiende, más bien, como la doctrina de la comprensión en las diferentes formas de comunicación de los seres humanos entre sí. Precisamente porque los seres humanos forman una unidad y tienen conciencia de género, pueden comunicarse y comprenderse, siendo el discurso «la mediación para la solidaridad del pensamiento». A través de la hermenéutica se reconstruyen o se reviven en el presente las vivencias del autor dentro de un contexto vital. Resulta orientadora la distinción que establece entre interpretación gramatical e interpretación psicológica, si bien cabe decir que esta última adquiere cada vez mayor relieve e importancia. De ahí que la hermenéutica de Schleiermacher haya sido calificada de psicologizante. El filósofo aplica esta concepción de la hermenéutica a los estudios teológicos en su escrito *Hermenéutica y crítica con referencia especial al Nuevo Testamento*.

En continuidad con Schleiermacher, pero avanzando sobre él, se encuentra Wilhelm Dilthey (1833-1911), que no reduce la hermenéutica a simple técnica auxiliar para el estudio de los textos literarios, sino que la entiende «como una interpretación basada en un previo conocimiento de los datos (históricos, filológicos, etc.) de la realidad que se trata de comprender, pero que a la vez da sentido a los citados datos por medio de un proceso inevitablemente circular»[4]. La base antropológica de la hermenéutica de Dilthey es la psicología, disciplina fundamental de las ciencias del espíritu. A través de la hermenéutica se puede llegar a una mejor compren-

---

Mora, «Hermenéutica», en Íd., *Diccionario de filosofía* II, Alianza, Madrid, 1980, pp. 1483-1498; W. Pannenberg, *Teoría de la ciencia y teología*, Cristiandad, Madrid, 1981, pp. 164-231.
    4. J. Ferrater Mora, *op. cit.*, pp. 1494.

sión de un autor y de su época histórica que la que tuvieron él mismo y sus coetáneos. En la reflexión filosófica de Dilthey la hermenéutica se convierte en el *organon* de las ciencias del espíritu. Como ha observado Ferrater Mora, aun cuando Schleiermacher y Dilthey no se recluyen en la hermenéutica textual, siguen centrados en los problemas planteados por la comprensión de un texto en el contexto en el que fue escrito y por la comprensión de un autor en el conjunto de su obra.

Martin Heidegger (1889-1976) retoma el análisis del significado llevado a cabo por Dilthey, pero lo integra en el concepto estructural del Existente humano (*Dasein*). Imprime así una nueva orientación a la hermenéutica, más centrada en las dimensiones ontológico-históricas que en las epistemológicas y metodológicas. La existencia humana se convierte en el punto de partida y la meta de toda comprensión. Por ende, es en las estructuras de dicha existencia donde hay que buscar la gramática de la interpretación. La hermenéutica heideggeriana se centra en el sentido del ser. «El sentido —afirma— es aquello en lo que se sostiene la inteligibilidad».

La comprensión tiene una estructura circular, que deriva de la temporalidad del «estar ahí», como también la tiene la hermenéutica. Heidegger define el *círculo hermenéutico* así:

> El círculo no debe ser degradado a círculo vicioso, ni siquiera a uno permisible. En él yace una posibilidad positiva del conocimiento más originario, que por supuesto sólo se comprende realmente cuando la interpretación ha comprendido que su tarea primera, última y constante consiste en no dejarse imponer nunca por ocurrencias propias o por conceptos populares ni la posición ni la previsión ni la anticipación, sino en asegurar la elaboración del tema científico desde la cosa misma[5].

Gadamer (1900-2002) se mueve, como Heidegger, en un horizonte ontológico, pero sin centrarse en la investigación del sentido, sino «en la exploración hermenéutica del ser histórico especialmente tal como se manifiesta en la tradición del lenguaje» (Ferrater Mora). Intenta superar el método «objetivante», propio de las ciencias de la naturaleza, en la hermenéutica. Para ello, parte de la tradición:

---

5. Citado por H.-G. Gadamer, *Verdad y método. Fundamentos de una hermenéutica filosófica*, Sígueme, Salamanca, 1977, p. 332.

Estamos constantemente dentro de tradiciones, y este estar en ellas no es un comportamiento objetivante; por el contrario, es siempre algo propio, un modelo y un ejemplar, un autorreconocerse, que nuestro juicio histórico posterior difícilmente percibirá como un tipo de conocimiento, sino como una transformación simplicísima de la tradición[6].

Entiende la hermenéutica como acontecer histórico, acontecer de la tradición, mediada por el lenguaje, en otras palabras, como «acontecimiento lingüístico de la tradición». En la primacía concedida a la tradición radica la diferencia de Gadamer con Dilthey, que leía el pasado a la luz de las experiencias del presente y pretendía liberarse del poso dogmático de la tradición apelando a la conciencia histórica.

La hermenéutica está ligada a la pre-comprensión y a la anticipación. El formar parte de la tradición significa, para Gadamer, principalmente participar en una «comunidad de prejuicios fundamentales y sustentadores». De ello cabe concluir la *acientificidad* de la hermenéutica, en coincidencia con Heidegger, para quien el asunto de la interpretación histórica es desterrado *a priori* del ámbito del conocimiento riguroso. La hermenéutica gadameriana, por ende, se sitúa más allá de los límites impuestos por la estrecha concepción científica moderna del método: «Comprender e interpretar textos no es sólo una instancia científica, sino que pertenece con toda evidencia a la experiencia humana del mundo»[7]. Es precisamente la «pérdida de la objetividad» la que se convierte en blanco de las críticas contra la filosofía hermenéutica de Gadamer.

El lenguaje es el medio y el hilo conductor de la experiencia hermenéutica así como el horizonte de una ontología hermenéutica. «Todo lo que hay que presuponer en la hermenéutica —afirma citando a Schleiermacher— es únicamente lenguaje»[8]. De ahí la importancia concedida al diálogo y al consenso. El lenguaje es el medio a través del que se logra el acuerdo entre los interlocutores y el consenso sobre el tema de que se habla.

5.3. *La teología hermenéutica*

La hermenéutica filosófica moderna ha influido en uno de los más importantes desplazamientos sufridos por la teología a lo largo del

---

6. *Ibid.*, p. 241.   7. *Ibid.*, p. 23.   8. *Ibid.*, p. 460.

siglo XX: el paso de la teología como saber constituido en el ámbito especulativo a la teología en clave hermenéutica. Hay un rechazo del conocimiento objetivante según la concepción del positivismo. A partir de ahí se considera misión imposible todo intento de recuperar el pasado en estado puro sin una interpretación condicionada por mi situación presente. Se cuestiona, a su vez, toda pretensión de acceder directamente a la palabra de Dios y de escucharla de viva voz. Hay también un rechazo del saber especulativo, que desemboca en el abandono de toda pretensión de hacer teología en clave metafísica.

5.3.1. Desmitologización y hermenéutica existencial

Rudolf Bultmann (1884-1976) es un hito fundamental en el proceso de creación de la teología hermenéutica[9]. Dos elementos subraya como necesarios en toda interpretación: *a*) tener una relación vital con el asunto de que habla el texto transmitido; *b*) guiarse por un interés, al que designa con el concepto de «precomprensión», y que puede ser psicológico, estético o histórico. El más general es el interés por la historia entendida como la esfera de la vida en que se mueve el existente humano.

Vinculado inicialmente al movimiento de la «teología dialéctica», Bultmann se distancia de él al constatar que no prestaba atención alguna a la situación del ser humano contemporáneo como destinatario de la palabra de Dios. La concepción del mundo a través de la que dicha palabra es transmitida en el Nuevo Testamento se muestra totalmente incompatible con la cosmovisión científica moderna. ¿Qué hacer, entonces? ¿Eliminar la palabra de Dios como algo anacrónico y sin sentido para nuestro mundo? No. La alternativa consiste en *desmitificar* la imagen neotestamentaria del mundo —a través de la que se expresa la palabra de Dios—, que es mítica y no se corresponde con la cosmovisión moderna, y reinterpretarla conforme a las categorías culturales actuales, al objeto de hacer comprensible al ser humano de nuestro tiempo el mensaje

---

9. Cf. R. Bultmann, *Glauben und Verstehen* I-IV, Tübingen, 1935-1965; Íd., *Jesucristo y mitología*, Ariel, Barcelona, 1970; Íd., *Escatología e historia*, Studium, Madrid, 1974; Íd., *Teología del Nuevo Testamento*, Sígueme, Salamanca, p. 81. Sobre Bultmann, cf. R. Marlé, *Bultmann y la interpretación del Nuevo Testamento*, Desclée de Brouwer, Bilbao, 1970; A. Salas, *Mito y desmitificación en el Nuevo Testamento*, FAX, Madrid, 1971; A. Vögtle, *Revelación y mito*, Herder, Barcelona, 1965.

que transmiten los textos y de liberarlo de sus adherencias mítico-dualistas.

El presupuesto del que parte Bultmann en su hermenéutica tanto de los textos del Nuevo Testamento como del discurso cristiano sobre Dios es la filosofía existencial de Heidegger, que da lugar a una interpretación existencial según la cual sólo podemos saber y hablar de Dios con sentido si hablamos de —y nos preguntamos por— nosotros mismos. Con ello no reduce la teología a antropología ni identifica a Dios con el ser humano. Lo que hace es liberar al lenguaje religioso y teológico de su aura supra-temporal y supra-espacial y ubicarlo en el horizonte de la existencia, que es el escenario donde el ser humano puede vivir la experiencia de Dios y responder a la interpelación de Dios.

La interpretación bultmanniana del Nuevo Testamento y del lenguaje cristiano sobre Dios en clave existencial ha sido objeto de críticas severas por parte de otros teólogos. Una de ellas es su comprensión individualista de la existencia humana, que se hace extensible a su idea sobre la revelación, la salvación y la historia. Para Bultmann parece que sólo la existencia individual es auténtica. La revelación es entendida como acción de Dios en cada persona. La escatología se concibe como meta del ser individual. La pregunta por el sentido de la historia se convierte en pregunta por el sentido de «mi» historia. Paradigmático es a este respecto el siguiente texto de Bultmann:

> No mires a tu alrededor a la historia universal; más bien tienes que mirar a tu propia historia personal. En cada presente tuyo está el sentido de la historia, y no puedes verlo como espectador, sino sólo en tus decisiones responsables. En cada momento dormita la posibilidad de ser el momento escatológico. Tienes que despertarlo[10].

Otra objeción de no menor calado al método de la desmitologización es que corre el peligro de eliminar, junto con los mitos, el contenido liberador que con frecuencia tienen éstos. Como observa Bloch, en actitud crítica hacia Bultmann, «también Prometeo es un mito», y dicho mito es portador de luz, utopía y emancipación humana. Si sometemos a la Biblia a un proceso de desmitologización indiscriminado, corremos el peligro de eliminar los elementos subversivos que hay en ella[11].

---

10. R. Bultmann, *Historia y escatología*, cit., p. 168.
11. Cf. E. Bloch, *El ateísmo en el cristianismo*, Taurus, Madrid, 1983; D. Sölle, *Teología política*, Sígueme, Salamanca, 1972.

5.3.2. Hemenéutica teológica y teoría crítica de la sociedad

Para superar las limitaciones de la hermenéutica existencial de Bultmann, se viene desarrollando durante las últimas cuatro décadas una teología hermenéutica crítico-pública y liberadora en correlación con la teoría crítica de la sociedad, que ha dado como resultado las diferentes teologías políticas, teologías de la liberación y teologías feministas, de las que me ocupo en otras partes de esta obra.

En la hermenéutica como teoría crítica de la sociedad tiene un lugar central la relación entre teoría y praxis, entre conocimiento e interés. Habermas[12], su principal cultivador y representante, defiende por igual el espíritu científico de la teoría crítica y el espíritu crítico de las ciencias. Cuestiona, en consecuencia, la pretensión de la ciencia de ser ajena a los valores en su metodología y sus resultados. Las ciencias empíricas, a su juicio, tienen su propio sistema de valores que imponen a toda la sociedad: el de la racionalidad instrumental. Pero también critica la acientificidad que caracteriza —y de la que presumen— algunas tendencias hermenéuticas.

El conocimiento se encuentra siempre en correlación con un movimiento del sujeto, y éste posee una función estructuradora de aquél. No hay conocimiento sin interés, como puede demostrarse sin dificultad en la historia del pensamiento: el interés de la razón en Kant; la autoposición del yo previamente a la reflexión en Fichte; los intereses sociales como raíz fundamental del pensamiento en Marx; la experiencia humana dirigida por estructuras vivenciales que preceden al conocimiento en Heidegger; el interés como motor de la intención de conocimiento y de la selección de lo conocido en Scheler; la relación entre conocimiento y mundo de vida en Wittgenstein. Y así sucesivamente[13].

El primer interés cognoscitivo por el que se mueven las ciencias empíricas es la *utilidad técnica*, que define al *homo faber*. El interés de las ciencias del espíritu se centra en la *praxis comunicativa* o

---

12. Cf. J. Habermas, *Teoría y praxis. Estudios de filosofía social*, Tecnos, Madrid, 1987; Íd., *Conocimiento e interés*, Taurus, Madrid, 1985; Íd., *Teoría de la acción comunicativa*, 2 vols., Taurus, Madrid, 1987-1988; Íd., *Pensamiento postmetafísico*, Taurus, Madrid, 1990; R. Gabás, *J. Habermas: dominio técnico y comunidad lingüística*, Ariel, Barcelona, 1980; Varios, *Habermas y la modernidad*, Cátedra, Madrid, 1988; J. A. Gimbernat (ed.), *La filosofía moral política de Jürgen Habermas*, Biblioteca Nueva, Madrid, 1997.
13. Cf. R. Gabás, *op. cit.*, pp. 187-188.

actividad lingüística, que define al *homo loquens* y se traduce en la intercomunicación de los seres humanos a través de un lenguaje común. Las ciencias del espíritu llevan a cabo, a su vez, la interpretación del lenguaje y del sistema de símbolos que se utilizan en la comunicación. El interés de las ciencias sociales es la *praxis emancipatoria*. La conciencia humana tiene carácter emancipatorio. La razón igualmente se orienta a la emancipación, que se entiende en su doble sentido: liberación de la sumisión a cualquier poder ajeno a uno mismo e instauración de la propia autonomía.

Los diferentes usos de la razón están marcados por el interés. Éste es, en suma, parte constitutiva de la teoría y de la praxis, precede al conocimiento y se realiza en él[14].

En las tres clases de ciencias hay también una conexión interna entre teoría y praxis. Ésta determina la condición de posibilidad del conocimiento, pero, a su vez, se encuentra en dependencia del proceso de conocimiento.

La teoría crítica cuestiona las filosofías de la historia de corte idealista. Dos son las condiciones necesarias para conceder validez a una filosofía de la historia: la unidad de la historia y su factibilidad, es decir, su capacidad para ser realizada por seres humanos en el pleno ejercicio de su racionalidad y su libertad, tendente a la emancipación de la sociedad de las estructuras injustas y opresoras. El orden establecido no es sagrado ni inmutable. Las estructuras sociales son contingentes y mutables. Por eso es posible su transformación.

La teoría crítica demuestra su capacidad de cuestionamiento de la tradición, en lo que tiene de represiva y alienante. En claro desacuerdo con Gadamer, Wellmer considera la hermenéutica de la teoría crítica como una «comprensión de la tradición *en contra de* la tradición»[15]. Lo que comporta un avance en el camino hacia la emancipación de toda tutela de la tradición en cuanto representa un contexto coactivo para el ser humano.

Una teología hermenéutica en el horizonte de la teoría crítica debe reformular de nuevo la relación entre teoría y praxis. En ella la praxis constituye el criterio de validez de una interpretación actualizadora y liberadora, y la ortopraxis se convierte en el ele-

14. Cf. E. Schillebeeckx, *Interpretación de la fe. Aportaciones a una teología hermenéutica y crítica*, Sígueme, Salamanca, 1973, p. 169.
15. A. Wellmer, *Kritische Gesellschaftstheorie und Positivismus*, Frankfurt a. M., 1969, p. 5.

mento esencial del proceso hermenéutico, que se guía por una intencionalidad crítico-práctica y cristiano-emancipatoria. Critica las instituciones sociales injustas y represivas de la libertad, pero también las instituciones eclesiásticas jerárquico-patriarcales, integradas en el sistema y generadoras de desigualdades por razones de género, rango, clase, etc., tanto en el interior de la comunidad cristiana como en la sociedad. Las iglesias suelen ser aceptadas sin problemas —e incluso con complacencia— por el sistema capitalista, a quienes legitiman y cuyas estructuras de poder comparten. Así lo reconocía hace tres décadas con gran lucidez E. Schillebeeckx: «La Iglesia es, en efecto, un aparato ideológico que acompaña de hecho al orden establecido, por así decir prestándole cobijo»[16].

Su intención práctica la lleva a contribuir a la emancipación de la sociedad y a poner las bases para la construcción de una comunidad cristiana hermanada en la fe como inmersión en el misterio, en la esperanza como virtud de la disconformidad con el presente y en el amor como virtud socio-teologal.

La hermenéutica teológica retoma el punto de vista del modelo hermenéutico de la teoría crítica en relación con la tradición, si bien críticamente. Se libera de las imposiciones autoritarias de la tradición, que otrora sometieron al cristianismo a una concepción anacrónica de la fe y a la teología a un modelo hermenéutico falto de imaginación creativa. La tradición ya no orienta la vida, ni determina la acción, ni constituye el fundamento de la normatividad y obligatoriedad de la ética. Tampoco guía la actividad del intérprete teológico, que adopta ante ella una actitud crítica en función de las demandas del presente y de los desafíos del futuro. Sin embargo, la crítica a determinadas tradiciones religiosas y teológicas y a la tradición en sí no significa romper con ella, ya que es un elemento constitutivo del cristianismo y de las religiones, como tampoco exige renunciar al recuerdo, que es un momento interno de la conciencia cristiana crítica, según tendremos ocasión de ver más adelante.

5.3.3. El giro lingüístico

La teología hermenéutica no puede ser ajena al «giro lingüístico» —expresión acuñada por R. Rorty—, que se ha convertido en patrimonio de la filosofía y alcanza a todas sus ramas y tendencias y

---

16. E. Schillebeeckx, *Interpretación de la fe*, cit., p. 213.

subraya dos ideas hoy irrenunciables: que la realidad está mediada lingüísticamente y, por tanto, nos enfrentamos a ella a través y por medio del lenguaje, y que su misma sustancia es de urdimbre lingüística, como constata J. Muguerza. Con dicho giro se produce un cambio de paradigma en la reflexión filosófica: se pasa de la filosofía de la conciencia a la filosofía del lenguaje. Habermas expresa con gran lucidez la importancia y las repercusiones de dicho cambio en estos términos:

> Mientras que el signo lingüístico se había considerado hasta entonces como instrumento y elemento accesorio de las representaciones, ahora es ese reino intermedio que representan los significados lingüísticos el que cobra una dignidad propia. Las relaciones entre lenguaje y mundo, entre oración y estado de cosas disuelven las relaciones sujeto-objeto. Las operaciones constituidoras del mundo pasan de la subjetividad trascendental a estructuras gramaticales. El trabajo reconstructivo de los lingüistas viene a sustituir a un método introspectivo, cuyos resultados eran difíciles de comprobar. Pues las reglas conforme a las que se encadenan signos, se forman oraciones, se producen emisiones o elocuciones, pueden analizarse recurriendo a productos lingüísticos como a algo que, por así decirlo, tenemos delante[17].

Una de las teorías que ha protagonizado el debate de la filosofía del lenguaje durante todo el siglo XX es la teoría del significado, que se bifurca en tres tendencias rivales: la *semántica intencional* o intencionalismo, de Grice, Bernett y Schiffer; la *semántica formal* o veritativa, representada ejemplarmente en el *Tractatus logico-philosophicus*, de L. Wittgenstein, y la teoría del *significado como uso*, desarrollada por el segundo Wittgenstein en su obra *Investigaciones filosóficas*.

Para la semántica intencional lo fundamental es lo que el hablante quiere decir con la expresión que utiliza en una situación concreta. Sucede, sin embargo, que lo que se quiere decir no está determinado por lo que se dice. Por ello, el contenido semántico de un mensaje se explicaría sólo recurriendo a la intención de quien lo emite en un contexto concreto. El lenguaje posee aquí carácter puramente instrumental.

La semántica formal se centra en las condiciones que hacen verdadera una proposición. El enunciado se convierte en la forma

---

17. J. Habermas, *Pensamiento postmetafísico*, cit., p. 17.

fundamental del lenguaje, que posee una función representativa: el lenguaje es el correlato de lo real, los enunciados reproducen los hechos.

La teoría del significado del segundo Wittgenstein subraya las funciones prácticas que cumplen las expresiones lingüísticas. «El significado de una palabra es su uso en el lenguaje», leemos en *Investigaciones filosóficas*. No hay, por tanto, un único lenguaje, como tampoco hay un único juego o un único uso del lenguaje. A los múltiples usos responden múltiples significados. Se conoce el significado cuando se conoce el uso. Cada lenguaje responde a una determinada «forma de vida» y se corresponde con actividades enmarcadas en una determinada situación de la vida cotidiana. Sólo en conexión con dichas actividades y formas de vida el lenguaje tiene un sentido.

La principal objeción que Habermas plantea a las tres teorías es que cada una sólo tiene en cuenta un aspecto de los tres que conforman el proceso de conocimiento: la semántica intencional se centra en lo que «se quiere decir» con una expresión lingüística; la semántica formal se interesa por lo que «realmente se dice» en ella; la teoría del significado como uso se interesa por la forma en que se emplea una determinada expresión lingüística en un acto de habla[18].

Habermas sitúa el giro lingüístico en un horizonte más amplio que el del significado: el de la intercomunicación o *acción comunicativa*. Así se da el paso de la semántica a la *pragmática*. El sujeto se constituye como tal en la comunicación con los otros, con la mediación de los otros, a través de un proceso social. La comunicación se da en un contexto intersubjetivo, que es la dimensión pragmática del lenguaje. Se desplaza así el acento en el planteamiento sobre la validez de una oración. Ya no se centra en las relaciones entre lenguaje y mundo al margen del proceso de comunicación. Las pretensiones de validez se orientan al reconocimiento intersubjetivo por hablante y oyente, se desempeñan discursivamente, y el hablante reacciona a las razones a través de tomas de postura racionalmente motivadas[19]. A partir de ahí Habermas elabora su teoría de la pragmática universal.

Como consecuencia lógica de la primacía de la acción comunicativa la verdad se entiende como consenso, o mejor como discurso, que tiene que basarse en la argumentación, cuyas exigencias son

---

18. Cf. *ibid.*, pp. 108 ss.
19. *Ibid.*, pp. 126 ss.

dos: *a)* el derecho de todos a argumentar, excluyendo así toda situación de privilegio; *b)* el que pueda argumentarse todo. Habermas critica la instrumentalización y la manipulación ideológica a que es sometida la comunicación y establece la determinación de las condiciones ideales de diálogo que hacen posible una comunicación plena[20]. En el discurso no puede haber coacción, ni ficción que enmascare engaño alguno. Lo que vale es la fuerza del argumento. Al establecer las condiciones de la situación ideal de diálogo no se está afirmando que esa situación exista, pero resulta útil para poder identificar las ambigüedades que se producen en la comunicación real.

En el horizonte de la comunicación se sitúa el movimiento de la conversación, que, para D. Tracy, no es un enfrentamiento, un examen o un debate, sino dia-logo, y se configura en una interacción entre varias personas. Como juego del lenguaje que es, tiene unas normas que debe cumplir estrictamente: decir sólo aquello que se quiere expresar de la manera más precisa posible; escuchar y respetar lo que dice el interlocutor y corregir los propios puntos de vista cuando son rebatidos con razones por el interlocutor, hasta llegar a cambiar de opinión cuando se impone la evidencia del razonamiento del otro[21].

Tracy distingue dos tipos de conversación: la que mantenemos con otras personas y la que practicamos con textos. Respecto a la conversación con textos, indica que no hay texto autónomo puro como tampoco lector puramente pasivo. Lo que se da es una interacción entre texto y lector. «Conversar con cualquier texto clásico es encontrarse inmerso en toda una serie de preguntas y respuestas propias de una mente libre»[22].

5.3.4. Imaginación creadora y hermenéutica de la sospecha

A luz de todo lo dicho, la teología se entiende como «interpretación actualizante de la palabra de Dios», como «interpretación creadora del mensaje cristiano». En otras palabras, «es inseparablemente una hermenéutica de la palabra de Dios y una hermenéutica de

---

20. Cf. la espléndida exposición que hace de este tema R. Gabás, *op. cit.*, pp. 220 ss.
21. D. Tracy, *Pluralidad y ambigüedad. Hermenéutica, religión, esperanza*, Trotta, Madrid, 1997, pp. 35 ss.
22. *Ibid.*, p. 38.

la existencia humana»[23]. Es, en fin, una empresa hermenéutica y no puede dejar de serlo. Lo explica certeramente el teólogo latinoamericano Clodovis Boff cuando afirma que el sentido de los textos fundantes de la fe cristiana no se encuentra a cielo abierto y que el paso del tiempo ha hecho más honda la distancia entre ellos y nosotros[24]. La hermenéutica ayuda a superar esa distancia. El trabajo teológico se presenta, así, como el esfuerzo por establecer una correlación crítica entre la tradición cristiana y la experiencia humana, el pasado y el presente, los estados de conciencia del ser humano contemporáneo y los textos bíblicos. Éstos son ya un esfuerzo de interpretación actualizante.

«La Escritura ya es interpretación», afirma Geffré. Desde los orígenes del cristianismo la teología cristiana interpretó el Antiguo Testamento a la luz del Nuevo Testamento y el mensaje cristiano a la luz —y en función— de las mutaciones filosóficas, culturales, sociales, económicas, religiosas y políticas que iban produciéndose. En ese sentido bien puede afirmarse que la teología es «un movimiento sin fin de interpretación, en el que la novedad de las preguntas formuladas al texto comporta necesariamente el riesgo de respuestas imprevisibles». La hermenéutica descubre nuevas posibilidades de sentido en función de los nuevos climas sociales y culturales que van emergiendo.

Toda interpretación es, por tanto, *creadora* en función de las nuevas preguntas y los nuevos desafíos, y abre el texto a nuevos sentidos. La misión de la teología, entendida como escritura hermenéutica, consiste precisamente en crear nuevas interpretaciones del cristianismo y favorecer prácticas cristianas significativas en función de cada situación concreta, según los tiempos y lugares. Esta concepción de la teología da lugar a un cambio significativo en el concepto mismo de verdad, que ya no se entiende como *adaequatio intellectus cum re,* sino como permanente acontecer, discurrir.

Conforme a este planteamiento, el círculo hermenéutico aplicado a los textos bíblicos puede definirse como «el continuo cambio de nuestra interpretación de la Biblia en función de los continuos cambios de nuestra realidad, tanto individual como social»[25].

---

23. Cl. Geffré, *El cristianismo ante el riesgo de la interpretación. Ensayos de hermenéutica teológica*, Cristiandad, Madrid, 1984, p. 39.
24. Cl. Boff, *Teología de lo político. Sus mediaciones*, Sígueme, Salamanca, 1980, pp. 250 ss.
25. J. L. Segundo, *Liberación de la teología*, Carlos Lohlé, Buenos Aires, 1975, p. 12; cf. Id., *El dogma que libera*, Sal Terrae, Santander, 1989.

El carácter circular de la hermenéutica se debe a que cada realidad nueva lleva a una nueva interpretación de la palabra de Dios, que genera, a su vez, un cambio en la realidad. Esto significa que la circularidad hermenéutica no se mueve en un horizonte puramente teórico ni opera sólo con contenidos teóricos, sino en un horizonte histórico-práctico y con unas realidades estructurales socio-históricas. En suma, como observa certeramente Ellacuría, «es una circularidad real, histórica y social»[26]. La hermenéutica se reconstruye y alimenta a través de los procesos históricos.

Como correctivo al carácter individualista en que pudo caer la interpretación teológica existencial y a la poca relevancia que dio a la dimensión ética de la fe, hoy se pone el acento en la necesidad de una *hermenéutica de la solidaridad*, que ha de basarse en el diálogo, la interacción, la intersubjetividad, en una acción comunicativa horizontal, y debe tener en consideración que los seres humanos no se quedan en el plano de lo fáctico sino que buscan siempre superarse. Así se posibilita la interacción de los textos sagrados con la vida de los hombres y las mujeres. Eso requerirá sobrepasar las fronteras del propio texto escrito o del canon que la mayoría de las veces fue fijado por el grupo dominante y excluyó otros textos que representan el punto de vista de los marginados. En la interacción texto-comunidad habrá que cuestionar las pretensiones de autoridad de dichos textos, ya que cuando la autoridad de los textos se impone sobre la vida de las personas y de las comunidades, éstas caen bajo la minoría de edad y entran en un estado de dependencia, incompatible con la vivencia de la fe adulta y con la lectura crítica de los textos.

El dia-logo y la inter-acción entre Escrituras sagradas y vida llevan a descubrir el carácter histórico y, por tanto, contingente de las Escrituras, que requieren una constante reinterpretación. Hay aquí un cuestionamiento del proceso de «sacralización» de los textos, que termina por convertirlos en absolutos y por imponer su poder sobre la vida de los seres humanos. Estamos en el grado máximo de ideologización.

Un ejemplo de dicha hermenéutica es la interpretación feminista, que, en palabras de Elisabeth Schüssler Fiorenza, una de sus

---

26. I. Ellacuría, «Hacia una fundamentación filosófica del método teológico latinoamericano», en Encuentro Latinoamericano de Teología, *Liberación y cautiverio*, México, 1976, p. 632.

más calificadas representantes, «no puede aceptar las fronteras religiosas exclusivistas que se fijaron por el proceso de canonización, ni puede aceptar la exclusión de las mujeres de la teología y de la interpretación bíblica. Consiguientemente [...], tiene que ser canónicamente sobrepasadora y, por tanto, debe rehuir una autolimitación *bíblica*»[27]. Los textos «canónicos» de las religiones suelen ser muy selectivos y tienden a silenciar los relatos y las voces de las mujeres. Las teólogas feministas creen necesario abrir las Escrituras a otros textos sagrados, por ejemplo a los relatos de los esclavos, de los negros, de las mujeres, e incluso a formas no escritas, como son las tradiciones orales de las religiones. La hermenéutica cuestiona la propia autoridad de las Escrituras Sagradas, ya que con frecuencia se utiliza para legitimar situaciones de dominación como el patriarcado, la esclavitud, la colonización, la hegemonía cultural, etcétera.

Esto es aplicable igualmente al Corán, leído en perspectiva de género, como hacen algunas intelectuales y teólogas musulmanas en respuesta a la corriente intelectual dominante en el islam, que niega la necesidad y la utilidad de la voz de la mujer como comentarista del islam, papel reservado sólo a los varones[28]. Estas mujeres se resisten a aceptar que la marginalidad de la mujer en la interpretación del Corán forme parte de un decreto divino. Durante catorce siglos sólo los varones han escrito los tratados de exégesis coránica, y éstos silenciaron los mensajes emancipadores del texto revelado y desarrollaron un *ethos* islámico reductivo, hecho a imagen y semejanza de los hombres. Quienes leen el Corán en perspectiva de género creen que tal interpretación limita el potencial universalista del texto. En consecuencia, si se quiere recuperar dicho potencial, hay que liberarse de la autoridad interpretativa patriarcal, recuperar la voz de la mujer presente en el texto y fomentar la exégesis de género. Gracias a ella se descubre que el Corán proclama la igualdad de derechos sin establecer distinción alguna de sexos,

---

27. E. Schüssler Fiorenza, «Editorial»: *Concilium* 276 (1998), p. 8.
28. Cf. Varios, «El Islam: Un desafío para el cristianismo»: *Concilium* 253 (1994), especialmente el artículo de Riffat Asan «Las mujeres en el islam y en el cristianismo», pp. 39-46; A. Wadud, «A la búsqueda de la voz de la mujer en la hermenéutica del Corán»: *Concilium* 276 (1998), pp. 251-261; J. Candela, *Reflexiones sobre los derechos de la mujer en el Islam y su estatus de igualdad dentro del sistema social que inaugura el Corán en el siglo VII d.C.*, Ponencia presentada en el Congreso de Mujeres Musulmanas de Barcelona, 3 de octubre de 1999.

razas o religiones. La sura 33, 35 es el texto paradigmático por excelencia de la igualdad entre hombres y mujeres:

> Dios ha preparado perdón y magnífica recompensa para los musulmanes y las musulmanas, los creyentes y las creyentes, los devotos y las devotas, los sinceros y las sinceras, los pacientes y las pacientes, los humildes y las humildes, los que y las que dan limosna, los que y las que ayunan, los castos y las castas, los que y las que re-cuerdan mucho a Dios.

El lenguaje inclusivo no puede ser más nítido. Pero sólo una lectura de género en perspectiva feminista es capaz de explicitarlo.

En suma, es necesario redefinir de forma nueva y, en todo caso, más inclusiva las categorías más usuales de la teología y la exégesis de las distintas religiones, como Escritura(s), canon, autoridad, interpretación, revelación, inspiración, etcétera.

La hermenéutica a aplicar es la de la *sospecha,* que lleva a los teólogos y las teólogas a preguntarse por los presupuestos y condicionamientos de todo tipo que intervinieron tanto en la producción de los textos como en su pre-comprensión e interpretación: de género, de clase, de religión, de cultura, de etnia o raza, etc. Dicha hermenéutica descubre la facilidad con que los textos tenidos por revelados pueden convertirse en ideología y servir a intereses no confesados de poder, sean personales o institucionales. Muestra, asimismo, que determinadas teorías o doctrinas teológicas se utilizan para minusvalorar otras tradiciones religiosas e incluso agredir otras sensibilidades.

Veamos dos ejemplos. Con la teoría del *exclusivismo eclesiológico* expresado en la fórmula «fuera de la iglesia no hay salvación» se pretende justificar la superioridad de la religión católica y de la cultura occidental, así como la subordinación de las demás religiones y culturas a aquéllas. Incluso los modelos inclusivos, como el del *cristianismo anónimo,* propuesto por K. Rahner —que considera a Cristo criterio normativo universal para la salvación—, pueden comportar, como observan certeramente A. Pieris y P. Knitter, un cripto-colonialismo y un cripto-imperialismo cultural de Occidente. La hermenéutica de la sospecha muestra, en fin, que lo que se presenta como voluntad de Dios opera, con frecuencia, como un sistema de dominación a todos los niveles: político, económico, religioso y cultural.

5.4. El problema de los dogmas

Los teólogos y teólogas, sobre todo los católicos, tienen que habérselas con un elemento peculiar en su reflexión: los *dogmas*. ¿Limitan los dogmas la reflexión teológica y dificultan el acto hermenéutico? Empecemos por constatar un hecho incuestionable: la distancia cronológica y las diferencias socioculturales entre la época en que se formularon los dogmas y cada época posterior. Dicha distancia está demandando ya la necesidad de la mediación hermenéutica. Sorprende, sin embargo, que los métodos histórico-críticos sean utilizados de forma generalizada en el estudio de los textos bíblicos, mientras que apenas son aceptados, e incluso son objeto de permanente sospecha, en el análisis de las formulaciones dogmáticas. Gracias a la crítica histórica y literaria ha podido conjurarse, en buena medida, el fundamentalismo bíblico. Pero lo que no se ha conjurado todavía es el fundamentalismo dogmático, que resulta de una lectura literal e intemporal de los dogmas definidos en un contexto cultural y religioso distinto del nuestro.

Juan XXIII dio un paso gigantesco en el *Discurso inaugural* del concilio Vaticano II al subrayar la necesidad de investigación y al exponer la doctrina cristiana «en conformidad con los métodos de investigación y con la expresión literaria que exigen los métodos actuales». Estas palabras legitiman, desde el más alto magisterio de la Iglesia católica, la necesidad y relevancia de la hermenéutica, con toda la complejidad que comporta para los teólogos y las teólogas, pero también con toda su capacidad vitalizadora de la fe cristiana en cada momento histórico.

La mediación hermenéutica libera al cristianismo del fundamentalismo dogmático a que se ve sometido en su interior y de la tentación de reducir su mensaje a fórmulas doctrinales desvinculadas del acontecer humano y de la experiencia religiosa. Permite, a su vez, identificar el contexto histórico (político, social, económico, cultural y religioso) en que se formularon las verdades de la fe, los condicionamientos a que se vieron sometidas y los problemas a los que querían responder.

La teología no puede convertirse en un acto de repetición mimética de los enunciados vinculantes de la fe. Su función es el análisis de los mismos con sentido crítico, desde una perspectiva dialéctica y en clave liberadora. Veamos cómo.

Los enunciados dogmáticos del cristianismo tienen la pretensión de ser *verdaderos* en el sentido formal, pero eso no excluye que *humanamente* puedan ser apresurados, ambiguos o inadecuados. Son enunciados de *fe*, pero no sólo como *fides qua creditur*, sino también como *fides quae creditur*, es decir, en cuanto realización de la fe. Las formulaciones dogmáticas no pueden desvincularse de la experiencia de la fe, en la que tienen su origen y de la que se nutren. Las formulaciones dogmáticas son enunciados *eclesiales*, pues la proclamación y la confesión de la fe son comunitarias, y en cuanto tales, como nos recuerda Rahner, son *reglamentaciones lingüísticas*. Con ello se quiere significar dos cosas: que no son obligatorias y que pueden —y deben— ser expresadas de forma distinta a como se formularon originariamente. La reglamentación del lenguaje no puede confundirse con la realidad. Los conceptos empleados en la formulación de las verdades de fe, como el resto de los conceptos, están expuestos a una constante mutación histórica que las iglesias no pueden limitar[29].

Los enunciados dogmáticos remiten al *misterio*, y el misterio no se deja apresar objetivísticamente, sino que rebasa las formulaciones en que se expresa. Tienen una dimensión *escatológica*: anuncian y anticipan el *ésjaton*, sin por ello cerrar la historia. Son afirmaciones *humanas sobre la palabra de Dios*. No se pueden confundir con la palabra originaria de la revelación, ni suplantarla, ni colocarse por encima de ella. Las formulaciones dogmáticas se mueven en un doble plano: *doctrinal* y *práxico*, y su aceptación comporta la confesión de la persona de Jesús «el Cristo», la adhesión a su mensaje y la prosecución de su causa. Creer es, según los escritos de Juan, *hacer la verdad* e implica la *praxis del amor*.

Los dogmas pueden abrir la reflexión a horizontes nuevos, a condición de que pasen por la circularidad hermenéutica. Para ello es necesario un laborioso trabajo histórico que permita «viajar desde la letra muerta del mensaje a su significación viva, hoy, de lo que con él se pretendía transmitir ayer»[30]. Es así como el dogma se pone

---

29. Cf. K. Rahner, «¿Qué es un enunciado dogmático?», en *Escritos de teología* V, Taurus, Madrid, 1964, pp. 55-81; cf. también K. Rahner y K. Lehmann, «Kerigma y dogma», en *Mysterium salutis* I/2, Cristiandad, Madrid, 1969, pp. 771-787.

30. J. L. Segundo, *El dogma que libera. Fe, revelación y magisterio dogmático*, Sal Terrae, Santander, 1989, pp. 33. Glosando el pensamiento de Segundo, J. I. González Faus afirma en el prólogo de este libro que «pretender *sólo conservar* intacto el depósito de la Revelación es una de las mejores maneras de ser infiel a él, de corromperlo y de traicionarlo» (*ibid.*, pp. 14).

en contacto con la vida y cobra él mismo vida. De lo contrario se convierte en un corsé que constriñe a los creyentes, oculta o empobrece el mensaje que quiere transmitir y limita la libertad y la creatividad de los teólogos y las teólogas. Por lo demás, como ya dije más arriba, el acto hermenéutico se encuentra ya en los propios textos religiosos fundantes y en los discursos del magisterio oficial en las religiones que lo tienen.

La concepción de la teología como hermenéutica comporta un nuevo planteamiento de la relación entre el dogma y la Escritura, como ha puesto de manifiesto Geffré. En la teología católica preconciliar —anterior al Vaticano II— se recurría a los textos de la Escritura con la intención de justificar o confirmar las enseñanzas del magisterio eclesiástico en una determinada materia. Ahora se sigue la dirección contraria: nuestra lectura o interpretación de la Escritura es la que nos lleva a la reinterpretación de los enunciados dogmáticos atendiendo a la situación de pregunta y respuesta que sirvió de base para su formulación. El lenguaje dogmático, como todo lenguaje humano, está contextualizado y expresa la toma de conciencia de la Iglesia en un momento determinado. Es necesario evitar la identificación fácil del dogma o de la Escritura con la palabra de Dios. La relación entre las tres es de complementariedad, nunca de identificación. La lectura de la Escritura ha de hacerse desde el horizonte histórico de quien la interpreta, para poder distinguir la intención de las definiciones dogmáticas de la mentalidad y las representaciones propias de la época en que dichas definiciones se formularon.

Los principales desafíos que tiene delante el cristianismo hoy, y a los que debe responder la hermenéutica teológica y bíblica, son: la increencia y la idolatría, la secularización y la exclusión social, la globalización y el aislamiento de los pueblos subdesarrollados, el fundamentalismo religioso y el económico, la crisis de fe y la ausencia de solidaridad, la cultura moderna y las culturas ancestrales[31].

---

31. Un buen ejemplo de hermenéutica bíblica contextual que responde de manera certera a los desafíos de nuestro tiempo es la que lleva a cabo Elsa Támez al confrontar la idea de la libertad del neoliberalismo con la de la libertad según san Pablo y descubrir las divergencias de ambas propuestas («Libertad neoliberal y libertad paulina», en J. Duque [ed.], *Perfiles teológicos para el nuevo milenio*, cit., pp. 41-53).

6
HORIZONTE FEMINISTA:
GÉNERO Y TEOLOGÍA, MÁS ALLÁ DEL PATRIARCADO

La reflexión cristiana en clave feminista constituye el horizonte común a las diferentes tendencias de la teología de la liberación de las religiones. Uno de los teólogos que mejor ha captado la necesidad y la importancia de la mediación del feminismo en el actual discurso teológico es Aloysius Pieris, jesuita de Sri Lanka y uno de los principales representantes de la teología de las religiones, para quien el feminismo constituye una crítica permanente de la religión. Si ésta quiere sobrevivir en el futuro debe estar muy atenta a las interpelaciones de género y apropiarse de la crítica feminista. Asimismo, el feminismo necesita de la religión por él criticada para conseguir sus objetivos liberadores:

> El feminismo es un rasgo permanente de la lucha en pro de la plena humanización en cuanto que mantiene la dimensión cósmica sin la que es imposible la experiencia de lo metacósmico [...], el feminismo es el nombre que damos a la inacabable lucha por mantener viva la religiosidad cósmica en el seno de las grandes religiones [...]. Feminismo es el nombre que damos a nuestra lucha perpetua por mantener ese saludable impacto del amor sobre el poder del conocimiento[1].

Es, además, uno de los horizontes más creativos y subversivos de la teología actual.

---
1. A. Pieris, *Liberación, inculturación, diálogo religioso. Un nuevo paradigma desde Asia*, Verbo Divino, Estella, 2001, p. 13.

6.1. La violencia contra las mujeres, principal instrumento del patriarcado

La discriminación de las mujeres se produce por doquier y no conoce fronteras, sean éstas geográficas, étnicas, ideológicas, culturales, religiosas, económicas, sociales o políticas. Los hechos son tozudos al respecto y las estadísticas no hacen más que confirmar su persistencia y pertinacia. La discriminación adquiere diferentes modalidades, algunas de ellas cargadas de sadismo[2]. La violencia contra las mujeres se da en las calles, pero también en los hogares; en los lugares de trabajo, pero también en las instituciones religiosas; en los lugares de diversión y en los medios de comunicación, pero también en la publicidad y en las pantallas cinematográficas. Un poema de la escritora afroamericana Ntozake Shange, escrito hace seis lustros, da cuenta de esa realidad:

> Cada tres minutos, una mujer es golpeada;
> cada cinco minutos, una mujer es violada;
> cada diez minutos, una muchacha es acosada...
> Cada día aparecen en callejones,
> en sus lechos, en el rellano de una escalera
> cuerpos de mujeres.

Incluso se tiende a justificar el uso de la violencia contra las mujeres, considerándolas culpables y merecedoras de ella. Eso sucede en el interior de algunas religiones que, incurriendo en una crasa contradicción, defienden el principio «no matarás» y se declaran fieles del «Dios de la vida», al tiempo que, por ejemplo, mantienen la pena de muerte contra las mujeres acusadas de adulterio. En los últimos años se han producido condenas de lapidación contra ellas en cinco países musulmanes: Sudán, Irán, Emiratos Árabes Unidos, Afganistán y Nigeria, flagelación judicial en 14 países y amputación de miembros en siete países. Tal modo de actuar se justifica en aplicación de la *Sharia* (Ley islámica), claramente sexista y destructora del tejido de la vida. El adúltero, sin embargo, queda libre de toda culpa y castigo con tal de que niegue los hechos bajo juramento. No cabe mayor desprecio hacia la mujer.

---

2. Una de las mejores aportaciones al estudio de la violencia contra las mujeres se encuentra en Varios, «Violencia contra las mujeres»: *Concilium* 252 (1994). Este número de la revista está dirigido por E. Schüssler Fiorenza, que hace una espléndida presentación del tema.

Uno de los casos que más impacto ha causado en la opinión pública mundial ha sido la condena a muerte por lapidación de la mujer nigeriana Safiya Hussaini, de 35 años, madre de cinco hijos, acusada de haber cometido adulterio con un tío suyo. El tío negó los hechos y fue absuelto. El caso provocó la indignación de la comunidad internacional, que intervino ante el gobierno de Nigeria para impedir la ejecución de la sentencia, y la movilización de la ciudadanía mundial, que recogió millones de firmas a favor de la absolución de Safiya y de la derogación de la *Sharia* o, al menos, de los artículos que atentan contra los derechos internacionales y humanos. En un acto de plena lucidez, la condenada declaró que se la condenaba por ser pobre.

Gracias a la presión de los gobiernos y organismos internacionales, así como de la opinión pública mundial, el tribunal islámico de apelación del Estado de Sokoto aceptó el recurso interpuesto por Safiya y revocó la pena de muerte contra ella. Pero, al tiempo que se producía la absolución de esta mujer, el tribunal islámico de otro Estado nigeriano, el de Katsina, condenaba a morir lapidada a otra nigeriana, Amina Lawal, acusada de adulterio como Safiya.

En la relación de los varones con las mujeres, afirma Joanne Carlson Brown, historiadora de la iglesia y ministro de la iglesia metodista, «lo habitual es la violencia, mientras que la justicia es episódica [...] La violencia sexual es un lugar común [...] Los ataques sexuales son el recurso patriarcal para poner en su lugar a mujeres y niños. *La violencia y los abusos sexuales son los grandes instrumentos del patriarcado en apoyo del dominio de los varones sobre las mujeres*»[3].

El feminismo, en cuanto teoría y práctica de la emancipación de la mujer, ofrece importantes instrumentos de análisis para identificar las diferentes expresiones de marginación de la mujer, sus raíces más profundas, que se encuentran en el sistema patriarcal, y sus mecanismos de perpetuación. Proporciona, asimismo, categorías antropológicas, éticas y políticas para elaborar un paradigma de convivencia integrador y no excluyente, fundado en una antropología unitaria, al tiempo que multipolar, igualitaria, al tiempo que respetuosa de la diferencia. Se trata de un modelo de relaciones

---

3. J. Carlson Brown, «Por respeto a los ángeles. Violencia y acoso sexuales»: *Concilium* 252 (1994), pp. 215-225; subrayado mío.

emancipadas y emancipadoras entre hombres y mujeres a través de la igualdad diferenciada y de la fraternidad/sororidad[4].

6.2. Mujer y teología: una historia de des-encuentros

La historia de las relaciones entre la teología y las mujeres ha estado tejida de constantes desencuentros y encontronazos, más que de encuentros. Como indica el título de un número de la revista *Concilium*, la mujer ha estado «ausente en la teología y en la iglesia»[5]. La situación ha empezado a cambiar hace algo más de dos décadas cuando la mujer se ha incorporado a la reflexión teológica y ha asumido un papel protagonista en el seno de los movimientos cristianos de base y de grupos comunitarios de mujeres cristianas. Éste es el punto de partida de la teología feminista.

Al igual que la teoría sociológica y filosófica feminista, surgida en el seno de la Ilustración, llama la atención sobre los límites del discurso ilustrado en relación con la mujer, la teología feminista, nacida en el regazo de la teología moderna, pone a ésta ante el espejo para hacerle descubrir sus contradicciones, sobre todo en lo referente a las marginaciones y los silencios de que son objeto las mujeres en el discurso teológico.

La teología moderna ha sido elaborada mayoritariamente por varones que se mueven en el marco de unas prácticas culturales y sociales androcéntricas, y operan mentalmente conforme a construcciones teóricas patriarcales. A esa teología se le puede aplicar lo que C. Amorós dice de la filosofía: «El discurso filosófico es un discurso patriarcal, elaborado desde la perspectiva privilegiada a la

---

4. Cf. C. Amorós, *Crítica de la razón patriarcal*, Anthropos, Barcelona, 1985; Íd., *Tiempo de feminismo. Sobre feminismo, proyecto ilustrado y postmodernidad*, Cátedra/Universitat de Valencia/Instituto de la Mujer, Madrid, 1997; C. Amorós (dir.), *Diez palabras clave sobre mujer*, Verbo Divino, Estella, 1995; B. S. Anderson y J.-P. Zinsser, *Historia de las mujeres: una historia propia*, 2 vols., Crítica, Barcelona, 1991; M.ª P. Aquino, «Feminismo», en X. Floristán y J. J. Tamayo (eds.), *Conceptos fundamentales del cristianismo*, Trotta, Madrid, 1993, pp. 509-524; G. Duby y M. Perrot (dirs.), *Historia de las mujeres*, 5 vols., Taurus, Madrid, 1991-1993; M. M.ª Pintos y J. J. Tamayo-Acosta, «La mujer y los feminismos», en M. Vidal (ed.), *Conceptos fundamentales de ética teológica*, Trotta, Madrid, 1992, pp. 519-532.

5. Cf. Varias, «La mujer, ausente en la teología y en la iglesia»: *Concilium* 202 (1985); J.-M. Aubert, *La mujer. Antifeminismo y cristianismo*, Herder, Barcelona, 1976.

vez que distorsionada del varón, y que toma al varón como destinatario en la medida en que es identificado como *género* en su capacidad de elevarse a la autoconciencia»[6].

6.3. Teología crítica y hermenéutica de la sospecha

La teología feminista no es una teología regional que se ocupe sólo de cuestiones y asuntos relativos a las mujeres, que sólo interese a mujeres y tenga que ser elaborada por mujeres. Es una *teología fundamental* que intenta dar razón de la fe en Jesús liberador a partir de una experiencia religiosa de fraternidad y sororidad, donde las mujeres tienen conciencia de ser sujetos morales y teológicos, interlocutoras directas de Dios y portadoras de gracia y salvación.

Es una *teología de la liberación* que «quiere contribuir a la salvación e integración de todos los oprimidos y a la transformación de las estructuras de la iglesia y del dominio masculino mediante un cuidadoso análisis de la situación [...] una praxis de protesta constructiva inspirada en la "sororidad" como comunión salvífica, mediante una liturgia más espontánea y más corporal y mediante una teología más integral»[7]. No busca sólo salvar a las mujeres, sino a todos los seres humanos marginados y a la naturaleza depredada donde éstos viven, pero llamando la atención muy especialmente sobre el dominio masculino como uno de los principales obstáculos que impiden la salvación integral y universal.

Es una *teología crítica* que recurre a los métodos histórico-críticos, si bien liberados de su connotación androcéntrica. Elabora una *hermenéutica de la sospecha* tanto de los textos bíblicos escritos en el marco de una cultura patriarcal como de sus más frecuentes interpretaciones hechas por varones desde presupuestos andro-antropo-céntricos. Extiende la sospecha a la tradición conformada por varones y a la interpretación de la misma, a la historia, escrita la mayoría de las veces por una mano blanca, de la clase dominante y del género masculino, y a la interpretación de ésta[8].

---

6. C. Amorós, *Crítica de la razón patriarcal*, cit., pp. 23-24.
7. C. Halkes, «Teología feminista. Balance provisional»: *Concilium* 154 (1980), pp. 125-126.
8. La obra pionera que utilizó por primera vez la hermenéutica de la sospecha en perspectiva feminista en la lectura de la Biblia fue *La Biblia de la mujer*, editada en los Estados Unidos en 1898 bajo la dirección de Elisabeth Cady Stanton (versión castellana: Cátedra/Universitat de Valencia/Instituto de la Mujer,

NUEVO PARADIGMA TEOLÓGICO

Es una teología que reconstruye los orígenes del cristianismo en clave igualitaria como movimiento de hombres y mujeres en el seguimiento de Jesús. En el movimiento de Jesús las mujeres ocupan un rol central y recuperan la ciudadanía de la que carecían en la religión y en la sociedad. Su protagonismo en el mismo, reconoce E. Schüssler Fiorenza, es «de la mayor importancia para la praxis de la solidaridad desde abajo»[9]. El discipulado igualitario se torna ideología crítica de la cultura androcéntrica y movimiento de protesta contra las estructuras políticas y familiares patriarcales.

En el cristianismo primitivo las mujeres gozaban de los mismos carismas que los varones y los desarrollaban en el seno de las comunidades sin discriminación alguna. Algunas de las comunidades fueron fundadas por mujeres: por ejemplo, la de Filipos, por Lidia. Al ser la iglesia una comunidad doméstica y tener las mujeres un importante papel en el gobierno y la administración de la casa, también detentaban la autoridad en la vida y el funcionamiento de las comunidades cristianas. Ellas eran apóstoles, profetisas, diáconos, dirigentes de comunidades, ejercían funciones litúrgicas, etc.[10]. Así lo resume K. Jo Torjesen:

> En la primitiva iglesia no se ponían obstáculos al ejercicio de las funciones de dirección por parte de las mujeres, cuya habilidad y experiencia como gestoras las preparaba más que suficientemente para asumir *los deberes de enseñar, dirigir, nutrir y administrar los*

Madrid, 1997). Cf. también: M. J. Ress, U. Seibert-Cuadra y L. Sjorup (eds.), *Del cielo a la tierra. Una antología de teología feminista*, Sello Azul, Santiago de Chile, 1994; A. Loades (ed.), *Teología feminista*, Desclée de Brouwer, Bilbao, 1997; E. Schüssler Fiorenza, *Pero ella dijo. Prácticas feministas de la interpretación bíblica*, Trotta, Madrid, 1996; Íd., *Cristología feminista crítica*, Trotta, Madrid, 2000.

9. E. Schüssler Fiorenza, *En memoria de ella. Una reconstrucción feminista de los orígenes del cristianismo*, Desclée de Brouwer, Bilbao, 1989; cf. J. J. Tamayo-Acosta, *Iglesia profética, iglesia de los pobres*, Trotta, Madrid, 1994, especialmente los capítulos «El movimiento de Jesús», pp. 15-35, y «Carismas y ministerios en la comunidad cristiana», pp. 65-85; A. M.ª Tepedino, *Las discípulas de Jesús*, Narcea, Madrid, 1994.

10. Cf. E. Schüssler Fiorenza, «Presencia de la mujer en el primitivo movimiento cristiano»: *Concilium* 111 (1976), pp. 9-24; Íd., *En memoria de ella. Una reconstrucción teológico-feminista de los orígenes del cristianismo*, Desclée de Brouwer, Bilbao, 1989; R. Aguirre, *Del movimiento de Jesús a la iglesia cristiana*, Desclée de Brouwer, Bilbao, 1987; S. Tunc, *También las mujeres seguían a Jesús*, Sal Terrae, Santander, 1999; E. Stegemann y W. Stegemann, *Historia social del cristianismo primitivo. Los inicios del judaísmo y las comunidades cristianas en el mundo mediterráneo*, Verbo Divino, Estella, 2001.

recursos materiales. Tal fue el caso, mientras que las comunidades cristianas permanecieron estrechamente identificadas con las estructuras sociales de la esfera privada[11].

6.4. La no-ordenación de las mujeres y la exclusión del poder

Cuando la iglesia cristiana pierde su carácter doméstico y se convierte en institución política integrada en el Imperio, sufre un proceso de patriarcalización, y las mujeres son relegadas al ámbito privado. Se pone en marcha una campaña para removerlas de los puestos directivos y desproveerlas de la ciudadanía eclesial, alegando que transgredían las virtudes propias de toda mujer, como el silencio, la castidad y la obediencia, y que no tenían pudor. Se les impone silencio, se las excluye de las funciones que implican responsabilidad y se les niega el *logos* para poder elaborar su propio pensamiento y formular sus experiencias en clave teológica. La mayoría de las mujeres son reducidas a una posición de sometimiento, alegando que «el hombre fue creado primero». Se les encomienda el «servicio subordinado». Pasan de ser mediadoras de la divinidad a servidoras de los varones ordenados, únicos intermediarios entre Dios y la comunidad.

Con todo, investigaciones arqueológicas e históricas llevadas a cabo en las últimas décadas han demostrado que, durante el primer milenio del cristianismo, las mujeres cristianas ejercieron el sacerdocio y que, del siglo I al XIII, asumieron las funciones de diáconos, de sacerdotes y hasta de obispos[12]. No se puede apelar, por tanto, al argumento de la historia para negar a las mujeres el acceso a los ministerios ordenados. Como tampoco puede apelarse a Jesús para justificar la misoginia y el sexismo tan arraigados en la mayoría de las iglesias cristianas.

En su re-lectura de la historia, la teología feminista intenta recuperar las voces libres y las prácticas emancipatorias de las muje-

---

11. K. Jo Torjesen, *Cuando las mujeres eran sacerdotes. El liderazgo de las mujeres y el escándalo de su subordinación con el auge del cristianismo*, El Almendro, Córdoba, 1996.
12. K. Jo Torjesen da cuenta de los resultados de estas investigaciones en la obra que acabo de citar. Destaca en ellas el historiador italiano Giorgio Otranto, que ofrece pruebas difícilmente refutables de numerosas mujeres que fueron presbíteras, diáconas y epíscopas. Puede consultarse el artículo de G. Otranto «Il sacerdocio femminile nell'antichità cristiana» en http://www.womenpriets.org/it/theology/otranto.htm

res y de los varones que defendieron la igualdad de los seres humanos. Se fija muy especialmente en las mujeres que, desde su subjetividad femenina, ejercieron la función crítico-profética en la sociedad y en las diferentes iglesias cristianas.

La teología feminista descubre la estrecha correspondencia que existe entre la ausencia de la mujer y de la conciencia feminista en el discurso teológico androcéntrico, y la falta de poder de las mujeres en las estructuras eclesiásticas. La ausencia de las mujeres en la teología se corresponde casi milimétricamente con su invisibilidad en la iglesia institucional. Al detentar los varones todo el poder sobre el mundo simbólico-religioso, ellos se convierten en únicos portadores de gracia y salvación. Al poseer los varones en exclusiva la autoridad en la definición de la verdad, la razón teológica toma forma patriarcal. Al detentar los varones el poder para fijar los criterios morales, la tendencia es a generar una conciencia de pecado en las mujeres y a no reconocerlas como sujetos morales que deciden sobre sus actos.

Una de las cuestiones teológicas donde la teología feminista pone el acento es en la relación entre la «no-ordenación de la mujer» y las estructuras de poder en la iglesia. La postura del Vaticano es bien definida al respecto y puede resumirse así: la iglesia no tiene autoridad para conceder el sacerdocio a las mujeres. Tal enseñanza se funda en la palabra escrita de Dios (= Revelación) y en la Tradición de la iglesia que la ha mantenido y aplicado ininterrumpidamente desde los orígenes del cristianismo y ha sido expuesta de manera infalible por el magisterio ordinario universal. La exclusión de las mujeres del acceso al ministerio ordenado proviene de Cristo y no puede cambiarse.

Como respuesta a este planteamiento, la teología feminista no se limita a dar razones a favor de la ordenación de las mujeres y a refutar las razones contrarias —aunque también—. Lo que hace es analizar en profundidad, desde una perspectiva histórica y teológica, la política de poder que ha llevado a esta posición excluyente de las mujeres de los ministerios ordenados. Lo que está en juego, por tanto, no es un «problema de la mujer», como observan con lucidez Elisabeth Schüssler Fiorenza y Hermann Häring, sino *la política de poder de la iglesia*, que nos lleva a plantear con los autores citados los siguientes interrogantes:

¿Qué clase de autocomprensión teológica y eclesial se pone de manifiesto en la prohibición de la ordenación de las mujeres?

¿Cómo está constituido el discurso romano de poder y cuál es la fuerza que lo motiva? [...] ¿Están la autocomprensión católica y su jefatura de ordenados ineludiblemente definidas por la ciudadanía de segunda clase de las mujeres? [...] ¿Por qué los obispos colaboran en silenciar a teólogos y comunidades eclesiales enteras que plantean estas cuestiones? *Lo que mueve a los hombres del Vaticano ¿es la falta de fe que siempre fuerza al Gran Inquisidor a controlar, o es el miedo a que las mujeres lleguen al poder?* ¿Cómo es que la lucha por la ciudadanía plena de las mujeres en la Iglesia provoca tal temor y misoginia?[13].

Lo aquí expuesto puede ilustrarse con un ejemplo reciente. La publicación del libro *Mujeres en el altar. La rebelión de las mujeres para ejercer el sacerdocio*[14] le ha costado a la monja católica Lavinia Byrne la salida de la Congregación de la Sagrada Virgen María, a la que pertenecía. Esta religiosa ha corrido la misma suerte que Mary Ward, fundadora de la Congregación en el siglo XVII, a quien se condenó por excéntrica, cismática y hereje, ya que defendía para las monjas una vida encarnada en el mundo y no encerrada tras las rejas de la clausura, una espiritualidad apostólica y no monacal, así como una organización religiosa gobernada por mujeres, y no por varones. Lavinia Byrne cree muy certeramente que el debate sobre la ordenación de las mujeres debe enmarcarse en otro más amplio: el de su presencia en la esfera pública y en los órganos de poder. El acceso de las mujeres al altar no significa su incorporación al mundo sacral-clerical de los varones sacerdotes, sino que es un símbolo muy expresivo de la salida de su invisibilidad y de la recuperación de su visibilidad en la religión y en la sociedad.

6.5. Un discurso inclusivo sobre Dios

La búsqueda de un lenguaje inclusivo y de un modelo inductivo sobre Dios son dos de las principales tareas en que está comprometida la actual hermenéutica bíblica y teológica feminista. Uno de los problemas que plantea dicha búsqueda es, en palabras de Elisabeth E. Johnson, «si la realidad de la mujer puede aportar una metáfora

---

13. E. Schüssler Fiorenza y H. Häring, «Introducción», en Varios, «La no ordenación de las mujeres y la política de poder»: *Concilium* 281 (199), p. 8; la cursiva es mía.
14. Ediciones B, Barcelona, 2001.

adecuada al lenguaje sobre Dios»[15]. Es una pregunta de gran calado que trasciende el plano del lenguaje en su aspecto formal y comporta importantes cuestionamientos de muchas cosas que se han dado por obvias: cuestionamiento del predominio de las imágenes masculinas en el discurso sobre Dios; reto a la forma de pensar que se esconde tras esas imágenes; cambios en la comprensión de lo divino y la visión del mundo; cuestionamiento de las estructuras del patriarcado que se sustentan en las imágenes androcéntricas de Dios; crítica de la disposición jerárquica del mundo y de la patriarquía (Johnson) o kiriarquía (Schüssler Fiorenza) eclesiástica; visión alternativa de la comunidad humana y cristiana, donde los últimos son los primeros, los excluidos, incluidos, los poderosos, derribados de sus tronos, y los humildes, exaltados, y las relaciones se caracterizan por la reciprocidad, el amor y la justicia, no por la sumisión, la venganza y la desigualdad.

Una de las investigaciones más rigurosas en este campo es la de la teóloga norteamericana Elisabeth E. Johnson en su obra, ya citada en el capítulo «La verdad en imágenes», *La que es. El misterio de Dios en el discurso teológico feminista*. Según ella, el lenguaje a través del que se expresa el misterio insondable de la divinidad está en permanente evolución y ha cambiado según los tiempos y las culturas. A su vez, el misterio de Dios trasciende toda representación imaginable y se resiste a ser encerrado en cualquier registro conceptual o verbal. «Si comprendes —dice san Agustín—, no es Dios». Por ende, los conceptos para hablar de Dios deben ser abiertos y no tienen por qué restringirse a los que emplea la Escritura o a los acuñados por la tradición. Esos conceptos han sido en su mayoría *masculinos*, se han empleado de manera *exclusiva*, en su sentido *literal* y en perspectiva *patriarcal*.

Los conceptos masculinos se aplican a Dios con exclusividad olvidando o marginando metáforas femeninas o imágenes tomadas del mundo de la naturaleza. Se le aplican en su sentido literal, porque consideran la masculinidad como constitutiva del ser divino. Se olvida así que, según la más sólida tradición teológica, Padre e Hijo son nombres que designan relaciones y que el espíritu en hebreo es femenino (*ruah*).

Se le aplican *patriarcalmente*. El varón se convierte en paradigma para el símbolo de Dios. El misterio divino se representa con las

---

15. E. E. Jonson, *La que es. El misterio de Dios en el discurso teológico feminista*, Herder, Barcelona, 2002, p. 20.

funciones de monarca, señor de señores, rey de reyes, a quien se debe obediencia conforme al modelo de relación asimétrica señor/esclavo, dominio/sumisión. A veces el monarca patriarca-todopoderoso aparece con un toque de magnanimidad y misericordia, siempre lejanas y arrogantes.

E. Johnson deconstruye ese lenguaje patriarcal, que está en el sustrato del sexismo, y busca nuevas imágenes que enriquezcan el discurso sobre Dios, poniendo el acento en las que nacen desde abajo a partir de la experiencia de las mujeres del mundo. Las mujeres son icono de Dios, imagen de Cristo y templo del Espíritu Santo; han sido creadas a imagen y semejanza de Dios, redimidas por Cristo y santificadas por el Espíritu; viven inmersas en la tragedia del pecado y en el misterio de la gracia; están llamadas a trabajar por un orden justo en este mundo y destinadas a la vida con Dios en la gloria definitiva.

Sin embargo, la identidad de las mujeres como imagen de Dios ha sido desdibujada por la propia teología, que ha reservado dicha identidad al varón, y está en contradicción con la realidad histórica de las mujeres, que viven bajo el régimen opresor del sexismo, hoy imperante y omnipresente en la sociedad, en las iglesias y en la propia teología.

El proceso de reconstrucción del nuevo lenguaje sobre Dios se inicia en el título mismo de la obra: *La que es*, traducción en femenino del Nombre de Dios que se revela a Moisés cuando le encarga la liberación de los hebreos de la esclavitud de Egipto: *éhyeh' ásher éhyeh'* (Éx 3, 14), y que E. Johnson considera *lingüísticamente posible, teológicamente legítima, existencial y religiosamente necesaria*[16]. De entre las múltiples interpretaciones dadas a este enigmático texto, la más extendida en la tradición teológica ha sido la que establece una relación directa entre el nombre Yhwh y la noción metafísica de ser. En consecuencia, la traducción considerada más adecuada era: «Yo soy el que soy» o «Yo soy». El carácter androcéntrico de la misma así como de la teología de Tomás que Aquino que la desarrolla salta a la vista.

Es ese carácter el que pretende quebrar la teóloga norteamericana con su traducción del nombre de Dios en femenino. *La que es* pretende «evocar con una metáfora femenina todo el poder presente en el símbolo ontológico de la vitalidad absoluta y relacional que da

---

16. *Ibid.*, p. 309.

energía al mundo [...]; afirma y confirma a las mujeres en su lucha por la dignidad, el poder y la valía [...]; define la naturaleza humana de las mujeres como *imago Dei* y revela que la naturaleza divina es el misterio relacional de vida que desea la existencia humana liberada de todas las mujeres hechas a su imagen [...]; presta atención a un elemento esencial para el bienestar de toda la creación, seres humanos y tierra inclusivamente; revela el misterio de *Sophia*-Dios como vitalidad pura, exuberante y relacional en medio de la historia del sufrimiento, como fuente inagotable de nuevo ser en situaciones de muerte y destrucción, como fundamento de esperanza para todo el universo creado, con efectos prácticos y críticos»[17].

En esa misma línea se sitúa la oración del Shabbat escrita por Naomi Janowitz y Maggie Wenig:

> Bendita sea Ella, que habló y el mundo existió. Bendita sea Ella.
> Bendita sea Ella, que dio a luz en el principio.
> Bendita sea Ella, que dice y hace.
> Bendita sea Ella, que proclama y cumple.
> Bendita sea Ella, cuyo seno cubre la tierra.
> Bendita sea Ella, que vive para siempre y existe eternamente.
> Bendita sea Ella, que redime y salva. Bendito sea su Nombre[18].

Coincido con Elisabeth Johnson en la necesidad de introducir símbolos femeninos para ampliar el lenguaje sobre Dios y enriquecer el mundo de sus imágenes, por una parte, y responder a la idolatría de la masculinidad vigente en la concepción teológica clásica sobre Dios, para mostrar nuevas profundidades del misterio divino y de la comunidad que los emplea, por otra. Pero soy contrario, como ella, a las estrategias de asignar a Dios cualidades tenidas por «femeninas», rasgos que tradicionalmente se han asociado a las funciones maternas de las mujeres como la amabilidad y la dulzura, el amor y la entrega sin condiciones, la compasión y el cuidado de las personas débiles (enfermas, discapacitadas, niños/as, etc.), y de descubrir y explicitar la dimensión «femenina» en el misterio divino. Estas estrategias, que aparecen con frecuencia hasta en teólogos abiertos al feminismo, siguen operando, sin apenas correctivos, con el estereotipo de «lo masculino» y «lo femenino» y

---

17. *Ibid.,* pp. 308-309.
18. N. Janowitz y M. Wenig, en C. Christ y J. Plaskow (eds.), *Womanspirit Rising: A Feminist Reader in Religion,* Harper and Row, San Francisco, 1979, p. 176.

dan por buena la actual distribución de atributos y virtudes a uno y otro género, diseñada por el patriarcado en beneficio de los varones. En consecuencia, se mantiene el modelo androcéntrico, e incluso se refuerza:

> Añadir rasgos «femeninos» a la imagen masculina de Dios prolonga la subordinación de las mujeres al hacer del símbolo patriarcal algo menos amenazante, más atractivo. En definitiva, esta perspectiva no sirve para hablar de Dios en una dirección más inclusiva y liberadora[19].

En el capítulo «La verdad en imágenes» ya me referí a la necesidad de utilizar imágenes que tengan que ver con la vida, la naturaleza, la amistad, el amor, e imágenes de relación, en cuanto que la relación constituye la esencia del misterio de Dios. Volveré de nuevo sobre ello en el último capítulo, en el que trataré del futuro de Dios.

6.6. *Feminización de la pobreza y opción por las mujeres pobres*

Los informes sobre pobreza y desarrollo de organismos internacionales tan solventes y poco sospechosos de extremismo como el PNUD y el Banco Mundial subrayan año tras año el aumento cualitativo y cuantitativo de la pobreza que se produce en el Tercer Mundo, pero también en los pagos mismos del capitalismo histórico y en los países del Este europeo, tras la caída del comunismo. El mercado está generando un fuerte crecimiento económico, pero también un exceso de desigualdad.

Y con la globalización las cosas no parece que vayan a mejor. Unos pierden, los países subdesarrollados, y otros ganan, los países desarrollados. Y, dentro de éstos, los ricos ganan más que los pobres. El Informe del PNUD de 1997 comparaba la globalización «con una marea de riqueza que supuestamente levanta todos los barcos; pero los hay que tienen más agua debajo que otros. Los transatlánticos y los yates navegan mejor, mientras que los botes hacen agua y, algunos, se hunden».

En los análisis sobre la pobreza se ha introducido una nueva perspectiva: la de *género*, que analiza la situación de las mujeres en

---

19. *Ibid.*, pp. 76-77.

los distintos ámbitos de la realidad económica y social[20]. Y, ciertamente, los datos que dicho análisis arroja no son nada halagüeños para las mujeres. Veamos los más significativos. De los 1.300 millones de personas que viven en extrema pobreza en el mundo, en torno al 70% son mujeres. El 66% de las personas adultas analfabetas son mujeres. El analfabetismo alcanza al 50% de las mujeres en los países subdesarrollados, y en Asia y África llega al 70% de la población femenina. Similares porcentajes se aprecian en el campo de la educación de la infancia en los niveles de primaria y secundaria. Dos terceras partes de quienes desertan antes de cuarto año de primaria son mujeres. El número de mujeres que cada año sufre la ablación del clítoris llega a dos millones. El 40% de las personas adultas afectadas por el sida son mujeres. Las complicaciones en el embarazo por malas condiciones sanitarias provocan la muerte de medio millón de mujeres, mientras que los abortos realizados en malas condiciones causan el fallecimiento de más de 100.000 personas. El 80% de los refugiados en el mundo son mujeres con familia a su cargo, sobre todo personas mayores, niños y niñas. El trabajo femenino es menos valorado y peor pagado que el de los varones. De 100 horas trabajadas, las mujeres hacen 67 y, sin embargo, sólo disponen del 9,4% de los ingresos.

Los datos aportados confirman la tendencia creciente a la «feminización de la pobreza» en el Estado de Bienestar, que ya apuntara Diana Pearce en 1978[21]. Las desigualdades económicas, sociales y políticas de género se están consolidando y agudizando. La pobreza tiene hoy rostro femenino. La superación de la pobreza de género constituye una de las líneas prioritarias en los programas de promoción y desarrollo de los organismos internacionales, de las organizaciones de solidaridad y de los movimientos de mujeres en todo el mundo.

20. Cf. D. Comas, *Trabajo, género y cultura. La construcción de las desigualdades entre hombres y mujeres*, Icaria, Barcelona, 1995; M. J. Izquierdo, *El malestar en la desigualdad*, Cátedra, Madrid, 1998; Kabeer, N., *Realidades trastocadas. Las jerarquías de género en el pensamiento del desarrollo*, Paidós, México, 1998; J. M.ª Tortosa (coord.), *Pobreza y perspectiva de género*, Icaria, Barcelona, 2001; Varios, «La mujer, el trabajo y la pobreza»: *Concilium* 214 (1987); M.ª A. González Butrón, «Efectos de la globalización neoliberal en la vida de la mujer»: *Concilium* 293 (2001), pp. 721-729; P. de Villota (ed.), *Globalización y género*, Síntesis, Madrid, 1999.

21. D. Pearce, «The Feminization of Poverty: Women, Work and Welfare»: *Urban and Social Change Rewiew* 2/1-2 (1978), pp. 28-36.

La teología feminista es especialmente sensible a esta situación y no se queda en la muchas veces vaga y vaporosa opción por los pobres, sino que pone rostro de mujer a éstos y la traduce como *opción por las mujeres pobres*, que son mayoría entre los pobres y sufren la más radical de las marginaciones: la pérdida de su dignidad humana a manos de una sociedad donde la referencia de lo humano sigue siendo el varón[22].

6.7. Teología ecofeminista

¿Gaia, la Tierra viva y sagrada, y Dios, la deidad monoteísta de las tradiciones bíblicas, mantienen una buena relación entre sí? La ecología y el feminismo, unidos en el ecofeminismo, constituyen la perspectiva crítica desde la que busco evaluar la herencia de la cultura occidental cristiana. El propósito de esta búsqueda es la recuperación de la Tierra, el restablecimiento de una relación santa entre hombres y mujeres, clases y naciones, los seres humanos y la Tierra. Esta recuperación sólo será posible si reconocemos y modificamos la manera en que, apoyada en parte en el cristianismo, la cultura occidental ha justificado la dominación[23].

El texto citado, con el que se abre el emblemático libro de Rosemary R. Ruether *Gaia y Dios*, constituye la mejor presentación de la original reflexión que llevan a cabo cualificadas teólogas en una perspectiva ecofeminista[24]. La teología ecofeminista cuestiona las estructuras mentales, sociales, culturales y religiosas androcéntricas y antropocéntricas que discriminan por igual a la mujer y a la naturaleza, y que convierten a ambas en objeto de uso y abuso en manos de los varones. El modelo de desarrollo de la modernidad responde al patrón explotador del hombre y se corresponde con el modelo de organización patriarcal que domina a la mujer y ejerce sobre ella todo tipo de violencia, como ya vimos anteriormente. Dos son los niveles en los que el ecofeminismo descubre la co-

---

22. Cf. I. Gebara, «La opción por los pobres como opción por la mujer pobre»: *Concilium* 214 (1987), pp. 463-472.
23. R. R. Ruether, *Gaia y Dios. Una teología feminista para la recuperación de la tierra*, Demac, México, 1993.
24. Cf. C. J. Adam (ed.), *Ecofeminism and the Sacred*, Continuum, New York, 1993; B. Holland-Cunz, *Ecofeminismos*, Cátedra/Universitat de València/Instituto de la Mujer, Madrid, 1996; A. Primavesi, *Del Apocalipsis al Génesis. Ecología. Feminismo. Cristianismo*, Herder, Barcelona, 1995.

nexión entre la dominación de que es objeto la mujer y la explotación a que se ve sometida la naturaleza: el cultural-simbólico y el socio-económico. En el primero la mujer es colocada del lado de la naturaleza y se asocia con la tierra, mientras que el varón es colocado del lado de la cultura y lo que con ella se asocia, como la mente, el espíritu, la creación artística, etc. El resultado es la superioridad de la cultura sobre la naturaleza y el dominio del varón sobre la mujer y la naturaleza. En el nivel socio-económico se constata la relación entre la dominación del cuerpo y del trabajo de la mujer y la explotación de la tierra, el agua y los animales. Las mujeres como género, observa Rosemay R. Ruether, son colonizadas por el patriarcado en cuanto sistema económico y social, político y legal.

La teología ecofeminista considera que el cristianismo, con su interpretación andro-antropo-céntrica del relato de la creación del Génesis y su lectura patriarcal de la Biblia, ha contribuido poderosamente a reforzar la marginación de las mujeres y la depredación de la naturaleza, convirtiendo a ambas en meros instrumentos al servicio de «fines superiores del varón».

La crítica se extiende a la epistemología que lleva la marca del sexismo. «El acto de conocer —afirma I. Gebara— es contextual, sexuado, situado y fechado. Es un acto marcado por aspectos ideológicos con tendencias sexistas. El conocimiento androcéntrico nos lleva también a un conocimiento antropocéntrico, en el cual todas las acciones y reacciones humanas son puestas en evidencia»[25].

Ésta es la etapa de deconstrucción. La etapa siguiente consiste en la construcción de un discurso emancipatorio y liberador que incluye a los seres humanos y a la naturaleza a partir de una concepción más amplia de la fraternidad-sororidad. El pensamiento teológico ecofeminista se basa en una cosmología unitaria, se guía por una epistemología cuyo centro es la interdependencia de todos los seres del universo, está vinculado a una interpretación sociohistórica de la Biblia y se muestra abierto a la reflexión que llevan a cabo las teólogas y los teólogos de la liberación de todos los continentes.

El tercer momento es ético. Las mujeres han sido excuidas históricamente de las decisiones éticas, bien porque se las considera incapaces de actuar moralmente, bien porque son vistas como encarnación del mal. Y cuando se les reconoce como sujetos morales,

---

25. I. Gebara, *Intuiciones ecofeministas. Ensayo para repensar el conocimiento y la religión*, Trotta, Madrid, 2000, p. 47.

se tiende a establecer en ellas una orientación ética diferente a la de los varones. A las mujeres se las relaciona con la *ética del cuidado*, cuya premisa es la no-violencia, por entender que les corresponde «por naturaleza», lo mismo que a los varones les correspondería, también «por naturaleza», la *ética de la justicia*, cuya premisa es la igualdad. Hombres y mujeres, por tanto, son sujetos éticos, pero con pensamientos y voces diferentes[26].

La ética ecofeminista cuestiona la diferencia entre hombre y mujer basada en los estereotipos sociales o en una supuesta orientación «natural». Critica igualmente los dualismos jerárquicos que sirven de fundamento al orden patriarcal establecido por los varones: naturaleza-cultura, privado-público, cuerpo-espíritu, divinidad-humanidad, bueno-malo, celeste-terrestre, sagrado-profano, etcétera.

La ética ecofeminista se caracteriza por: *a)* la búsqueda de la integración de las dos líneas antes indicadas, la del ciudado y la de la justicia, la de la igualdad y la de la no-violencia; *b)* la lucha por la liberación integral de todos los individuos y los grupos humanos; *c)* la afirmación de la vida de todos los seres vivientes que conforman la comunidad eco-humana[27].

6.8. *Espiritualidad en perspectiva feminista*

El feminismo abre perspectivas sugerentes e innovadoras —o, mejor, revolucionarias— en el terreno de la *espiritualidad*, que ha conseguido liberarse de los barrotes de la vida «consagrada» —donde encontraba su lugar natural— y del modelo clerical —que constituía el paradigma único a seguir por los cristianos y las cristianas para conseguir la santidad.

Bajo el sugerente título de *En el poder de la Sabiduría: espiritualidades feministas de lucha*, la revista *Concilium* propone un nuevo modelo de espiritualidad bajo el horizonte hermenéutico de la Sabiduría. Es una espiritualidad que empieza por cuestionar las formas clásicas de representación de lo Divino, en su mayoría masculinas y autoritarias, y las concepciones morales del «eterno femenino», que imponían a las mujeres como ideal religioso una vida de

---

26. Cf. C. Gilligan, *In a different voice. Psychological Theory and Women's Development*, Harvard University Press, Harvard, 1982.
27. Cf. Varias, «Ética y ecofeminismo»: *Con-spirando*, Revista latinoamericana de ecofeminismo, espiritualidad y teología, 17 (1996).

renuncia, resignación, silencio, evasión, enemistad con la vida, desprecio del propio cuerpo y negación del placer[28].

En la nueva espiritualidad la mujer se redescubre como sujeto, vive la experiencia religiosa desde su propia subjetividad y no acepta las mediaciones clérico-patriarcales y jerárquico-institucionales que, en el fondo, niegan su subjetividad femenina. Tampoco acepta las tradicionales divisiones entre sagrado y profano, espiritual y material, natural y sobrenatural, etc. El lugar de la nueva espiritualidad es el mundo sin fronteras, la naturaleza toda donde resuena el misterio inmanipulable, la vida como don y tarea, la realidad sin compartimentos estancos; en una palabra, todos los espacios en los que se desarrolla la existencia humana: la profesión, la actividad política, la vida cotidiana, el ágora, el ocio, el trabajo, etc. Eso no significa que estemos ante una neosacralización del mundo. Todo lo contrario: hay un profundo respeto por el mundo, al que se le reconoce como el verdadero escenario donde se juega el destino humano. La nueva espiritualidad encarnada en la historia se orienta a transmitir el dinamismo liberador del E(e)spíritu.

Estamos ante una espiritualidad no intimista, sino política, no evasiva, sino activa, inconformista, rebelde, que levanta la voz en favor de las personas indefensas y de la naturaleza dominada. Se caracteriza por una profunda inspiración ético-práxica, que se guía por imperativos de justicia-liberación e igualdad-diferencia y llama a trabajar por un mundo donde quepamos todos y todas.

La nueva espiritualidad parte de la vida en toda su riqueza y complejidad, con sus contradicciones y problemas, aspiraciones y frustraciones, esperanzas y temores, se expresa a través del lenguaje de los símbolos, del cuerpo, de los sentimientos, de las pasiones. Es una espiritualidad ecológica, que no utiliza la naturaleza como objeto de dominio, sino, según el certero planteamiento de Raimon Panikkar, como espacio de encuentro *cosmoteándrico*[29].

Las corrientes religiosas feministas pueden jugar un papel importante en la construcción de una espiritualidad interreligiosa donde convergen las experiencias místicas más auténticas, no mediadas por los intereses de poder de cada religión, sino animadas por el encuentro humano-divino gratuito. La nueva espiritualidad

---

28. E. Schüssler Fiorenza y M.ª Pilar Aquino (eds.), «En el poder de la Sabiduría: espiritualidades feministas de lucha»: *Concilium* 288 (2000).
29. Cf. R. Panikkar, *La intuición cosmoteándrica*, Trotta, Madrid, 1999.

feminista en clave ética y sapiencial, ecológica e interreligiosa, constituye el mejor correctivo a la cada vez más extendida comercialización de la espiritualidad en un mercado que, según los datos tomados del *Wall Street Journal*, mueve mil millones de dólares.

6.9. *El cuerpo y la sexualidad*

Muy relacionada con la espiritualidad se encuentra la reflexión que la teología feminista lleva a cabo sobre el cuerpo. Como es bien sabido, la relación del cristianismo con el cuerpo a lo largo de su bimilenaria historia no ha resultado fácil. La espiritualidad cristiana se ha caracterizado por la espiritualización y el hostigamiento del cuerpo, así como por la sublimación y la demonización de la sexualidad en función de fines más altos y de metas superiores. El cuerpo es experimentado como ocasión de pecado y obstáculo para la salvación, y no como mediación necesaria para el encuentro intersubjetivo y el encuentro humano-divino. Dicha actitud radica en una concepción dualista del ser humano, que no tiene su origen ni en la tradición judía, de la que arranca el cristianismo, ni en Jesús de Nazaret, con quien se inicia el itinerario de la fe cristiana. En este terreno, el cristianismo es heredero de Platón. Pablo de Tarso da un tono moralista a esta concepción. Agustín de Hipona ofrece una fundamentación teológica de la misma y, desde entonces, funge como teoría y práctica oficiales en el cristianismo.

La concepción antropológica dualista distingue en el ser humano dos elementos que se oponen frontalmente: el cuerpo o la parte material y el alma o la parte espiritual. Lo que identifica al ser humano es el alma, que constituye la esencia de la persona. El cuerpo no sólo no forma parte de la estructura esencial del ser humano, sino que es un lastre, un peso, una carga; más aún, es la cárcel donde vive presa el alma durante su peregrinación por la tierra y de la que tiene que liberarse. Lo expresa nítidamente Platón en el *Fedón*:

> Mientras tengamos el cuerpo y esté nuestra alma mezclada con semejante mal, jamás alcanzaremos de manera suficiente lo que deseamos (66b).
>
> Preciso es considerar que el cuerpo es pesado, torpe, terrestre y visible. Y que, poseyéndolo, el alma es entorpecida, retenida y atraída de nuevo por la esfera de lo visible (81c).

El cuerpo y sus deseos son los causantes de las guerras, luchas y revoluciones, y no dejan tiempo para dedicarse a la filosofía. Por su culpa no es posible contemplar la verdad ni conocer nada de forma pura. ¿Cómo conseguir la liberación? Lacerando el cuerpo, reprimiendo los instintos, renunciando a los placeres corporales. La plena liberación tiene lugar con la muerte, cuando el alma se separa del cuerpo. ¿Cómo lograr la sabiduría y acceder al conocimiento puro? Desembarazándonos del cuerpo y contemplando las cosas en sí mismas sólo con el alma:

> Mientras estemos en vida, más cerca estaremos de conocer, según parece, si en todo lo posible no tenemos ningún trato ni comercio con el cuerpo, salvo en lo que sea de toda necesidad, ni nos contaminamos de su naturaleza, manteniéndonos puros de su contacto, hasta que la divinidad nos libre de él (*Fedón* 67a).

Aun cuando se quiere presentar a Pablo como ejemplo de antropología unitaria, en sus escritos quedan numerosos restos de dualismo antropológico, como demuestran las exhortaciones morales que hace en sus cartas a los cristianos y cristianas de las comunidades fundadas o animadas por él. Buena parte de las listas de pecados que aparecen en dichas cartas tiene que ver con la sexualidad, y las actitudes morales que recomienda a los creyentes en Cristo son claramente represivas del cuerpo. Carne y espíritu aparecen como dos principios que caminan en dirección contraria. Escribe a los cristianos de Galacia:

> Proceded según el Espíritu, y no deis satisfacción a las apetencias de la carne. Pues la carne tiene apetencias contrarias al espíritu, y el espíritu contrarias a la carne, como que son entre sí tan opuestos que no hacéis lo que queréis [...] Las obras de la carne son conocidas: fornicación, impureza, libertinaje, idolatría, hechicería, odios, discordias [...] Los que son de Cristo han crucificado la carne con sus pasiones y sus apetencias (Gál 5, 16 ss.).

Tras su conversión y la lectura de los neoplatónicos y de las cartas de san Pablo, Agustín de Hipona hizo suya la concepción antropológica dualista tanto en su vida, con la renuncia a los placeres del cuerpo por considerarlos un obstáculo para la salvación, como en su doctrina, proponiendo como ideal cristiano la abstinencia sexual. El autor de *El mundo de Sofía*, Jostein Gaarder, ha acertado a describir la actitud agustiniana ante la sexualidad en su bella obra de ficción *Vita brevis*, que es una carta dirigida al obispo de Hipona por quien fuera su concubina durante más de una década, Floria Emilia —con quien tuvo un hijo, Adeodato—, tras leer las *Confesiones*.

Lo natural —le dice la concubina— es permanecer junto al ser querido, pero tú no lo hiciste porque habías comenzado ya a sentir desprecio por el amor carnal entre un hombre y una mujer. Pensabas que yo te ataba al mundo de los sentidos y que no tenías paz ni tranquilidad para concentrarte en la salvación de tu alma.

Floria Emilia le recuerda que una tarde, tras haber hecho juntos el amor, él, «antaño todo un respetable profesor de Retórica», la gritó, tomó en sus manos una vara y la golpeó brutalmente porque ella constituía un peligro grave para la liberación de su alma y necesitaba convertirla en chivo expiatorio para entrar en el cielo. Si el cuerpo es determinante para la salvación, lo es también para la condenación. Así aparece en no pocos santos Padres, que mostraron un menosprecio por el cuerpo en perfecta sintonía con su alejamiento del mundo. Si no se controlan las pasiones, se pone en juego la vida eterna. «Cuando se quiere tomar una ciudad —leemos en *Le fruit défendu*, que cita a un monje del desierto—, se le corta el suministro de agua y de víveres; lo mismo hay que hacer con las pasiones de la carne»[30]. La mejor forma de frenar las pasiones y de proteger el cuerpo y el alma de los cristianos, sobre todo *de las mujeres cristianas*, es renunciar al ejercicio de la sexualidad, vivir en estado de virginidad. «Ningún vaso de oro o de plata es tan caro a Dios como el templo de un cuerpo virginal», escribe san Jerónimo[31]. La salvación depende en buena medida de la castidad que se haya observado. Es tan alta la valoración que Tertuliano hace de la castidad que llega a considerar más terrible el perderla que la pena de muerte más cruel.

El cuerpo, preferentemente el de la mujer, se considera motivo de tentación, ocasión de escándalo y causa de pecado. Hay que evitar, por ende, exhibirlo, cuidarlo, mejorarlo, embellecerlo. Hay que ocultarlo (por ejemplo con el velo, los vestidos largos, etc.), castigarlo, mortificarlo hasta dejarlo irreconocible. Desde esta lógica dualista se argumenta que el cuerpo de la mujer no puede representar a Cristo, que fue varón y sólo varón, no puede perdonar los

---

30. Varios, *Le fruit défendu*, Centurion, Paris, 1985, p. 6.
31. *La femme. Les grandes textes des Pères de l'Église*, Centurion, Paris, 1968, p. 104.

pecados por su falta de sigilo, no puede, en fin, ser portador de gracia sino de sensualidad pecaminosa. En consecuencia, tampoco puede ser sacerdote.

El dualismo antropológico de raíz platónica asumido por algunos de los santos Padres más influyentes en el cristianismo posterior no sólo establece una rígida división entre el cuerpo y el alma, sino también entre el varón y la mujer, cuya constitución estaría definida de manera esencial por el sexo. Siguiendo esta línea, Tertuliano consideraba a los varones personas más refinadas y de espíritu elevado, y a las mujeres, más materiales y vulgares, y por ello más propensas a la podredumbre y a la muerte. Las mujeres recuperarían la libertad y el desarrollo propios de los varones liberándose de la tela de araña de la carne en la que viven envueltas, y eso pueden lograrlo con el ayuno y la inanición.

La imagen negativa del cuerpo femenino fue decisiva en las condenas de la Inquisición contra las mujeres. El cuerpo era el medio a través del que éstas comunicaban los conocimientos inspirados por la divinidad. El cuerpo de las mujeres en éxtasis era signo de inhabitación del Espíritu Santo y de la presencia de Dios. Ciertas visiones, como el enamorarse de Jesús o los besos y las caricias de las místicas hacia él, tenían carácter erótico. En una época en que se sobrevaloraba lo intelectual como vía de acceso a Dios y se despreciaba el cuerpo, tales experiencias despertaban sospecha, y quienes las tenían terminaban por ser condenados con frecuencia a la hoguera. ¡Cuánto más si eran mujeres!

Sin embargo, la concepción dualista del ser humano que lleva al rechazo de la sexualidad y a la renuncia del cuerpo no es la única en el cristianismo, ni la más acorde con sus orígenes, ni la que mejor refleja el planteamiento de la religión judía. «La cultura judía no concede condecoraciones por el mérito de vivir una vida célibe», afirma David Biale[32]. El judaísmo entiende a la persona en su carácter unitario y no compartimentado. Todo el ser humano es imagen de Dios, y lo es no sólo en la modalidad del varón sino como hombre y mujer. El ser humano es sexuado y como tal se dirige a Dios. El judaísmo no es una religión espiritualista. La moral judía no es represiva del cuerpo. Defiende el placer, el goce, el disfrute de la vida, como se pone de manifiesto en múltiples tradiciones religiosas de Israel. El libro bíblico del Eclesiastés, por ejem-

---

32. D. Biale, *Eros and Jews. From Biblical Israel to Contemporary America*, Basic Books, Maryknoll, NY, 1992, p. 217.

plo, afirma la vida material y sensual en la cotidianidad, e invita a comer el pan y beber el vino con alegría, a disfrutar del fruto del propio trabajo y a gozar con la persona a quien se ama, a llevar vestidos blancos y perfumarse la cabeza. Llama a los jóvenes a disfrutar y pasarlo bien, a dejarse llevar del corazón y de lo que atrae a los ojos, a rechazar las penas del corazón y los dolores del cuerpo. Cito algunos de los textos donde aparece la invitación a disfrutar de la vida y del cuerpo:

> El único bien del ser humano es comer y beber y disfrutar del producto de su trabajo, y aun esto he visto que es don de Dios. Pues ¿quién come y goza sin su permiso? (Ecl 2, 25).
>
> Anda, come tu pan con alegría y bebe contento tu vino, porque Dios ya ha aceptado tus obras; lleva siempre vestidos blancos y no falte el perfume en tu cabeza, disfruta la vida con la mujer que amas, todo lo que dure esa vida fugaz, todos esos años fugaces que te han concedido bajo el sol; que ésa es tu suerte mientras vives y te fatigas bajo el sol. Todo lo que esté a tu alcance hazlo con em-peño, pues no se trabaja ni se planea, no hay conocer ni saber en el Abismo adonde te encaminas (Ecl 9, 7-10).
>
> Disfruta mientras eres muchacho y pásalo bien en la juventud; déjate llevar del corazón y de lo que atrae a los ojos; y sabe que Dios te llevará a juicio para dar cuenta de todo. Rechaza las penas del corazón y rehúye los dolores del cuerpo: niñez y juventud son efímeras (Ecl 11, 9-10).

La vida, el mensaje y la práctica de Jesús de Nazaret se ubican en ese horizonte vital, e incluso vitalista. La incompatibilidad que establece no es entre Dios y la sexualidad, entre el E(e)spíritu y el cuerpo, entre las bienaventuranzas y la felicidad, sino entre el Dios dadivoso y la opulencia, entre el Dios débil y el poder opresor, entre el Dios de vida y los ídolos de muerte.

En la historia del cristianismo hay una larga e influyente tradición teológica que entiende el cuerpo y la sexualidad en una perspectiva liberadora conforme a los dos principios fundamentales de la fe: la encarnación de Dios y la resurrección de la carne. Al encarnarse Dios en un cuerpo humano, desaparece la diferencia entre Dios y el ser humano. Al asumir el cuerpo humano, el Dios cristiano asume también un sexo, o, mejor, dos. Como han demostrado Caroline Walker Bynum y Leo Steinberg, en las representaciones artísticas medievales el Redentor es presentado con rasgos sexuales femeninos, como los pechos, y con rasgos masculinos. En algunas imágenes la madre de Dios señala el miembro viril del

Salvador. A su vez, las representaciones del Crucificado realzan sus genitales[33].

Otro importante correctivo al dualismo platónico es la creencia en la *resurrección de la carne*, que da un matiz peculiar al ascetismo cristiano y a la reflexión teológica sobre el cuerpo, como ha puesto de manifiesto Peter Brown en su obra ya clásica *El cuerpo y la sociedad*[34]. Esa creencia implica la consideración del cuerpo como vehículo de transformación del alma en vida inmortal, como indica la teóloga feminista norteamericana Rosemay Radford Ruether, siguiendo los estudios de C. Bynum y en sus reflexiones sobre ecofeminismo:

> El mundo medieval valoraba lo corporal, la sacramentalidad del agua, el pan, la tierra y los cuerpos virginales y martirizados de los santos, pero sólo como manifestaciones e indicadores de un cuerpo transformado, liberado de la «escoria» mortal, no el cuerpo en su forma «natural» o, desde el punto de vista cristiano, «caída»[35].

En las experiencias místicas femeninas el cuerpo tenía una innegable centralidad, ya que se convertía en lugar de experiencia del amor de las mujeres a Dios y a Cristo, y en mediador de las revelaciones divinas. Así aparece, por ejemplo, en el estudio de Mary E. Giles sobre la carismática sor María de santo Domingo, donde podemos leer:

> Como el texto que sor María crea cuando está en éxtasis es la realidad del amor de Dios que ella experimentaba en su cuerpo y su amor por Dios que ella expresaba a través de su cuerpo en éxtasis, penitencias, devociones y buenas obras, se desprende que el medio de expresión de su arte es su cuerpo[36].

Lo mismo sucede en la teología que emanaba de dichas experiencias, como se pone de manifiesto en el *Diálogo* de santa Catalina de Siena (1347-1380), cuyas principales características son: *a)* la plurivocidad, la corporalidad y el deseo; *b)* la confrontación con

---

33. Cf. *Concilium* 293 (2002), p. 50.
34. Muchnik Editores, Barcelona, ⁶1993.
35. R. Radford Ruether, «Reflexión sobre la creación y la destrucción: una nueva valoración del cuerpo en el ecofeminismo»: *Concilium* 293 (2002), p. 60. Cf. también, de la misma autora, *Woman and Redemption: A Theological History*, Fortress Press, Minneapolis, 1997, pp. 9-10; subrayado mío.
36. E. M. Giles, *Book of prayer*, citado en Íd. (ed.)., *Mujeres en la Inquisición*, Martínez Roca, Barcelona, 2000, p. 27.

la iglesia institucional y la teología oficial y *c)* la solidaridad con los marginados.

El deseo está muy presente en *La resplandeciente luz de la Divinidad*, de la beguina Matilde de Magdeburgo (*ca.* 1210-1294). Matilde introduce la inquietud del deseo en el propio Dios. El deseo, lleno de amor, fluye de Dios sin límite ni medida (VI, 22). Dios mismo «arde en su propio deseo» (I, 17) y lo coloca en el Alma, en la que ve «un arroyo para (refrescar) su ardor» (I, 19). El amor intenso que siente por el Alma se debe a su deseo (I, 24). El Alma pide ser cubierta con el abrigo del largo deseo de Dios (VII, 35), pues donde «los dos deseos se encuentran, allí el amor es más perfecto» (VII, 16).

Matilde de Magdeburgo narra con todo detalle el viaje del Alma amante a la corte donde está Dios. En ella es recibida con amor y, quedándose en silencio, desea ardientemente que Dios la acoja. Él se funde en unión con la Amada y reposa entre sus pechos (I, 17). Esta postura recuerda el verso del Cantar de los Cantares: «Mi amado es para mí ramillete de mirra, que reposa entre mis pechos» (1, 13). El Alma llega hasta las habitaciones ocultas de la invisible Divinidad, donde encuentra el lecho y el placer del amor, y a Dios, «que la espera más allá de lo humano», le pide que se desnude y le dice que la hará parte de su naturaleza, sin que necesite ya intermediario alguno. Para ello debe despojarse del miedo y de la vergüenza, así como de las virtudes exteriores. Dios colma eternamente su deseo y su ansiedad sin fondo con su sobreabundancia infinita. «Señor, ahora ya soy un alma desnuda, y tú mismo un Dios engalanado. Nuestra comunión es vida eterna desprovista de muerte» (I, 44)[37].

En la obra *Siete maneras de amar*, de la monja cisterciense Beatriz de Nazaret, que vivió en el siglo XIII, se concede importancia especial a las sensaciones táctiles y auditivas. Beatriz narra cómo siente que la presencia de Dios recorre todo su cuerpo y cómo atrae su corazón contra el suyo. Las visiones la llevan a degustar la dulzura del amor divino. Escucha la voz de Dios que le anuncia que ha sido elegida y está inscrita en el libro de la vida. Jesús le habla «en latín» y le propone un pacto de unión[38].

---

37. Extractos de *La luz resplandeciente de la Divinidad* se encuentran en G. Epiney-Burgard y E. Zum Brunn, *Mujeres trovadoras de Dios. Una tradición silenciada de la Europa medieval*, Paidós, Barcelona, 1998, pp. 89-101.
38. Extractos de la *Vida de Beatriz* y de las *Siete maneras de amar* se encuentran en G. Epiney-Burgard y E. Zum Brunn, *op. cit.*, pp. 121-130.

La reflexión cristiana feminista está desarrollando hoy una importante teología del cuerpo en la línea que venimos exponiendo, de la que fue pionero el teólogo alemán Dietrich Bonhoeffer en su emblemática obra *Ética*. En un capítulo titulado «El derecho a la vida corporal» afirma que la corporeidad es la forma de existencia del ser humano querida por Dios y ofrece una fundamentación ética del derecho al placer corporal. El disfrute del cuerpo, asevera, es fin en sí mismo y no simple medio para la consecución de otro fin superior. Entender el cuerpo como medio para la consecución de un fin es propio del idealismo. La sexualidad es un cauce privilegiado de comunicación interhumana. El cuerpo constituye la mediación necesaria entre los humanos para el encuentro de Dios. La felicidad es un derecho irrenunciable de toda persona, que ninguna religión puede reprimir.

El siguiente texto de la *Ética* expresa muy certeramente el planteamiento de Bonhoeffer, que, a su vez, recoge el núcleo central de la concepción genuinamente cristiana sobre el cuerpo:

> De acuerdo con la doctrina cristiana, el cuerpo tiene una altísima dignidad. El hombre es un ser corporal y sigue siéndolo incluso en la eternidad. *La corporeidad y el ser humano están relacionados entre sí de una manera indisoluble. De este modo a la corporeidad, que es la forma de existencia del hombre querida por Dios, corresponde una finalidad en sí misma.* Esto no excluye ciertamente que el cuerpo siga subordinado a un fin superior. Pero es importante que entre los derechos de la vida corporal se cuente su conservación no sólo como medio para un fin, sino como fin en sí mismo. Esta *autofinalidad del cuerpo* recibe su expresión en los goces del cuerpo dentro de la vida natural. Si el cuerpo sólo fuera medio para lograr un fin, el hombre no tendría derecho alguno a los goces corporales [...] Cuando se priva a un hombre de la posibilidad de goces corporales, y esto sucede cuando se emplea el cuerpo exclusivamente como medio para un fin, entonces tiene lugar una injerencia en el derecho original de la vida corporal[39].

Este planteamiento tiene una sólida fundamentación antropológica, como ha mostrado P. Laín Entralgo en continuidad con el pensamiento de Husserl, Ortega y Gasset, Merleau-Ponty, etc. Según él, no se puede ni se debe hablar de «mi cuerpo y yo», sino de

---

39. D. Bonhoeffer, *Ética*, edición y traducción de Ll. Duch, Trotta, Madrid, 2000, pp. 149-150; subrayado mío.

«mi cuerpo: yo». El resultado no es, por tanto, la autoafirmación de un «yo» que tuviera como servidor al cuerpo como algo estrechamente unido a él pero distinto de él, sino la autoafirmación de un cuerpo que puede decir de sí mismo «yo». El ser humano es cuerpo viviente y pensante. Al modo específico de ser de «mi cuerpo», que es el humano, le pertenecen la conciencia de la autoposesión y la capacidad para la autoexpresión[40].

El escritor uruguayo Mario Benedetti expresa el sentido festivo del cuerpo frente al sentido comercial que le da el mercado y al sentido represivo que le da la iglesia en estos versos que se convierten en pauta para la nueva reflexión teológica sobre el cuerpo: «Dice la iglesia: el cuerpo es un pecado. Dice el mercado: el cuerpo es un negocio. Dice el cuerpo: yo soy una fiesta». La incompatibilidad en el cristianismo no se da entre Dios y la sexualidad, sino entre Dios y el dinero convertido en ídolo (= *Mamón*). Cuando los teólogos y las teólogas caigamos en la cuenta de ello, se producirá un cambio importante en el modo de hacer teología. Mientras tanto, seguiremos arrastrando como estructura mental, siquiera inconscientemente, el dualismo antropológico del que creemos estar liberados.

---

40. Cf. P. Laín Entralgo, *Cuerpo y alma. Estructura dinámica del cuerpo humano*, Espasa-Calpe, Madrid, 1991.

7
HORIZONTE ECOLÓGICO:
DEL ANTROPOCENTRISMO AL GRITO DE LA TIERRA EN BUSCA DE SU LIBERACIÓN

7.1. ¿Hay un lugar para la ecología en el discurso teológico?

Resulta innegable la importancia de la ecología en el actual debate en torno a los diferentes modelos de desarrollo, en las relaciones Norte/Sur, así como en la búsqueda de las alternativas de vida y de sociedad, tanto a nivel regional y nacional como continental y planetario. Pero la ecología no debe entenderse como un movimiento verde con tonalidad turística ni como un movimiento que busca sólo preservar las especies en extinción. Se trata de una nueva cosmovisión con una profunda inspiración ética y religiosa, que cuestiona de manera radical el modelo de civilización tecno-científica imperante y propone un paradigma alternativo capaz de salvaguardar armónicamente los derechos de la naturaleza y los de la humanidad.

La crisis actual es una crisis de la civilización hegemónica. Ésta, a pesar de su aparente prepotencia, acusa un fuerte cansancio y un profundo agotamiento. Como todos los mesianismos, el mesianismo de la ciencia y de la técnica hay que situarlo del lado del mito más que del lado de la realidad. En cualquier caso, su fuerza salvadora no es universal, sino cada vez más selectiva y discriminatoria: salva sólo a quienes ya se sienten salvados, pero no integralmente, sino sólo desde el punto de vista material.

Nos preguntamos: ¿Hay lugar para la ecología en el discurso teológico? ¿Tiene la teología un horizonte ecológico? ¿Hay lugar para la teología en el discurso ecológico? Si lo hay, ¿tiene algo que aportar? ¿Pueden ambos discursos compaginarse sin sufrir violencia, o cada uno debe seguir su camino independiente?

La respuesta ha sido negativa hasta hace muy poco tiempo en la mayoría de las teologías de nuestro tiempo. La evolución seguida por la teología de la liberación constituye un buen ejemplo de ello. En sus comienzos, puso el acento en el grito de los pobres descuidando el grito de la tierra. Ha sido la creciente conciencia ecológica la que la ha llevado a ser sensible al grito de la tierra y a caer en la cuenta de que no se trata de dos gritos separados, sino de uno solo bajo diversas modalidades. Como afirma Leonardo Boff, la teología de la liberación y la ecología «parten de dos heridas sangrantes: la primera, la de la pobreza y de la miseria, rompe el tejido social de los millones y millones de pobres en el mundo entero. La segunda, la agresión sistemática a la Tierra, desestructura el equilibrio del planeta amenazado por la depredación hecha a partir del modelo de desarrollo planteado por las sociedades contemporáneas y hoy mundializadas»[1]. Esto es aplicable a todo discurso teológico.

La presencia del horizonte ecológico en la teología no es tan neutro como a primera vista puede parecer. Comporta dos cambios importantes: el cuestionamiento del antropocentrismo, tan arraigado en la tradición judeo-cristiana, y el paso a una concepción cosmocéntrica.

El antropocentrismo considera al ser humano como dueño y señor de la creación, con derecho a usar y abusar de ella, e incluso a destruirla caprichosamente, sin otra finalidad que la de satisfacer sus ansias de conquista. Responde, por tanto, a una lógica imperialista y a una ética antropo-utilitarista. Según esto, «el ser humano puede ser el Satán de la Tierra, él que fue llamado a ser su ángel de la guarda y celoso cultivador. Ha demostrado que, además de homicida y etnocida, puede transformarse también en biocida y geocida»[2].

El cosmocentrismo pretende armonizar los derechos de los seres humanos con los derechos de los demás seres, estableciendo entre ellos un pacto basado en una religación no opresora. El paradigma cosmocéntrico entiende al ser humano no como rival de la naturaleza, sino en diálogo y comunicación simétricos con ella. Su

---

1. L. Boff, *Ecología. Grito de la Tierra, grito de los Pobres*, Trotta, Madrid, ³2002, p. 135. Cf. también, de L. Boff, *Ecologia, mondialità, mistica*, Citadella, Assisi, 1993; Íd., *El águila y la gallina*, Trotta, Madrid, ³2002; Íd., *El despertar del águila*, Trotta, Madrid, 2000; Íd., *La dignidad de la tierra*, Trotta, Madrid, 2000.
2. L. Boff, *Ecología. Grito de la Tierra, grito de los Pobres*, cit., pp. 11 s.

relación es de sujeto a sujeto, y no de sujeto a objeto. El ser humano y el universo conforman un amplio entramado de relaciones multidireccionales, caracterizadas por la interdependencia más que por la autosuficiencia. Ambos tienen *dimensión histórica*. El universo posee un largo proceso cósmico: cosmogénesis. También el ser humano es el resultado de un largo proceso histórico-cósmico. Por ello está inmerso en una solidaridad de origen y de destino con el resto de los seres del universo.

Las leyes que deben regir las relaciones entre la humanidad y la naturaleza son la solidaridad cósmica y la fraternidad/sororidad sin fronteras ni gremialismos estrechos. Se ensanchan así los destinatarios de la salvación-liberación. Ésta llega a todos los seres de la creación, pero preferentemente a quien se ve más amenazado por el paradigma científico-técnico de la modernidad: el planeta Tierra.

Una teología en perspectiva ecológica ha de abrirse a las aportaciones de las ciencias que tienen que ver con la vida y con la realidad cósmica: bio-logía, bio-ética, bio-química, bio-física, cosmología, geo-logía, etc.

La perspectiva ecológica no es privativa de una determinada cultura o teología. Constituye un centro de interés común para las diferentes culturas y teologías. Las amenazas contra el planeta Tierra afectan tanto al Primer como al Tercer Mundo. Las amenazas contra el planeta se convierten en amenazas contra toda la humanidad, cualquiera sea el lugar donde habite. No obstante, es en el Tercer Mundo donde se producen las mayores y más graves agresiones contra la naturaleza, y donde más negativas y dramáticas repercusiones tienen en la ya precaria economía de los países subdesarrollados, así como en sus paupérrimas condiciones de vida.

Un buen ejemplo es la Amazonia, la mayor reserva de recursos naturales de la Tierra (tiene una extensión de seis millones y medio de kilómetros cuadrados). En ella se concentran todos los pecados capitales —en el doble sentido de «mortales» y de cometidos por «el Capital»— antiecológicos, con la implicación de empresas multinacionales y nacionales y la complicidad del estado brasileño. La Amazonia constituye la más clara refutación del modelo de desarrollo de la modernidad. Pero es también «el lugar de ensayo de una alternativa posible, en consonancia con el ritmo de aquella naturaleza exuberante, respetando y valorando la sabiduría ecológica de los pueblos autóctonos que viven allí desde hace siglos extrayendo riqueza sin destruir las selvas, los ríos y los suelos, y por consiguiente realizando una actividad bienhechora para la naturaleza y la humanidad»[3].

Retomo la pregunta que hacía anteriormente: ¿Hay lugar para la ecología en el discurso teológico o se trata de un cuerpo extraño? Creo que sí. Los grandes temas del cristianismo reformulados en perspectiva ecológica adquieren nuevos perfiles y nuevas dimensiones[4].

7.2. Dios, Cristo y el Espíritu Santo en perspectiva ecológica

La Divinidad se revela como una Realidad pan-relacional y surge de la interioridad de la experiencia holística que tenemos del universo y de nosotros mismos en su interior. Dios es el nombre del misterio que nos envuelve, invade y desborda. Jesús de Nazaret se revela como el Cristo cósmico a través de un proceso que tiene tres momentos: de la cosmogénesis a la cristogénesis; de la cristogénesis al Cristo de la fe; del Cristo de la fe al Jesús de la historia. La cristología cósmica muestra la relevancia cósmica de Cristo y la interrelación de la historia del mundo con la historia de Cristo y sobrepasa el antropocentrismo subyacente a la mayoría de las cristologías, centradas en la salvación de la humanidad y ajenas a la liberación del cosmos. Las primeras comunidades cristianas reflexionaron sobre Cristo en perspectiva cósmico-universal. Un de los ejemplos más emblemáticos de dicha reflexión es el primitivo himno cristiano recogido por Pablo en la Carta a los Colosenses:

> Cristo es imagen de Dios invisible,
> nacido antes que toda criatura,
> pues por su medio se creó el universo celeste y terrestre, lo visible y lo invisible [...]
> Él es el modelo y fin del universo creado,
> Él es antes que todo y el universo tiene en él su consistencia
> (Col 1, 15-17).

Lo que lleva a descubrir el triple significado de Cristo: el cósmico, el histórico y el antropológico, es la experiencia de la Resurrección. En palabras de Teilhard de Chardin:

---

3. *Ibid.*, p. 134.
4. Cf. J. Moltmann, *El futuro de la creación*, Sígueme, Salamanca, 1979; Íd., *Dios en la creación. Doctrina ecológica de la creación*, Sígueme, Salamanca, 1987; J. J. Tamayo-Acosta, *Leonardo Boff. Ecología, mística y liberación*, Desclée de Brouwer, Bilbao, 1979.

[La resurrección no es] un acontecimiento apologético y momentáneo, como un pequeño desquite individual de Cristo sobre la tumba. Es un «tremendo» acontecimiento cósmico [...] Cristo ha emergido del mundo después de haber sido bautizado en él. Ha llegado hasta los cielos después de haber tocado las profundidades de la tierra: *descendit et ascendit ut impleret omnia*[5].

No hay salvación para —y de— el ser humano y de la historia sin salvación para —y de— la naturaleza. Esta idea se encuentra en la mayoría de las tradiciones religiosas, también en la religión de Israel, cuyo centro es el pacto de Dios con la humanidad y el cosmos, basado en relaciones de inter-dependencia, y en la teología cristiana de los orígenes, cuya clave de bóveda es la idea de salvación humano-histórico-cósmica. La naturaleza anhela ser liberada de sus sufrimientos y participar de la «libertad de los hijos de Dios» como los seres humanos, según la Carta a los Romanos 8, 19-25. Si los seres humanos no hemos recibido el espíritu de siervos para recaer en el temor, tampoco el cosmos, que comparte el mismo destino que nosotros.

La ética liberadora de la naturaleza que emana de la resurrección de Jesús como acontecimiento cósmico constituye un correctivo a la ética agresiva contra la naturaleza del modelo de desarrollo científico-técnico androcéntrico. La resurrección se convierte así en el principio crítico de los graves costes de la evolución, muy superiores a su supuesta utilidad.

El Espíritu Santo no queda ausente de la reformulación ecológica. En la tradición bíblica el espíritu está presente en el universo desde el comienzo de la creación y lo impregna todo: «La *ruah* de Dios se cernía sobre la faz de las aguas» (Gn 1, 2). En la misma dirección va el salmo 104, que evoca la fuerza creadora y renovadora del soplo divino: «Tú envías tu soplo y renuevas la faz de la tierra» (v. 4). El término hebreo *ruah* posee una gran riqueza de significados. Aquí puede traducirse por soplo, viento, huracán e incluso tromba. En el viento se percibe un tono de misterio: a veces sólo se insinúa; otras se caracteriza por una violencia extrema; hay veces en que llega a secar la tierra al ser un viento tórrido, pero otras derrama agua fecunda que genera vida. El soplo divino es el que mantiene con vida al ser humano, convirtiéndolo en alma viva

---

5. P. Teilhard de Chardin, *Cristo y ciencia*, Taurus, Madrid, 1968, pp. 85-86.

y ser operante (Gn 2, 7; 6, 3; Job 33, 4). Más aún, la *ruah* es vida, energía. Las emociones humanas —el gozo, la ira, el miedo— se expresan a través de la respiración. La *ruah* es la expresión de la conciencia del ser humano. Dios mismo se presenta y se manifiesta como espíritu.

El espíritu se derrama sobre toda carne, es decir, sobre toda la humanidad y toda la creación. Es el principio del cosmos nuevo e inspira la armonía universal.

En el Nuevo Testamento los grandes símbolos del Espíritu están tomados del mundo de la naturaleza: el agua, el aire, el fuego, el viento.

El espíritu está presente en el ser humano. Cabe observar que el espíritu no expresa una parte de la persona, la espiritual, en oposición a otra, la material, como equivocadamente se ha entendido, sino la totalidad del ser humano en cuanto ser vivo con sensibilidad, inteligencia y libertad. En ese sentido bien puede decirse que la persona es espíritu.

En la tradición cristiana, hemos dicho, Dios se presenta como espíritu. Precisamente por ello deviene Espíritu Divino, Espíritu Santo, que se manifiesta de manera especial en Jesús de Nazaret y también en los cristianos y las cristianas a través de diversas formas: éxtasis, inspiración, comunicación, etc. Pero este Espíritu no es propiedad de los creyentes de una determinada religión, en este caso la cristiana, sino que se derrama sobre toda carne, es decir, sobre toda la humanidad y toda la creación. Es principio del nuevo cosmos y orienta la armonía universal.

7.3. *Lectura ecológico-festiva de la creación*

La teología en perspectiva ecológica lleva a cabo una reformulación de la doctrina de la creación y de las relaciones Dios-mundo a través de la metáfora del mundo como «cuerpo de Dios», desarrollada muy creativamente por la teóloga norteamericana Sallie McFague[6]. Esta metáfora subraya algunos aspectos de la creación descuidados en la teología tradicional. Uno de ellos, quizá el más importante, es el amor de Dios al mundo, al cosmos, a la natura-

---

6. Cf. S. McFague, *Modelos de Dios. Teología para una era ecológica y nuclear*, Sal Terrae, Santander, 1994; Íd., «El mundo como cuerpo de Dios»: *Concilium* 293 (2002), pp. 67-74.

leza, al ser humano como hombre y como mujer. El encuentro con Dios tiene lugar en la Tierra, en el mundo, en la historia, no en la esfera celeste. Otro aspecto que destaca es la interdependencia, la interrelación e interreligación de todo con todo, hasta conformar una «unidad ecológica». Los seres humanos no quedan fuera de esa interrelación. Son intrínsecamente interdependientes entre sí y con los demás seres del cosmos. Sin aire apenas resistiríamos unos minutos; sin agua, apenas unos pocos días; sin plantas, apenas unas pocas semanas. Pero es también el que más poder destructivo posee. La relación de interdependencia cambia la función del ser humano en el mundo: deja de ser el centro de todo, del cosmos, del estado, de la política, de la economía, de la religión, para tornarse ser en religación; deja de dominar para convertirse en cuidador.

La perspectiva ecológica de la creación acentúa la preocupación de Dios y del ser humano por la tierra, su cuidado, cultivo y atención, frente al aprovechamiento egoísta y la depredación de que es objeto, y la preocupación del ser humano por sus semejantes. La ética a practicar es la del *cuidado*, como ha observado Leonardo Boff: cuidado con el planeta como totalidad, con los ecosistemas que garantizan la continuidad de la vida, con nuestro cuerpo, nuestra interioridad, nuestra salud, la calidad de vida para todas y todos los habitantes del planeta. El cuidado es algo estructural en el ser humano:

> El hombre y la mujer cuidan de la vida, permiten que crezca la vida, se interesan por el otro y sufren con otros, se alegran con otros y juntos cuidan de que la atmósfera común sea incluyente, respirable para todos, propiciadora de vida para todos[7].

Dentro de la interrelación conviene destacar la relación necesaria entre el todo y las partes. El cuidado del todo requiere el cuidado de las partes y el cuidado de éstas da como resultado la armonía del todo y la supervivencia de la colectividad. Ahora bien, esa supervivencia sólo es posible si cada uno de sus miembros logra satisfacer sus necesidades y vivir dignamente.

La concepción del mundo como cuerpo de Dios viene a radicalizar tanto la inmanencia como la trascendencia. La inmanencia, en

---

7. L. Boff, *Ética mundial: un consenso mínimo entre los humanos*, Casa de América, Madrid, 2000, pp. 37-38.

cuanto expresa la relación interna (no la identidad) entre Dios y el mundo. La trascendencia, en cuanto considera a Dios el origen de toda realidad y la fuente de vida, y al universo como reflejo del ser divino, gloria de Dios y sacramento de su presencia. En suma, «la comprensión más radicalmente trascendente de Dios es [...], al mismo tiempo, la comprensión más radicalmente inmanente. Precisamente porque es siempre encarnacional, siempre encarnado, podemos ver la trascendencia de Dios *de manera inmanente*»[8].

¿La metáfora del mundo como cuerpo de Dios no corre el peligro de reducir a Dios al mundo y de desembocar derechamente en el panteísmo? La propia Sallie McFague, que ha puesto en circulación la metáfora, es bien consciente de dicho riesgo, pero su respuesta es negativa. Lo que sí acepta y defiende es que su postura es *panenteísta*, entendiendo por tal lo que acabo de decir: que Dios es el origen de todo y que nada existe fuera de él, pero sin que ello signifique reducir a Dios a ello. Ahora bien, aun cuando Dios no se reduzca al mundo, la metáfora del mundo como cuerpo de Dios expresa el ser *dependiente* de Dios por mor de su ser corporal, afectado por las contingencias propias de lo corporal. Pero eso no va en demérito de Dios, sino que lo convierte en solidario con la contingencia humana y cósmica, y lo capacita para sentir compasión con la humanidad y la naturaleza sufrientes y para identificarse con el sufrimiento que causa el mal en el mundo. Compasión e identificación que no puede darse ni en el modelo del dualismo ontológico ni en el del monoteísmo monárquico.

Llegamos así al clásico problema de la teodicea: la relación de Dios con el mal, que en el contexto de la metáfora del mundo como cuerpo de Dios tiene una respuesta nueva. El mal no aparece aquí como un poder que se enfrenta con el poder de Dios, como sucede en el dualismo ontológico, pero tampoco como disfunción creacional que en nada pueda afectar a Dios, según la concepción del monoteísmo monárquico. Al suceder el mal en el cuerpo de Dios, también le afecta a Dios; al sufrir el cuerpo de Dios por el mal, también sufre Dios. Ahora bien, ¿se muestra Dios indefenso ante el mal?, ¿no puede hacer nada por impedirlo? Son preguntas que no encuentran fácil solución en ninguna de las concepciones de Dios, de la creación y del ser humano.

La teología en clave ecológica entiende la *naturaleza* como *crea-*

---

8. S. McFague, «El mundo como cuerpo de Dios», cit., p. 72.

ción de Dios, sin que ello signifique sacralizarla ni como realidad divina ni como realidad demoníaca. La naturaleza es «mundo», y en cuanto creado por Dios, es contingente, como contingentes, temporales y mutables son las «leyes de la naturaleza» y contingente y creatural es la subjetividad humana[9]. Conforme al Credo cristiano que confiesa a Dios «creador del cielo y de la tierra, de todo lo visible y lo invisible», hay que considerar creación de Dios tanto la naturaleza visible como lo que resulta invisible. Ahora bien, el estado actual del mundo no puede ser visto como «pura» creación divina y menos aún como totalmente bueno, pues muy poco o nada tiene de paradisíaco e idílico. Está muy lejos de los calificativos «bueno» y «muy bueno» que el Génesis 1 aplica a la obra divina de la creación. Nuestro mundo es una creación sometida a esclavitud, a la espera de ser liberada, según la reflexión teológica paulina (Rom 8, 19-25). En consecuencia, también la naturaleza, y no sólo la humanidad, forma parte de la historia de la salvación y de la desgracia.

Otro aspecto a destacar en esta teología ecológica es el carácter *festivo* y *ocioso* de la creación. La creación se orienta al *sábado*, día en el que participa del descanso con Dios, y tiene su consumación el sábado, día que prefigura el tiempo venidero. El sábado es la meta final de la creación. Del descanso disfrutan Dios, los seres humanos y el cosmos; es, por tanto, cosmoteándrico. La legislación judía establecía el descanso sabático cada siete años de todos los hebreos, de la tierra, de la viña y de los ganados (Lv 25, 1-7). Como veremos en el capítulo dedicado al «Horizonte utópico», cada cincuenta años se celebraba el año del jubileo, declarado santo, sagrado, jubilar (Lv 25, 8-17). En él se proclamaba la liberación de todos los habitantes y el descanso de la tierra. El día del sábado es cuando Jesús proclama en la sinagoga de Nazaret su misión mesiánica, en continuidad con los profetas de Israel, según el Evangelio de Lucas (Lc 4, 16-21). Los cristianos celebran el primer día de la semana como día de fiesta en recuerdo de la resurrección de Jesús de Nazaret, el Cristo liberador, que se hace realidad en cada presente histórico.

Cada sábado, cada año sabático, cada año jubilar se interrumpe la actividad laboral, se muta el ritmo del tiempo, se respeta la inviolabilidad de la tierra, se restablecen las relaciones fraterno-sororales y las cósmico-humano-divinas, se anticipa la liberación del mundo. La humanidad y la naturaleza tienden al reposo sabáti-

---

9. Cf. J. Moltmann, *Dios en la creación. Doctrina ecológica de la creación*, Sígueme, Salamanca, 1987.

co como descanso pleno y definitivo. Lo expresa Agustín de Hipona bellamente:

> *Dies septimus nos ipsi erimus* [...]; ése será nuestro sábado, que no tendrá tarde y que será a la vez día dominical. Día eterno, descanso eterno, no sólo del espíritu, sino también del cuerpo. Allí descansaremos y veremos; veremos y amaremos; amaremos y alabaremos. He aquí lo que será nuestro fin, sin fin[10].

---

10. San Agustín, *La ciudad de Dios*, XXII, 30, 5. En las *Confesiones* aparece otro texto similar donde se expresa el anhelo del día séptimo como día del descanso definitivo de la creación: «Ya que nos lo has dado todo, danos ahora la paz del reposo, la paz del sábado, la paz del atardecer [...] El séptimo día de tu creación tuvo mañana y no tuvo tarde ni ocaso, pues Tú lo santificaste para una eterna permanencia. Tú, aun cuando estuviste quieto en los días de tu inmensa actividad, descansaste el séptimo día; con eso nos adviertes que también nosotros, después de haber realizado obras que son buenas porque Tú nos las diste, llegado el sábado de nuestra vida eterna habremos también de descansar en Ti» (*Confesiones*, XIII, 35-36).

8
HORIZONTE ÉTICO Y PRÁXICO:
LA ÉTICA, TEOLOGÍA PRIMERA; LA PRAXIS,
ACTO PRIMERO

8.1. La ética como filosofía primera

Desde hace varias décadas asistimos a una recuperación de la ética en el ámbito de la filosofía, donde posee hoy una innegable centralidad. Emmanuel Lévinas le reconoce el estatuto de *filosofía primera*[1]. Por ética entiende la responsabilidad de cada uno para con los demás; una responsabilidad que es irreemplazable e indelegable. En un texto de clara influencia lévinasiana Umberto Eco afirma: «Cuando los demás entran en escena, empieza la ética. Son los demás, es su mirada, lo que nos define y confirma». Ahora bien, ¿quiénes son los demás? ¿Quiénes son el otro, la otra?

No son un simple elemento de la especie, ni un concepto o una sustancia, ni algo que se defina por sus propiedades, su carácter, su *status* social o su lugar en la historia. Tampoco son un mero objeto de conocimiento, estudio o investigación.

Hablando en positivo, el otro, la otra, es el *rostro*, pero no en cuanto fijado en la memoria o en una fotografía, sino en cuanto realidad expresiva. Es el rostro del otro, de la otra, el que me

---

1. Cf. E. Lévinas, *Totalidad e infinito*, Sígueme, Salamanca, 1977; Íd., *De otro modo que ser o más allá de la esencia*, Sígueme, Salamanca, 1999; J. M.ª Aguilar, *Trascendencia y alteridad. Estudio sobre E. Lévinas*, Universidad de Navarra, Pamplona, 1992; A. Domínguez Rey, *La llamada exótica. El pensamiento de Emmanuel Lévinas*, Trotta, Madrid, 1997; J. A. Tudela, «El derecho del otro hombre»: *Escritos del Vedat* (Valencia), vol. XXX, pp. 417-445.

interpela, cuestiona, el que se torna desafío ético para mi subjetividad libre, y especialmente el rostro del huérfano, la viuda y el extranjero, dirá Lévinas rememorando el mensaje ético de la legislación veterotestamentaria, que supera en radicalidad humanista a no pocas declaraciones de derechos humanos actuales. Él es palabra, solicitud, súplica, que pide respuesta, ayuda, compasión. De ahí emana la responsabilidad para con los demás. Ésta no es, por tanto, resultado de un contrato, sino fruto de la entrega, de la donación, del colocarse en el lugar del otro.

A partir de aquí, Lévinas introduce en su filosofía nuevas categorías que expresan su vertiente prioritariamente ética: *rostro*, *huella*, *otro*, *alteridad*, *hospitalidad*. Hay aquí una precedencia del afecto y de la existencia sobre el ser de la razón. *Totalidad e infinito*, su obra más emblemática, es, según J. Derrida, «un inmenso tratado *de la hospitalidad*»[2]. Con dicha categoría Lévinas se refiere al primer gesto, al primer movimiento en dirección al otro. «Abordar a Otro en el discurso es acoger su expresión en la que desborda en todo momento la idea que de él pudiera llevar consigo un pensamiento. Es, pues, *recibir* de Otro más allá de la capacidad del Yo»[3]. La esencia del lenguaje es bondad, amistad y hospitalidad.

La conciencia es la urgencia de una destinación que conduce al otro, y no un eterno retorno de sí. Es inocencia que no cae en ingenuidad, rectitud que no desemboca en necedad, rectitud absoluta que es asimismo crítica de sí, que leo en los ojos de aquel cuya mirada me pone en cuestión. Es movimiento hacia el otro que no vuelve a su punto de origen como vuelve la diversión incapaz de trascendencia. Es movimiento más allá de la preocupación y de la muerte[4].

La precedencia del rostro del otro y de la ética es una idea central en la filosofía de Lévinas. La ética es anterior a la ontología y va más allá de ella, anterior al estado y a la política y va más allá de uno y otra. Pero va también más allá de la ética.

Jürgen Habermas desarrolla una *ética dialógica*[5] que reformula

2. J. Derrida, *Adiós a Emmanuel Lévinas. Palabra de acogida*, Trotta, Madrid, 1998, p. 39.
3. *Ibid.*, p. 44.
4. Cf. E. Lévinas, *Cuatro lecciones talmúdicas*, Río Piedras, Barcelona, 1996, p. 86.
5. Cf. J. Habermas, *Teoría de la acción comunicativa*, 2 vols., Taurus, Madrid, 1987. Uno de los estudios más completos del pensamiento de Habermas en castellano es, a mi juicio, el de J.-A. Gimbernat (ed.), *La filosofía moral y política*

en clave *intersubjetiva* el imperativo categórico kantiano así: «En lugar de considerar como válida para todos los demás cualquier máxima que quieras ver erigida en ley universal, somete tu máxima a la consideración de todos los demás con el fin de hacer valer discursivamente su pretensión de universalidad». Se trata, en realidad, del paso de la «filosofía de la conciencia» a la «filosofía del discurso». En la misma línea, y bajo el signo del consenso, se sitúa la formulación de Apel: «En cualquier situación debe lograrse un consenso con el fin de formar una voluntad solidaria». Hans Jonas propone una formulación que destaca el aspecto antropo-ecológico y afirma el principio de la vida humana: «Obra de tal modo que los efectos de tu acción sean compatibles con la permanencia de una auténtica vida humana sobre la tierra». Imperativo que el teólogo brasileño Leonardo Boff formula así: «Obra de tal manera que las consecuencias de tu acción no sean destructivas para con la Naturaleza, la vida y la tierra». La condición de habitante de frontera constituye el horizonte de la formulación que hace Eugenio Trías: «Obra de tal manera que ajustes tu máxima de conducta, o de acción, a tu propia condición humana, a tu condición de habitante de frontera».

Cada imperativo pone el énfasis en un aspecto diferente: el kantiano, en lo que cada persona quiere que se convierta en norma universal; el ético-discursivo de Habermas y Apel, en lo que todas las personas desean reconocer de común acuerdo como norma universal.

La teoría de la acción comunicativa constituye una referencia fundamental para los filósofos y teólogos morales, que, en su mayoría, coinciden en reconocer el rigor y la consistencia de la ética discursiva del filósofo alemán. Pero no faltan las críticas, a mi juicio justificadas, procedentes tanto del entorno del pensamiento ilustrado crítico como de la teología de la liberación.

Cabe distinguir dos tipos de intersubjetividad y de solidaridad: la simétrica o descendente —por consenso entre iguales— y la asimétrica o ascendente, que tiene en cuenta de manera preferente los derechos de los no-iguales, excluidos del consenso entre iguales. Pues bien, la solidaridad asimétrica parece estar ausente de la teoría de la acción comunicativa. En consecuencia, sobre la solidaridad universal de Habermas cae «la sospecha de ser insolidaria en el

de Jürgen Habermas, Biblioteca Nueva, Madrid, 1997, del que me he ocupado en *Isegoría* 15 (1998).

sentido de que *su universalidad es particular*[6]. Un correctivo de esta teoría se encuentra en la solidaridad desde la com-pasión, a partir de los intereses de los no-sujetos, muy en sintonía con la teología latinoamericana de la liberación[7].

La teoría de la acción comunicativa no parece dejar mucho espacio para el *disenso*. Lo peligroso de la institucionalización de la moralidad a la que propende Habermas radica en que impide esa forma de disidencia que es la desobediencia al derecho de parte del individuo por razones de conciencia. Me parece pertinente a este respecto la pregunta de J. Muguerza de si el paso de la conciencia al discurso no conduce fácilmente al *olvido del papel que debe jugar la conciencia moral individual*.

Se constata asimismo la ausencia de consideraciones éticas o morales en el acercamiento del Habermas de la *Teoría de la acción comunicativa* a ámbitos institucionales tan influyentes y decisivos en la configuración de la sociedad democrática como el mercado económico o la organización administrativa, regulados por «mecanismos de control sistémico» como la circulación del dinero o los aparatos de poder. Son especialmente llamativos también los límites políticos de la ética dialógica, como el propio filósofo alemán reconoce[8].

8.2. *Lugar de la ética en el cristianismo*

En el cristianismo cabe distinguir tres niveles: el doctrinal, el ritual y el moral. El que más tiende a acentuarse desde el punto de vista institucional es el doctrinal, hasta el punto de contar, dentro de la iglesia católica, con una congregación romana dedicada a la defensa de la integridad del depósito de la fe: la Congregación para la Doctrina de la Fe, presidida actualmente por el cardenal Ratzinger, que ha vuelto a ejercer algunas de las funciones represivas del antiguo Santo Oficio y a aplicar castigos ejemplarizantes contra las teólogas y los teólogos tenidos por heterodoxos, sobre todo aque-

---

6. R. Mate, *Mística y política*, Verbo Divino, Estella, 1991, p. 61; subrayado mío.
7. Cf. E. Dussel, *Ética comunitaria*, San Pablo, Madrid, 1986; Íd., *Ética de la liberación en la edad de la globalización y de la exclusión*, Trotta, Madrid, ⁴2002; Varios, «La ética ante el desafío de la liberación»: *Concilium* 192 (1984).
8. Cf. las colaboraciones de J. A. Gimbernat y de J. Muguerza, en J. A. Gimbernat (ed.), *op. cit.*, pp. 17 y 91.

llos que están comprometidos con los pobres, implicados en el diálogo interreligioso o empeñados en la defensa de la libertad: Küng, Curran, Boff, Balasuriya, etc.

Toda religión posee un cuerpo doctrinal que recoge de forma sistemática los principios fundamentales que le sirven de base. El cristianismo también. A través de ellos se expresan los contenidos irrenunciables a los que debe prestar adhesión la persona creyente. Son las verdades de fe.

Sin embargo, en la medida en que se refuerzan la institucionalización y la jerarquización, ese cuerpo doctrinal necesario tiende a convertirse en ortodoxia (= recta doctrina) y se eleva a la categoría de dogma. La ortodoxia, según J. M. González Ruiz, es «construcción o una tematización de la realidad en función de unos datos (frecuentemente extraídos e interpretados de la Escritura) y de unos intereses sacerdotales e imperiales, de alcance muy diferenciado (a menudo difíciles de aceptar por las generaciones posteriores) [...] Toda ortodoxia da consistencia a un *orden*, que es otra forma de designar el discurso religioso como ordenación del mundo y el ser humano a partir de determinadas *autoridades*, cuya fundamentación es inverificable»[9]. El dogma es la doctrina que triunfa, se impone como mayoritaria, se fija de una vez por todas en los términos estrictos de la definición que se declaran inmutables, y reclama adhesión incondicional. Lo que es una «convención del lenguaje» de un grupo de interlocutores en un determinado momento histórico se diviniza y adquiere validez perenne. La adhesión parcial o crítica es entendida como heterodoxia o herejía y comporta la exclusión. La tendencia de una verdad que se define como dogma desde las más altas instancias del poder religioso es doble: la reclusión en sí misma y el anatema contra los disidentes.

El segundo nivel del cristianismo es el ritual, que tiene su explicitación en el terreno litúrgico: sacramentos, manifestaciones religiosas populares, etc. Constituye un elemento fundamental del cristianismo. La celebración es parte sustancial de las creencias. En torno a ellas se crea un ámbito propio separado del profano, formado por espacios sagrados (templos, ermitas, capillas, catedrales, oratorios, camposantos, etc.), tiempos sagrados (fiestas), acciones sagradas (liturgia, sacrificios), personas sagradas (sacerdotes), tex-

9. J. M. González Ruiz, «Ortodoxia/Ortopraxis», en C. Floristán y J. J. Tamayo, *Conceptos fundamentales del cristianismo*, Trotta, Madrid, 1993, p. 925.

tos sagrados. A través de la asamblea litúrgica se explicita el carácter comunitario de la fe y se muestra la capacidad creativa de la religión. «El ritual suministra a un tiempo la forma y la ocasión para la expresión de la fantasía. El ser humano se mantiene en contacto con las fuentes de la creatividad a través del movimiento ritual del gesto, la canción y la danza [...] El ritual humaniza el espacio lo mismo que el mito humaniza el tiempo» (H. Cox). El rito rompe con la repetitividad de lo cotidiano e introduce en la originalidad de lo nuevo.

Sin embargo, la tendencia más frecuente del mundo ritual es a caer en el ritualismo. No es el culto el que gira alrededor de la vida sino ésta alrededor de aquél. A su vez, se tiende a crear dos mundos separados, incomunicados, y a veces enfrentados: el del más allá y el del más acá, el humano y el divino, el sagrado y el profano, el celestial y el terreno. La desconexión del culto con la la vida y la evasión de las personas creyentes de sus responsabilidades históricas son dos de las críticas más frecuentes —y, muchas veces, justificadas— que se dirigen al cristianismo, tanto desde dentro de la propia religión como desde fuera.

El tercer nivel del cristianismo es el *ético*[10]. El cristianismo ha sido definido, creo que certeramente, como una religión ético-profética, heredera de los viejos profetas de Israel, con quienes, según Weber, la religión hebrea llega a su zenit ético. Su crítica de la religión, su denuncia del orden injusto, su propuesta de una sociedad y un ser humano nuevos a través de bellas imágenes de utopía, y su defensa de la libertad humana que es capaz de torcer las fuerzas del destino, los convierten en referentes éticos de la religión de Jesús y de moralidad universal.

Los evangelios no son libros piadosos para el culto, ni manuales o tratados de teología. Tampoco son narraciones de las hazañas de un héroe, ni relatos de las obras y acciones espectaculares de un taumaturgo. Y menos aún libros de definiciones dogmáticas. Son breves narraciones de la práctica liberadora de Jesús de Nazaret. Sobrino llega a afirmar que dicha práctica es lo más histórico del

10. He intentado mostrar la dimensión esencialmente ética del cristianismo en J. J. Tamayo-Acosta, *Por eso lo mataron. El horizonte ético de Jesús de Nazaret*, Trotta, Madrid, 1998; Íd., «Jesús de Nazaret: ética de la resistencia y esperanza solidaria», en IV Foro Popular Religioso, *Cristianismo, solidaridad y resistencia*, Nueva Utopía, Madrid, 1996, pp. 72-102. Cf., también, M. Vidal (ed.), *Conceptos fundamentales de ética teológica*, Trotta, Madrid, 1992.

Jesús histórico, el momento de mayor densidad antropológica y salvífica. Los especialistas coinciden en presentar el Evangelio de Marcos como una narración inversa desde la condición humana de Jesús, una pequeña obra de vencidos escrita desde los márgenes y no desde la perspectiva de la exaltación; la narración de una práctica truncada por la violencia y el fracaso[11].

Hoy asistimos a una recuperación del carácter ético del cristianismo en el marco general de la recuperación de la ética en las religiones. Lévinas considera la ética el contenido fundamental de la religión y la sitúa en el centro de la visión de Dios:

> La relación moral reúne, pues, a la vez, la conciencia de sí y la conciencia de Dios. La ética no es el corolario de la visión de Dios. Es esa misma visión. En el Arca Santa desde donde Moisés oye la voz de Dios, no hay otra cosa que las losas de la ley [...] «Dios es misericordioso» significa «seáis misericordiosos como él». Conocer a Dios es saber lo que hay que hacer. *El piadoso es el justo*[12].

A su vez, el otro es, para él, el lugar donde Dios se revela a sí mismo, no simple mediación o encarnación de Dios.

Para Schillebeeckx la razón moral es la mediación entre la fe en el Dios liberador y la acción ética. La ética constituye el vínculo de unión entre las dos dimensiones de la fe cristiana: la mística y la política. La vida ética «es el contenido recognoscible de la fe, la manifestación históricamente consistente y la transparencia del acercamiento del reino de Dios en fragmentos de nuestra historia humana [..., la] piedra de toque visible de la verdadera fe»[13]. Aun cuando la fe cristiana no se agota en la ética, se manifiesta de manera privilegiada en el comportamiento moral, y no sólo en los ritos religiosos o en la oración. La praxis ética es un aspecto fundamental de la vida teologal; incluso más: siguiendo la mejor tradición profética veterotestemantaria y la mejor herencia jesuánica neotestamentaria, podemos afirmar que se trata de un componente fundamental del conocimiento de Dios (Jer 22, 16; 1 Jn 4, 12). En el encuentro con el otro puede identificarse una experiencia significativa de Dios.

---

11. Cf. C. Bravo, *Jesús, hombre en conflicto*, Sal Terrae, Santander, 1986.
12. Citado en G. Hansel, *Exploraciones talmúdicas*, Biblioteca Nueva, Madrid, 1998, p. 23.
13. E. Schillebeeckx, *Jesús en nuestra cultura. Mística, ética y política*, Sígueme, Salamanca, 1986, p. 68.

La dimensión moral de la fe cristiana se concreta y traduce en una ética de la alteridad, de la projimidad, entendida como reconocimiento del otro, encuentro con el otro y acogida del otro. El otro no es considerado como mediación para el logro de otros fines, sino como «trascendente originalmente único», sobre el que no tengo ningún poder y cuya libertad posee una superioridad basada en su trascendencia. «Esto es —sentencia Schillebeeck glosando a Lévinas— lo opuesto a la moderna libertad burguesa que ha existido desde el *ego* cartesiano con su *cogito* que se sitúa a sí mismo en un campo soberano independientemente del "otro"»[14].

La mística cristiana no huye de la naturaleza ni de la historia para refugiarse en un mundo angelical y etéreo que nada tenga que ver con el nuestro, como tradicionalmente suele presentarse. Impulsa a vivir en este mundo, pero no para dejarlo como está, sino para transformarlo, liberarlo de las esclavitudes a las que los seres humanos lo sometemos y convertirlo en un espacio habitable. La mística cristiana tampoco es dualista. Mantiene la unidad en tensión entre los dos amores: a Dios y al prójimo, siendo el segundo la confirmación de la autenticidad del primero, como afirma la Primera Carta de Juan. Ello exige la presencia activa en la sociedad a través de las mediaciones sociales y políticas más conformes con el ideal evangélico de justicia e igualdad.

La ética constituye el horizonte vertebrador de la experiencia vital del teólogo alemán Dietrich Bonhoeffer y de su resistencia cívica frente al nazismo. «La iglesia sólo puede cantar gregoriano si al mismo tiempo clama a favor de los judíos y comunistas», afirmaba Bonhoeffer en tiempo del más cruel y represivo nazismo. Él mismo fue el mejor ejemplo de encuentro armónico y no dualista entre oración y acción, tanto en su vida como en el momento de su ejecución. En las «Reflexiones para el día del bautizo de D. W. R.», escritas en la prisión en mayo de 1944, habla de la unidad inseparable entre esperar, orar y hacer justicia. He aquí el texto completo, que me parece antológico:

> Nuestra existencia de cristianos sólo tendrá [...] dos aspectos: orar y hacer justicia entre los hombres [...] No es cosa nuestra predecir el día —pero este día vendrá— en que de nuevo habrá hombres llamados a pronunciar la palabra de Dios, de tal modo que el mundo será transformado y renovado por ella. Será un lenguaje nuevo,

14. *Ibid.*, p. 75.

quizá totalmente irreligioso, pero liberador y redentor como el lenguaje de Cristo; los hombres se espantarán de él, pero a la vez serán vencidos por su poder. Será el lenguaje de una nueva justicia y de una verdad nueva, el lenguaje que anunciará la paz del Señor con los hombres y la proximidad de su reino [...] *Habrá hombres que rezarán, actuarán con justicia y esperarán el tiempo de Dios.* Que tú seas uno de ellos y que pueda decirse de ti: «mas la senda de los justos es como la luz de la aurora, que va en aumento hasta ser pleno día» (Pr 4, 18)[15].

8.3. La ética como teología primera

Esto ha tenido su repercusión en la teología, que ya no se mueve en el horizonte de la razón pura, sino de la razón práctica, y se encuentra bajo el primado de la ética, en continuidad con las dos tradiciones ilustradas más influyentes en la filosofía moderna: la kantiana y la marxiana.

Kant entiende la razón práctica como razón moral y reconoce un innegable carácter moral a la religión verdadera. «La fe (como *habitus* no como *actus*) es el modo moral de pensar de la razón cuando muestra su aquiescencia a aquello que es inaccesible para el conocimiento teórico»[16]. Él une las cuatro preguntas: ¿Qué puedo conocer? ¿Qué debo hacer? ¿Qué me cabe esperar? ¿Qué es el ser humano?

Marx entiende la razón práctica como razón crítica, revolucionaria, transformadora. «Hasta ahora —afirma en la *Tesis XI sobre Feuerbach*— los filósofos se han dedicado a interpretar el mundo. De lo que se trata es de transformarlo». La praxis, que es la principal característica del ser humano, se concibe como relación activa de éste con la naturaleza y como acción transformadora sobre ella. La naturaleza no es, por tanto, algo dado desde siempre, sino un producto cambiante a través de la actividad del ser humano. Incorporada al discurso de las ciencias sociales y de la teología, la praxis se entiende como acción histórica global tendente a la transformación de la realidad injusta circundante en los diferentes ámbitos de la existencia humana: personal, social, político, económico, cultural, educativo, medioambiental, etc.

---

15. D. Bonhoeffer, *Resistencia y sumisión. Cartas y apuntes desde el cautiverio*, Ariel, Esplugues de Llobregat, 1969, pp. 182-183.
16. I. Kant, *Crítica del juicio*, Espasa-Calpe, Madrid, 1991, p. 470.

La praxis revolucionaria constituye, para Marx, un imperativo moral que debe traducirse en la eliminación de las relaciones en que el ser humano es humillado, esclavizado, abandonado y despreciado. «La fuerza propulsora de la historia [...], no es la crítica, sino la revolución», afirma en *La ideología alemana*.

Esto ha tenido una repercusión decisiva en la teología, sobre todo en dos de sus principales y más vivas tendencias hoy: la teología de la liberación y la teología política.

La teología de la liberación lleva a cabo una revolución o, si se prefiere, un cambio de paradigma tanto en la concepción de la teología cristiana como en su metodología. El teólogo peruano Gustavo Gutiérrez, uno de sus creadores y principales representantes, define la teología como «reflexión crítica de la praxis histórica a la luz de la Palabra» y como «reflexión crítica en y sobre la praxis histórica en confrontación con la Palabra del Señor vivida y aceptada en la fe»[17]. En un lenguaje de clara impostación marxista afirma que se trata de una teología de la transformación liberadora de la humanidad, que «no se limita a interpretar el mundo», sino que constituye un momento del proceso a través del que el mundo es transformado. La nueva perspectiva en que se ubica la teología no excluye las dimensiones racional y sapiencial, que le son inherentes y consustanciales. Éstas se engloban en el horizonte ético-práxico. La praxis histórica se constituye, así, en lugar social y epistémico del quehacer teológico, momento interno del conocimiento teológico y perspectiva hermenéutica de la fe cristiana.

En la concepción clásica de la teología la mediación principal era la filosofía. En la teología de la liberación no se prescinde de la mediación filosófica, pero se incorpora otra mediación nueva: las ciencias sociales, que ayudan a liberar al pensar teológico de su tendencia a la espiritualización de la realidad y a tomar tierra, descubriendo los mecanismos ideológicos que operan en ella y dificultan su actuación transformadora. «Hoy día no se puede hacer teología sin tener en cuentas las ciencias sociales», decía Karl Rahner en una carta dirigida al cardenal Landázuri, arzobispo de Lima, en defensa de Gustavo Gutiérrez, quien por entonces estaba siendo sometido a un proceso de control de ortodoxia por parte de la

---

17. G. Gutiérrez, *Teología de la liberación. Perspectivas*, Sígueme, Salamanca 1972, p. 38; Íd., «Evangelio y praxis de liberación», en Instituto Fe y Secularidad, *Fe cristiana y cambio social en América Latina*, Sígueme, Salamanca, 1973, p. 244.

Congregación para la Doctrina de la Fe[18]. ¿Por qué la necesidad de las ciencias humanas en la teología? Porque la fe se vive no en las nubes sino en unas condiciones históricas concretas. El estudio de esas condiciones forma parte de la reflexión teológica y no lateralmente sino como momento interno. El recurso a la mediación socioanalítica alerta a la teología del peligro de ideologización a que se ven sometidos la estructura de la fe y su interpretación, el mensaje evangélico y la práctica religiosa, la realidad histórica y su interpretación. La función de las ciencias sociales en la reflexión teológica es considerar y explicitar las condiciones materiales de existencia. Si la praxis es el acto primero, las ciencias sociales son la palabra primera.

En la misma línea se mueven la teología política y la de la esperanza desarrolladas preferentemente en Europa, cuyos principales representantes son J. B. Metz y J. Moltmann. Éste define la teología como «una reflexión sobre la práctica actual que renueva el mundo. No concebimos de forma unilateral e idealista la relación entre la teoría y la praxis. Por el contrario, las vemos en un entrecruzamiento dialéctico. Por supuesto, esto no quiere decir que la praxis determine de forma unilineal y materialista la teoría. Ambas magnitudes, la teoría y la práctica, se corrigen recíprocamente a la luz del evangelio liberador»[19].

La teología política es inseparable de la ética política, que debe traducirse en una lucha multidireccional por los derechos humanos y contra la opresión política del ser humano por el ser humano; por la justicia y la democracia económicas y contra la injusticia estructural y la explotación del ser humano por el ser humano; por la paz ecológica con la naturaleza y contra la destrucción de la tierra por el ser humano depredador; por la igualdad (no clónica) entre hombres y mujeres y contra la discriminación por razones de género; por la solidaridad interhumana y contra la marginación por razones de etnia, religión y cultura.

El horizonte ético está muy presente en el programa de la teología política de Metz desde su primera formulación en la década de los años sesenta del siglo pasado hasta su reformulación actual[20].

18. La carta apareció publicada en la revista *Misión Abierta* 4 (1984), p. 113.
19. J. Moltmann, *Teología política. Ética política*, Sígueme, Salamanca, 1987, pp. 9-10.
20. Cf. J. B. Metz, *Teología del mundo*, Sígueme, Salamanca, 1970; Íd., *La fe, en la historia y la sociedad*, Cristiandad, Madrid, 1979; Íd., *Más allá de la*

Esta teología se caracteriza por la desprivatización de la fe cristiana, la explicitación de sus dimensiones crítico-públicas, la interpretación del cristianismo en clave de emancipación y la dimensión subversiva del mensaje cristiano. En consecuencia, la fe cristiana no es mitológica ni supra-histórica. Tiene un fundamento histórico: la persona, el mensaje y la praxis de Jesús de Nazaret. No es puramente contemplativa al modo platónico, sino operativa; no mira al pasado con actitud añorante, sino que se orienta al futuro en clave de alternativa.

La teología política es teología fundamental práctica, es decir, se encuentra bajo el primado de la praxis, está determinada históricamente, posee una dimensión ética irrenunciable, tiene una funcionalidad sociopolítica y se muestra solidaria con los sufrimientos pasados de los vencidos de la historia, con las luchas de los marginados por su emancipación en el presente y con los sueños de un futuro mejor.

Metz distingue dos formas de religión: la burguesa y la mesiánica. La primera está animada por los valores propios de esa concepción de la vida que legitima la ideología del progreso, es selectiva y se rige por el principio burgués de individuación, así como por la ética del interés y del beneficio propio. La segunda cuestiona los valores de la sociedad burguesa: estabilidad, competitividad, individualismo, productividad, culto al dinero, y se guía por valores éticos comunitarios: amor gratuito, fidelidad, desprendimiento, solidaridad y compasión.

La ética que emana de la teología política pone en marcha una *revolución antropológica* que implica una transformación radical en la jerarquía de valores y en el propio estilo de vida, y exige la liberación de nuestra riqueza y bienestar sobreabundante, que genera pobreza y miseria en nuestro derredor; de nuestro consumo, que termina por consumirnos; de nuestra prepotencia, que nos ahoga; de nuestro dominio sobre los/las demás, que nos embrutece; de nuestra apatía, que nos hace indiferentes ante el sufrimiento del prójimo; de nuestra inocencia, que nos convierte en cómplices y responsables de los males ajenos; del machismo inscrito a fuego en nuestra cultura, en nuestras conciencias y en nuestros hábitos cotidianos; del instinto depredador de la naturaleza. Las virtudes que

religión burguesa, Sígueme, Salamanca, 1982; J. B. Metz (ed.), *El clamor de la tierra*, Verbo Divino, Estella, 1996; Íd., *Dios y tiempo. Nueva teología política*, Trotta, Madrid, 2002.

fomenta la revolución antropológica propuesta por Metz son las que no se relacionan con el dominio sobre los/las demás, trátese de personas, animales, plantas y naturaleza en general.

En su nueva formulación de la teología política, Metz sigue manteniéndose fiel a la inspiración que guió los primeros pasos, pero pone más el acento en la compasión con los que sufren y en la denuncia de los que hacen sufrir. Tras siglos de insensibilidad ante el sufrimiento de los inocentes y el dolor de las víctimas, el cristianismo ha de volver a ser una moral en la que los sufrimientos de los otros, de los extraños, e incluso de los enemigos, son parte constitutiva de la propia praxis. La empatía con el dolor ajeno es un rasgo esencial de la fe cristiana que contribuye a la humanización tanto de las personas que sufren cuanto de quienes practican la compasión. La obediencia a los pobres y a los que sufren se convierte en elemento constitutivo y en criterio de la conciencia moral, como se pone de manifiesto ejemplarmente en la parábola del «buen samaritano» (Lc 10, 25-37). La obediencia a los que sufren se hace realidad atendiendo a las personas hambrientas, sedientas, extranjeras, presas, desnudas, etc. La voz de la conciencia —en el plano ético antropológico— y el seguimiento de Jesús —en el plano evangélico— constituyen la respuesta solidaria de todo ser humano y de toda comunidad cristiana ante el sufrimiento ajeno.

Si anteriormente dije que la ética constituye el centro de la experiencia vital de Bonhoeffer, ahora hemos de añadir que fue también el horizonte de su proyecto intelectual y de su reflexión teológica. Su interés por la ética adquirió una importancia capital en los últimos años de su corta vida (1906-1945), dedicados a la redacción de la obra *Ética*, que él consideraba, según su amigo y biógrafo Eberhard Betghe, la misión de su vida. La ética se encuentra en la base de su crítica teológica a la ideología y a las prácticas nazis. Como observa Ll. Duch:

> El pensamiento ético del último Bonhoeffer puede considerarse [...] el aspecto central de su polémica teológica y cívica con el nacionalsocialismo, en el que destacan la apelación dirigida a la responsabilidad de los individuos y la defensa de la tradición humanista y liberal de Occidente[21].

---

21. D. Bonhoeffer, *Ética*, edición e introducción de Ll. Duch, Trotta, Madrid, 2000, p. 21.

Bonhoeffer se distancia de los planteamientos éticos inherentes a la teología contemporánea, tanto en la tendencia liberal, versión matizada de la «ideología del progreso», que venía a legitimar los intereses de la burguesía, como en la dialéctica, que acentuaba la radical distancia entre Dios y el ser humano y desembocaba en un pesimismo ético. El lugar decisivo para la vivencia ética es, para él, la unidad y la reconciliación del ser humano con Dios, con los demás seres humanos, consigo mismo y con las cosas.

Ofrece una doble fundamentación de la ética: antropológica y cristológica. La base de la ética se encuentra en el ser humano en cuanto persona libre y responsable de sus actos. El bien ético por excelencia a defender y proteger es la vida, pero no la vida sublimada, espiritual, sino la corporal. El teólogo mártir considera la corporalidad como fin en sí misma, que comporta el derecho al goce y a la felicidad. «No es cristiano —afirma— entender el cuerpo exclusivamente como medio para el fin».

La ética tiene también fundamento cristológico: Jesucristo es, para él, la realidad última; pero no el Cristo dogmático, sino los hechos y los padecimientos de Jesús de Nazaret. Hay aquí una superación de la concepción dogmática del cristianismo y una afirmación de su dimensión moral. Ética y cristología se interrelacionan y convergen en la praxis liberadora de Jesús, que va desde la transgresión de la ley hasta las acciones en defensa de la dignidad de las personas y los grupos humanos. Recurriendo a la conocida distinción de José Luis L. Aranguren, la teología de Bonhoeffer es un ejemplo de coherencia entre la «moral formulada» en su *Ética* y la «moral vivida» a través de su compromiso por la libertad y contra el nazismo.

La estructura formal de la inteligencia, según I. Ellacuría, no consiste sólo en la comprensión del ser o en la captación del sentido. Comprende también, y en su núcleo, el aprehender la realidad y el enfrentarse con ella, que comporta, a su vez, tres aspectos: *a) el hacerse cargo de la realidad*, es decir, estar «real» en la realidad de las cosas a través de sus mediaciones materiales y activas; *b)* el *cargar con la realidad*, esto es, tener en cuenta el carácter ético

---

22. I. Ellacuría, «Hacia una fundamentación filosófica del método teológico latinoamericano», en Encuentro Latinoamericano de Teología, *Liberación y cautiverio*, México, 1976, p. 625; Íd., «Tesis sobre la posibilidad, necesidad y sentido de una teología latinoamericana», en Varios, *Teología y mundo contemporáneo*.

fundamental del inteligir humano; c) el *encargarse de la realidad*, o sea, reconocer la dimensión práxica de la inteligencia[22].

También el conocimiento teológico se mueve en tres niveles: el noético, el ético y el práctico. Sin embargo, en la teología tradicional se ha puesto el acento en el primero descuidando los otros dos y se ha producido una separación radical entre la «dogmática» y la «ética».

Como conclusión puede decirse que la ética no es un simple apéndice o una aplicación práctica de la teología sistemática, ni se limita al estudio puntual de casos, ni se queda en las cuestiones relativas a la sexualidad. Se trata del horizonte global del quehacer teológico. El propio pensar la fe es ya un estar *en plan de hacer*.

Homenaje a Karl Rahner, Cristiandad, Madrid, 1975, pp. 325-350. Son dos de los estudios más sólidos de la amplia producción filosófica y teológica de Ellacuría, que, escritos hace más de un cuarto de siglo, siguen teniendo plena validez hoy.

9
HORIZONTE UTÓPICO: PRINCIPIO-ESPERANZA Y REHABILITACIÓN TEOLÓGICA DE LA UTOPÍA

9.1. *El país de la utopía: «¿Por qué no?»*

En la obra de Bernard Shaw *In the Beginnings* se entabla una discusión entre Adán, Eva y la serpiente en torno a la necesidad o no de tener aspiraciones que vayan más allá de la mera subsistencia. En medio de la discusión, la serpiente se dirige a Adán y Eva y les dice: «Vosotros veis las cosas y os preguntáis: ¿Por qué? Pero yo sueño cosas que nunca han existido y me pregunto: ¿Por qué no?».

Yo creo que la serpiente marca el camino a seguir por la teología, la cual tiene que saber compaginar la vía interrogativa, cuestionadora, que lleva a desenmascarar falsas seguridades y estereotipos infundados, con la vía utópica, que sueña cosas que nunca han existido y se pregunta «¿por qué no?», allanando así el camino para que un día puedan hacerse realidad.

Si el camino de la teología cristiana no quiere convertirse en un viaje sin rumbo, o, peor aún, en un viaje a ninguna parte; si no quiere dar vueltas alrededor de la noria sin resultado alguno; si no quiere ser un pensamiento en el vacío, debe tener la mirada puesta en el futuro, en una meta, que es formulada con bellas imágenes en la tradición judeo-cristiana: promesa y tierra prometida, Mesías y mesianismo, paraíso, Éxodo, tierra prometida que mana leche y miel, nuevo cielo y nueva tierra, hombre y mujer nuevos, nueva creación, vida, reino de Dios, resurrección, salvación-liberación. Es, en definitiva, la *utopía* prometida y a construir desde el «optimismo militante» (Bloch)[1].

---

1. He aquí algunos de los estudios donde he desarrollado mi reflexión sobre la utopía y la esperanza, desde los puntos de vista filosófico y teológico: J. J.

A la teología se le puede aplicar lo que dijera Oscar Wilde del mapa mundial, y muy especialmente cuando acabamos de entrar en el siglo XXI: «Un mapa del mundo que no incluya el país de la utopía no merece la pena ni siquiera echarle un vistazo, ya que deja fuera el único país que la humanidad ha tenido siempre como su meta»[2]. Una de las principales carencias de la teología hoy es su falta de horizonte utópico.

9.2. La esperanza como principio y virtud

Pues bien, el motor de la utopía es el *principio-esperanza*. La esperanza no es una simple disposición anímica más o menos acentuada según el talante optimista o pesimista de las personas. Es, más bien, una determinación fundamental de la realidad objetiva y una dimensión constitutiva del ser humano. Se inscribe en la estructura misma de la persona: en su conciencia, en su libertad, en su relación con los demás y con el mundo[3].

Tamayo-Acosta, «Utopías históricas y esperanza cristiana», en C. Floristán y J. J. Tamayo (eds.), *Vaticano II, veinte años después*, Cristiandad, Madrid, 1985, pp. 295-330; Íd., *Cristianismo: profecía y utopía*, Verbo Divino, Estella, 1987; Íd., *Religión, razón y esperanza. El pensamiento de Ernst Bloch*, Verbo Divino, Estella, 1992; Íd., *Para comprender la escatología cristiana*, Verbo Divino, Estella, ²2000; Íd., «Antropología y teología de la esperanza»: *Frontera/Pastoral Misionera* 2 (1997), pp. 9-26; J. J. Tamayo (dir.), «El hechizo de la utopía»: *Biblia y Fe* 59 (1994); *Vida y Pensamiento*, Revista Teológica de la Universidad Bíblica Latinoamericana (San José, Costa Rica), 21 (2002): número monográfico que recoge las conferencias impartidas por mí en la Cátedra Mackay, de la Universidad Bíblica Latinoamericana, de San José de Costa Rica, sobre «Utopías históricas y esperanza cristiana», los días 30-31 de julio y 1 de agosto de 2001, otros artículos míos y recensiones de algunas de mis obras. Aprovecho la oportunidad para agradecer al rectorado su invitación, al profesorado los diálogos mantenidos, al alumnado su participación en las conferencias y a la revista *Vida y Pensamiento* el haber dedicado el número íntegro a mi persona, mis obras y mi pensamiento.

2. Tomo la cita de M. Baldini (ed.), *Il pensiero utopico*, Città Nuova, Roma, 1974, p. 9.

3. Cf. P. Laín Entralgo, *La espera y la esperanza. Historia y teoría del esperar humano*, Revista de Occidente, Madrid, ²1958, ed. revisada; Íd., *Antropología de la esperanza*, Guadarrama, Barcelona, 1978; E. Bloch, *El principio esperanza*, 3 vols., Trotta, Madrid, 2003; J. J. Tamayo-Acosta, «Historia del pensamiento utópico: Ética y esperanza», en Instituto Superior de Pastoral, *Utopías y esperanza cristiana*, Verbo Divino, Estella, 1997, pp. 133-166. He estudiado el pensamiento de Bloch, y muy especialmente su filosofía de la religión en clave de esperanza, en J. J. Tamayo-Acosta, *Religión, razón y esperanza. El pensamiento de Ernst Bloch*,

La esperanza es también *virtud*, pero no de ojos cerrados, pies quietos y manos maniatadas, sino con una visión lúcida —análisis crítico de la realidad—, prospectiva —mirada hacia el futuro— y pies en movimiento, para poner a la humanidad en dirección hacia la libertad. Es *esperanza-en-acción* y se torna compromiso-esperanza. Así, la ética baja de las cumbres de la abstracción idealista y se hace historia.

La esperanza es la virtud del optimismo, pero no de un optimismo ingenuo que ve todo de color de rosa y no cree necesario luchar, sino del optimismo militante, que es consciente de las dificultades del camino, pero cree que pueden vencerse, aunque sin renunciar a caminar. Sabe que la acción humana puede fracasar, y de hecho fracasa, y no lograr su objetivo, su meta. Asume el fracaso como momento necesario del itinerario del ser humano por la historia, pero sin quedarse tumbado al borde del camino, como si el fracaso tuviera la última palabra. Cree, más bien, que puede remontarlo, superarlo. El ser humano puede sentirse derrotado por las múltiples adversidades de la vida, pero tiene capacidad para probar de nuevo, para intentarlo otra vez no dándose nunca por vencido, porque *alea non jacta est* (= la suerte no está echada).

La esperanza es la virtud de la disconformidad con la realidad, de la rebeldía contra el orden establecido, de la negativa a aceptar el poder del destino sobre la vida humana, del inconformismo con el pasado convertido en criterio del presente y del futuro. No se conforma con la fatalidad de la muerte, ni con la negatividad del sufrimiento. Ahora bien, el inconformismo de la esperanza no se queda en una actitud más o menos romántica o estética de descontento, sino que lleva a asumir la propia responsabilidad en la construcción de un «mundo nuevo» e impulsa a la acción para lograrlo.

Leída desde la esperanza, la realidad no es lo dado, lo acontecido, lo ya pasado, sino lo que queda por acontecer, por suceder, lo porvenir. La realidad no se entiende como totalidad conclusa, sino como proceso, *in fieri*, que está siempre brotando, en permanente estado de gestación. La realidad, en fin, se encuentra en clave de utopía.

cit.; Íd., «Crítica y herencia de la religión»: *Anthropos* 146-147 (1993), pp. 129-136.

9.3. Spes quaerens intellectum

¿Y la esperanza cristiana? Tradicionalmente se la ha presentado como enfrentada a la esperanza humana o caminando en paralelo. El cristianismo ha operado en la teoría y en la práctica como un idealismo hacia atrás, que ha situado la edad de oro en el pasado, como un platonismo centrado en la contemplación de las ideas eternas. Y, sin embargo, la gran aportación de la religión judeocristiana a la humanidad puede resumirse en estas tres ideas: la existencia como historia frente a la existencia como eterno retorno de lo mismo, la esperanza como principio de la vida y la utopía como motor de la historia.

La esperanza bíblica es *praxis hacia adelante*. Lo expresa bellamente el Segundo Isaías: «No recordéis lo pasado, no penséis en lo antiguo; mirad que realizo algo nuevo; ya está brotando, ¿no lo notáis?» (Is 43, 18-19). Lo concreta todavía más el Tercer Isaías en la profecía del cielo nuevo y la tierra nueva: «Mirad, yo voy a crear un cielo nuevo y una tierra nueva: de lo pasado no habrá recuerdo ni vendrá pensamiento; sino que habrá gozo y alegría perpetua por lo que voy a crear» (Is 65, 17-18). Lo nuevo no se construye con materiales de derribo y hacia arriba; se edifica sobre nuevos cimientos y con materiales recién hechos. Lo nuevo no surge porque sí, por arte de magia. Requiere poner manos a la obra, imaginación, creatividad, empeño personal y colectivo.

Esperanza histórica y esperanza cristiana no están tan distanciadas como se nos han presentado. El principio-esperanza de Bloch y la virtud cristiana de la esperanza no pueden seguir caminando en paralelo sin mirarse a la cara como dos desconocidos, ni colocarse en dos trincheras enfrentadas como si se tratara de dos adversarios irreconciliables. Las afinidades son muy profundas. El primero constituye un impulso para reanimar la esperanza teologal que, durante siglos, ha permanecido adormecida y recluida en el mundo de las virtudes pasivas y ha dirigido su mirada al más allá de la muerte, sin hacer pie en la historia. Lo expresa muy certeramente Moltmann:

> El «principio-esperanza» puede animar [...] a la teología cristiana a intentar una nueva interpretación de su primitiva esperanza para hacerla valer frente a todos los sentidos acomodaticios que pretenden tergiversar su verdadero sentido. Es verdad que el verdadero rostro de la esperanza cristiana está lamentablemente desfigurado en la fenomenología de la esperanza de Bloch, pero [...] este fla-

grante malentendido de que ha sido objeto debe estimularle a desarrollar su propia fuerza explosiva y a librarse de la nueva cautividad de Babilonia, en que ha estado viviendo[4].

La esperanza cristiana no es el piso superior de la esperanza humana, como tampoco su sacralización. Está radicada en la historia, se encarna en las utopías históricas y trabaja por la realización del reino de Dios en la tierra a través de los proyectos históricos de signo liberador. Su fundamento se encuentra en el *Dios de la esperanza*, que no es un dios dotado de los viejos atributos de la omnipotencia, la omnisciencia y la omnipresencia, sino el *Dios del futuro*.

La esperanza no es un simple fragmento terminal del pensamiento creyente. Amén de virtud a *practicar*, es el principio arquimédico y el motivo intrínseco del quehacer teológico. Más que una parte o un tema de la teología, es su horizonte. Recurriendo a una imagen de Kant para expresar el cambio producido por la filosofía con el advenimiento de la Ilustración, Moltmann se refiere al nuevo papel que le corresponde hoy a la teología: no ser ya por más tiempo la que lleva la cola del vestido de la novia, sino la portadora de la antorcha que abre la procesión y va delante iluminando el camino.

En este nuevo contexto teológico y cultural, Moltmann reformula el principio de san Anselmo *fides quaerens intellectum* en clave de esperanza: *spes quaerens intellectum*. «Resulta imposible —afirma— un obrar creador basado en la fe, sin un nuevo pensar y proyectar desde la esperanza». En otras palabras, «la fe posee el *prius*, pero la esperanza tiene la primacía»[5]. La teología aparece así como pensamiento anticipador.

Max Horkheimer introduce la esperanza en su definición de teología: La teología es «la esperanza de que la injusticia que caracteriza al mundo no puede permanecer así, que lo injusto no puede considerarse la última palabra» y la «expresión de un anhelo, del anhelo de que el verdugo no triunfe sobre la víctima inocente»[6]. La teología tiene delante de sí una doble tarea que hasta ahora sólo muy excepcionalmente ha asumido y que, sin embargo, debe en-

---

4. J. Moltmann, *Esperanza y planificación del futuro*, Sígueme, Salamanca, 1971, p. 288.
5. J. Moltmann, *Teología de la esperanza*, Sígueme, Salamanca, 1969, p. 29; Íd., *Esperanza y planificación del futuro*, cit.
6. M. Horkheimer, «El anhelo de lo totalmente Otro», en *Anhelo de justicia*, edición de J. J. Sánchez, Trotta, Madrid, 2000, p. 169.

contrarse en el centro de sus preocupaciones: colaborar en la erradicación de la injusticia que rige el mundo y contribuir a la rehabilitación de las víctimas devolviéndoles su dignidad maltrecha y su derecho a la vida[7].

9.4. La Biblia, enciclopedia de utopías

La Biblia ha sido definida como enciclopedia de utopías. Y con razón, porque éstas recorren de principio a fin los libros que la componen. En la base de todas ellas se encuentra la utopía de la *igualdad entre hombre y mujer*, que admite distintas formulaciones. Según el relato sacerdotal del Génesis, Dios crea al ser humano como hombre y mujer a imagen y semejanza suya. Pablo, en la Carta a los Gálatas, declara superadas las desigualdades entre los seres humanos por razones de género, cultura o religión (Gál 3, 26-28). Con todo, las utopías bíblicas de la igualdad del varón y de la mujer no han encontrado eco suficiente en las tradiciones vetero- y neo-testamentarias, ni en la antropología teológica ulterior, que ha preferido el relato yahvista sobre la creación de la mujer de una costilla como base para una concepción del ser humano en clave androcéntrica.

Tras el diluvio universal, Dios establece un pacto *cosmoteándrico* con el ser humano y la tierra, en el que se compromete a respetar y proteger la vida, no sólo la del ser humano, sino toda la vida que hay sobre la tierra (Gn 9). El símbolo de dicho pacto es el arco iris. La legislación hebrea tiene un profundo sentido ecológico y reconoce explícitamente el derecho de la tierra al descanso sabático, que se convierte en imperativo categórico:

> Cuando hayáis entrado en la tierra que yo voy a daros, *la tierra tendrá también su descanso en honor de Yahvé*. Seis años sembrarás tu campo, seis años podarás tu viña y cosecharás sus frutos; pero el séptimo año será de completo descanso para la tierra, un sábado en honor de Yahvé: no sembrarás tu campo, ni podarás tu viña [...] La tierra, incluso en su descanso, os alimentará a ti, a tu siervo, a tu sierva, a tu jornalero y al emigrante que reside junto a ti (Lv 25, 1-7).

---

7. Cf. Varios, «La verdad y sus víctimas»: *Concilium* 220 (1988); Varios, *1492-1992*: «La voz de las víctimas»: *Concilium* 232 (1990); Varios, «La globalización y sus víctimas»: *Concilium* 293 (2001).

HORIZONTE UTÓPICO

Isaías describe la era mesiánica como el tiempo de la plena reconciliación entre el ser humano y todos los animales a través de bellas imágenes de elevado tono utópico:

> [En esa era] serán vecinos el lobo y el cordero, y el leopardo se echará con el cabrito, y el novillo y el cachorro pacerán juntos, y un niño pequeño los conducirá. La vaca y el oso pacerán juntos, juntos acostarán sus crías, el león, como los bueyes, comerá paja. Hurgará el niño de pecho en el agujero del áspid, y en la hura de la víbora el recién destetado meterá la mano. Nadie hará daño, nadie hará mal en todo mi santo Monte, porque la tierra estará llena de conocimiento de Yahvé, como cubren las aguas del mar (Is 11, 6-9).

La *paz* es otra de las utopías más presentes en la Biblia. El Primer Isaías formula el ideal de la paz perpetua así: «Forjarán de sus espadas azadones; y de sus lanzas podaderas. No levantará espada nación contra nación, ni se ejercitarán más en la guerra» (Is 2, 4). Pero la paz no se limita a la mera ausencia de guerra o de conflictos, a un estado de calma chicha. Es inseparable de la justicia: «la justicia y la paz se besan», reza el salmista. Nada tiene de pasiva. Hay que construirla. Jesús de Nazaret declara bienaventurados a los constructores de la paz en el Sermón de la Montaña (Mt 5, 9).

La utopía de una sociedad guiada por la *gratuidad* y no por el mercantilismo está muy presente en la Biblia. Es la que proclama el Segundo Isaías:

> ¡Oh, todos los sedientos, id por agua, y los que no tenéis plata, venid, comprad y comed sin plata, y sin pagar, vino y leche! ¿Por qué gastar plata en lo que no es pan, y vuestro jornal en lo que no sacia? Hacedme caso y comed cosa buena, y disfrutaréis con algo sustancioso (Is 55, 1-2).

El Tercer Isaías vuelve a formular esa utopía de la que queda excluido el beneficio y en la que el uso se convierte en criterio regulador:

> Edificarán casas y las habitarán, plantarán viñas y comerán su fruto. No edificarán para que otro habite, no plantarán para que otro coma, pues cuanto vive un árbol vivirá mi pueblo, y mis elegidos disfrutarán del trabajo de sus manos (Is 65, 21-23).

En el Nuevo Testamento se formula bajo la experiencia de la *comensalía*, de la mesa compartida, a la que son invitados quienes son excluidos del reparto y de la distribución de los bienes, quienes son colocados fuera del sistema por considerarlos impuros o transgresores de la ley: pobres, personas pecadoras, publicanos, gente enferma. Todos ellos tienen garantizado un lugar en la mesa compartida. La práctica de la comensalía es, según J. D. Crossan, «una estrategia destinada a construir o reconstruir la comunidad campesina sobre unos principios radicalmente distintos de los conceptos de honra y deshonra, o patrocinio y clientela. Debía basarse en la participación igualitaria en el poder material y espiritual al nivel más popular imaginable. Por eso, la apariencia de la indumentaria y demás accesorios era tan importante como la aceptación de la casa y la mesa»[8]. En el horizonte de la comensalía se mueve la lógica de la misión de Jesús y del envío que hace a sus seguidores y seguidoras. Jesús no pide limosna, ni pide que se les dé a los misioneros, pues no son mendigos; no pide sueldo por la predicación, porque ésta ha de ser gratuita; ni exige obras de caridad, porque ni él ni sus discípulos y discípulas son personas imposibilitadas. Lo que propone es la práctica comunitaria de la comensalía, atestiguada por la fuente Q y por Marcos. Asimismo, el valor de la gratuidad constituye uno de los principales valores del reino de Dios anunciado por Jesús de Nazaret y uno de los principales criterios del movimiento que pone en marcha. La gratuidad y el desprendimiento son condiciones necesarias para el discipulado.

Una nueva imagen de alta temperatura utópica es la del *cántico nuevo*, en el que la humanidad y la tierra toda están llamadas a participar. Se puede leer en el Segundo Isaías:

> Cantad al Señor un cántico nuevo, su loor desde los confines de la tierra. Que le cante el mar y cuanto contiene, las islas y sus habitantes. Alcen la voz el desierto y sus ciudades, las explanadas en que habita Quedar. Aclamen los habitantes de Petra, desde la cima de los montes vociferen. Den gloria a Yahvé, su loor en las islas publiquen (Is 42, 10-12).

Reminiscencias del mismo profeta resuenan en los salmos (Sal 96; 98), que explicitan las razones por las que hay que entonar a Yahvé un cántico nuevo: porque ha dado a conocer su salvación y ha revelado su justicia a las naciones hasta los confines de la

---

8. J. D. Crossan, *Jesús: Vida de un campesino judío*, Crítica, Barcelona, 1994, p. 397.

tierra. Un pueblo desterrado, dominado, esclavizado, no puede cantar. El salmo 137 rememora la caída de Jerusalén y el destierro de Babilonia y describe el estado de ánimo apenado y triste de los deportados:

A orillas de los ríos de Babilonia estábamos sentados llorando, acordándonos de Sión. En los álamos de la orilla colgábamos nuestras cítaras. Allí mismo nos pidieron cánticos nuestros deportadores, nuestros raptores alegría: «¡Cantad para nosotros un canto de Sión!». ¿Cómo podríamos cantar un canto de Yahvé en un país extranjero? (Sal 137, 1-3).

Sólo cuando está cercana la liberación, o cuando ya se ha producido, tiene sentido el canto. Hasta entonces la única actitud es el llanto.

Los profetas recurren a las imágenes del *corazón nuevo* y el *espíritu nuevo* para anunciar la transformación interior y exterior: el cambio de mentalidad, de actitudes, de sentimientos, de vida (Ez 36, 26-27). Es la interiorización de la religión frente a las manifestaciones espectaculares, con frecuencia vacías. Los profetas no entienden la Ley como un código de normas que haya que cumplir a rajatabla bajo la amenaza del castigo, sino como una aspiración, un ideal inscrito en el corazón humano. Ése es el sentido de la *nueva alianza* anunciada por el profeta Jeremías, en la que el conocimiento de Dios habrá de traducirse en práctica de la justicia y no en adoctrinamiento (Jr 31, 31-34). En la nueva alianza la circuncisión física es sustituida por la circuncisión interior, como afirma Pablo de Tarso: «Pues no está en el exterior el ser judío, ni es circuncisión la externa, la de la carne. El verdadero judío lo es en el interior, y la verdadera circuncisión, la del corazón, según el espíritu, y no según la letra» (Rom 2, 28-29). Los limpios de corazón llegan hasta las profundidades del ser humano, descubren los valores que en ellas se encuentran, penetran en los misterios de Dios y ven a Dios. Así lo proclaman las Bienaventuranzas (Mt 5, 8).

La Biblia se refiere a menudo a la imagen de la *fertilidad de la mujer estéril*. Habla de las mujeres que lograron superar la esterilidad natural y engendraron hijos llamados a asumir importantes responsabilidades en la historia de Israel (1 Sm 2, 5; Sal 113, 9). La esterilidad física no tiene por qué entenderse como signo de reprobación por parte de Dios, ni como desdicha o motivo para lamentarse. Del vientre de la mujer estéril puede surgir un futuro nuevo. En el Segundo Isaías es Dios mismo quien pide a la mujer estéril que no se avergüence ni se sonroje y le manda dar gritos de júbilo y de alegría porque su prole heredará naciones y poblará ciudades desoladas (Is 54, 1 ss.). Las utopías anteriores se enmarcan dentro de otra más amplia y global: la del *nuevo cielo y la nueva tierra*, que recorre toda la Biblia de principio a fin. El Segundo Isaías la formula con nitidez en un texto que cité más arriba cuando se dirige a los judíos a punto de volver del destierro de Babilonia, pidiéndoles que no miren al pasado ni recuerden lo antiguo, ya que Dios ha puesto en marcha un proyecto de liberación para el pueblo (Is 43, 18-19). En el Tercer Isaías, que algunos exegetas sitúan a la vuelta del destierro y otros un poco más tarde, en el siglo V, reaparece la utopía del nuevo cielo y la nueva en clave de alegría, gozo y longevidad:

> Pues he aquí que yo creo cielos nuevos y tierra nueva, y no serán mentados los primeros ni vendrán a la memoria: antes habrá gozo y regocijo para siempre jamás por lo que voy a crear. Pues he aquí que voy a crear a Jerusalén «Regocijo» y a su pueblo «Alegría»; me regocijaré por Jerusalén y me alegraré por mi pueblo, sin que se oiga allí jamás lloro ni quejido. No habrá allí jamás niño que viva pocos días o viejo que no llene sus días, pues morir joven será morir a los cien años, y el que no alcance los cien años será porque está maldito (Is 65, 17-20).

Este texto, que pertenece al género apocalíptico, apuesta por la renovación total, y no por la simple reforma parcial. Con la utopía del nuevo cielo y la nueva tierra, expresada a través de la imagen de la Jerusalén celeste, termina el libro del Apocalipsis. Dios mora con los seres humanos, hasta el punto de que será Dios-con-ellos. Es la fórmula de la alianza. Han desaparecido las distancias, y con ellas la muerte y el llanto, los gritos y las fatigas (21, 1-5). Hacia los nuevos cielos y la nueva tierra se dirige la esperanza de los cristianos y de las cristianas. Es ahí, como recuerda la Segunda Carta de Pedro, donde habitará la justicia (2 Pe 3, 13).

La *utopía de la vida* es el hilo conductor de la revelación[9]. La vida está en el centro de las esperanzas de Israel, de su teología y de su espiritualidad. Es el don más preciado y el más anhelado. La vida es fuerza que actúa, en contraposición a la muerte, que supone

---

9. He desarrollado esta idea con más amplitud en J. J. Tamayo-Acosta, *Para comprender la escatología cristiana*, Verbo Divino, Estella, ²2000, pp. 93-110.

extinción, apagamiento. La vida comporta dinamismo, movilidad. Vivir es más que ser. La vida es el bien supremo, del que dependen los demás y por el que se sacrifica todo. Es superior a las riquezas y a la gloria. «Uno da por la vida todo lo que tiene», leemos en el libro de Job (Job 2, 4). Se asocia con la luz (Job 6, 20; Sal 36, 10). Ver la luz significa vivir. Está en tensión hacia el futuro. Numerosas son las imágenes que expresan el ideal israelita de vivir sin fin, superando los límites de la muerte. Leemos en Os 13, 14b: «¡Oh muerte, ¿dónde está tu poder?» («¿Qué plagas las tuyas, oh Muerte, qué pestes las del abismo!», según la versión de la Nueva Biblia Española, de Schökel-Mateos). Pablo cita este texto como prueba de la resurrección corporal (1 Cor 15, 55-56). Esta interpretación no se corresponde con el contexto en que está escrito. Según R. Martin-Achard, el texto es una amenaza contra Israel[10].

La imagen más espectacular y expresiva, que ha quedado grabada en el imaginario de cuantos desde pequeños nos familiarizamos con la literatura profética, es la de los *huesos secos* que salen de los sepulcros y cobran vida, descrita por el profeta Ezequiel (Ez 37).

La utopía de la vida ininterrumpida, sin fin, viene expresada a través del símbolo de la *resurrección*, que anuncia la derrota definitiva de la muerte y el triunfo de la vida sobre ella.

La vida se relaciona con el agua en numerosas tradiciones culturales, filosóficas y religiosas. Así lo hacen, por ejemplo, las mitologías egipcias y babilónicas y Tales de Mileto, para quien el agua es el principio de todos los seres del cosmos. La relación entre el agua y la vida aparece también en la tradición bíblica. Dios es fuente de agua viva, manantial de aguas vivas (Jr 2, 13; 17, 13); en él está la fuente de la vida (Sal 36, 10). El agua como fuente de vida es una imagen que desarrolla el profeta Ezequiel con todo lujo de detalles en la visión del agua que sale de debajo del umbral del templo, va creciendo, se torna río, es portadora de vida y desemboca en el mar Muerto, purificando el agua hedionda (Ez 47, 1-12). «Por dondequiera que pase el torrente, todo ser viviente que en él se mueva vivirá» (Ez 47, 9).

Otra utopía presente en la religión bíblica es la de un *mundo sin fronteras*, no reducido a los estrechos límites del pequeño Israel, sino abierto al ancho mundo; el anuncio de la salvación para todos los pueblos. Los profetas dan dimensión universalista a una religión

---

10. R. Martin-Achard, *De la muerte a la resurrección en el Antiguo Testamento*, Marova, Madrid, 1967, p. 104.

local, Jesús ratifica las perspectivas universalistas de la utopía de la salvación cuando, para escándalo de propios y extraños, dice que «vendrán de Oriente y Occidente a sentarse a la mesa de Abrahán». La *utopía de la liberación* es quizá el motivo fundamental de la Biblia judía y el hilo conductor del itinerario de Israel en su caminar por la historia. El éxodo, la liberación de la esclavitud de Egipto y la entrada en la tierra prometida son tres de los principales artículos del Credo histórico que el pueblo hebreo ha de recitar cuando habite en la tierra prometida durante la ofrenda de los primeros frutos de la tierra (Dt 26, 5-9; cf. Jos 24, 5-13). En el éxodo, el Dios compasivo y sensible a los sufrimientos del pueblo se revela como Dios de la esperanza en el futuro, que acompaña al pueblo por el desierto. El nombre mismo de Yahvé, en el plano gramatical, aparece como «abierto a la historia» y «vuelto hacia el futuro», según se ha demostrado en rigurosos estudios exegéticos y hermenéuticos[11]. La revelación del Nombre se asocia con el anuncio de la liberación de la esclavitud. El acontecimiento del éxodo viene a mostrar que la religión no opera siempre ni necesariamente como opio del pueblo o adormecimiento de conciencias, sino que puede generar una conciencia alternativa, movilizar las energías utópicas y provocar la rebelión.

Los diferentes cuerpos legislativos del Pentateuco, redactados en épocas distintas de la historia de Israel (el Código de la Alianza, Éx 21-23; el Dodecálogo siquemita, Dt 27; el Código deuteronómico, Dt 12-26; la Ley de Santidad, Lv 17-26), tienen un fuerte contenido utópico y liberador que quizá no se ha sabido apreciar en toda su riqueza y profundidad[12]. Constituyen, en muchos aspectos, la vanguardia de la defensa de los derechos humanos. Se trata de una legislación con un hondo sentido humanitario, que deberían tener en cuenta las futuras declaraciones de derechos humanos. A partir de un escrupuloso sentido de la dignidad humana se formulan y defienden los derechos humanos de los grupos más débiles y desprotegidos y el derecho de la tierra al descanso sabático. Cinco son los grupos cuyos derechos se protegen con especial intensidad

---

11. Cf. G. Auzou, *De la servidumbre al servicio. Estudio del libro del Éxodo*, Fax, Madrid, ²1969; A. Lacocque y P. Ricoeur, *Pensar la Biblia*, Herder, Barcelona, 2000.

12. Una buena síntesis de la preocupación por los pobres en la legislación hebrea puede encontrarse en J. L. Sicre Díaz, «La Torá y la preocupación por los pobres»: *Reseña Bíblica* 29 (2001), pp. 5-12.

y sin concesiones a los posibles abusos: los inmigrantes, los huérfanos, las viudas, los esclavos y los trabajadores.

Los *inmigrantes* deben ser acogidos y tratados con amor. El texto más explícito al respecto pertenece a la Ley de Santidad, código de origen sacerdotal: «Cuando un emigrante se establezca con vosotros en vuestro país, no lo oprimiréis. Será para vosotros como el indígena: lo amarás como a ti mismo, porque emigrantes fuisteis en Egipto» (Lv 19, 33-34). Al inmigrante se le reconoce, por tanto, igual dignidad que al nativo. El Código de la Alianza prohíbe vejar y oprimir al emigrante» (Éx 22, 20). La legislación establece normas de protección para evitar los abusos para con los inmigrantes en los tribunales y en la vida laboral. Cuatro son las razones en que basan las leyes el pleno reconocimiento de los derechos humanos a los inmigrantes: la experiencia de extranjería vivida por los hebreos en Egipto (Dt 10, 19; Lv 19, 24); la igual dignidad de todos los seres humanos, nativos o no (Dt 24, 14); la protección especial que Dios brinda al extranjero, el huérfano y la vida («Dios [...] no es parcial ni acepta soborno, hace justicia al huérfano y a la viuda, ama al extranjero dándole paz y vestido», Dt 10, 18); la pertenencia de la tierra de Canaán a Dios y no a Israel (Lv 25, 23).

Otros dos colectivos que contaban con el amparo especial de las leyes hebreas eran los *huérfanos* y las *viudas*, muy numerosos como consecuencia de las guerras. Sin la protección del padre y del esposo, se sentían indefensos y sometidos a todo tipo de extorsiones en su persona y en sus bienes. La prohibición de humillar a huérfanos y viudas tiene la forma de imperativo categórico, válido en todo tiempo y lugar: «No vejarás a viuda alguna ni huérfano», establece el Código de la Alianza (Éx 22, 21). El Dodecálogo siquemita, que representa una tradición antiquísima, radicaliza todavía más la prohibición, hasta declarar «maldito» a quien niegue los derechos al emigrante, al huérfano y a la viuda (Dt 27, 19).

La legislación hebrea tiende a humanizar la institución de la *esclavitud*, muy extendida en el entorno. El esclavo debe ser manumitido al séptimo año sin necesidad de pagar nada por la recuperación de la libertad (Éx 21, 2-3). Según el código del Deuteronomio, el esclavo, al ser liberado, recibe cuantiosos regalos: «Al dejarlo libre, no lo mandarás con las manos vacías; le harás algún presente de tu ganado menor, de tu era y de tu lagar; le darás aquello con lo que te ha bendecido Yahvé tu Dios» (Dt 15, 13-14). Hay que acoger al esclavo que se escapa y no devolverlo a la casa del amo ni explotarlo (Dt 23, 16-17).

La legislación regula los derechos de los *trabajadores*, sobre todo al salario y al descanso. El salario debe pagársele el mismo día, al terminar la faena, porque de él depende su sobrevivencia, ya que es pobre. De otra manera, tendrá que clamar a Dios (Dt 24, 14).

En un contexto en que el préstamo con elevados intereses era una práctica común y reconocida por la legislación, la ley hebrea se muestra especialmente exigente. Prohíbe prestar con intereses a los pobres (Éx 22, 24). Prohíbe el cobro de intereses al hermano en todo tipo de préstamos: dinero, alimentos (Dt 23, 20; Lv 25, 35-37).

El descanso sabático, cada siete días, el año sabático, cada siete años, y el jubileo de la liberación, cada cincuenta años, aparecen en las distintas tradiciones legislativas hebreas. El Decálogo establece el descanso de todos los trabajos el sábado para todos: los hijos y las hijas, los siervos y las siervas, el forastero y hasta el ganado (Éx 20, 8-11). «Sábado» (en hebreo *sabbat*) se deriva, según muchos especialistas, de la raíz *sabat*, cuyo significado es «cesar», «pararse», «descansar». El precepto del sábado se encuentra también en la Ley de la Alianza (Éx 23, 12), en el Decálogo ritual (Éx 32, 34), en la Ley de Santidad (Lv 23, 3; 26, 2) y en el Código sacerdotal (Éx 31, 12-17). Se trata de una institución social que favorece de manera especial a las personas y los grupos sociales más débiles y a los animales domésticos.

El año sabático se recoge asimismo en los distintos códigos, que prescriben el descanso de la tierra, de la viña y del olivar, así como la condonación de las deudas y la devolución de las casas y de los campos a sus propietarios, cada siete años (Éx 23, 10-11; Lv 25, 1-7; Dt 15, 1-3).

Pero el momento cumbre de todas las liberaciones tenía lugar el año del jubileo, que se celebraba cada cincuenta años. Así lo regula la Ley de Santidad:

> Declararéis santo el año cincuenta, y proclamaréis por el país la liberación para todos sus habitantes. Será para vosotros un jubileo: cada uno recobrará su propiedad, y cada cual regresará a su familia. Este año cincuenta será para vosotros jubilar: no sembraréis, ni segaréis los rebrotes, ni vendimiaréis la viña inculta, porque es el año jubilar, que será sagrado para vosotros. Comeréis lo que el campo dé de sí. En este año jubilar recobraréis cada uno vuestra propiedad (Lv 25, 8-13).

HORIZONTE UTÓPICO

La liberación consiste, como en el año sabático, en la liberación de los esclavos y en el perdón de las deudas.

Una legislación tan utópica, o no llegó a ponerse en práctica en su formulación radical, o fue objeto de constantes transgresiones por parte de los poderosos. Los profetas denunciaron su incumplimiento y propusieron de nuevo la utopía de una sociedad más justa e igualitaria como núcleo de la religión, a través de las imágenes que expuse más arriba. El centro de la religión no está en el culto vacío, en el menudeo de la plegaria, sino en compartir el pan con el hambriento, vestir al desnudo, acoger al prójimo, liberar a los oprimidos, romper las cadenas de los presos, hospedar a quien carece de techo, etc. (Is 58, 6-8), desistir de hacer el mal, aprender a hacer el bien, buscar lo justo, hacer justicia al huérfano, abogar por la viuda, etcétera.

10
HORIZONTE ANAMNÉTICO: EL RECUERDO SUBVERSIVO DE LAS VÍCTIMAS

10.1. La historia humana, ¿un proceso progresivo de emancipación?

Una nueva categoría, muy presente en la experiencia religiosa judía y en el pensamiento filosófico actual, que está jugando un papel fundamental en la reflexión teológica cristiana, es *memoria* o *recuerdo*. Quien ha recuperado esta categoría bíblica para el discurso teológico ha sido J. B. Metz. Con su propuesta de «razón anamnética» ha contribuido a ampliar los horizontes de la razón moderna, cada vez más achicada y reducida a razón instrumental[1]. La Ilustración ajustó las cuentas con el saber religioso procedente de Atenas, pero se olvidó del saber anamnético, cuya cuna fue Jerusalén. Ese olvido quizá sea una de las causas del fracaso del proyecto ilustrado que, como vimos anteriormente, ha desembocado en la rígida y estrecha razón instrumental. Algo parecido le ha sucedido al cristianismo contemporáneo, que sólo ha heredado una parte de su tradición, el aspecto racional y argumentativo del helenismo, dejando en penumbra la herencia hebrea del memorial y de la narración. Metz se pregunta si no es ese olvido el denominador común de la crisis que aqueja hoy al cristianismo y a la modernidad. Yo creo que a la pregunta hay que responder afirmativamente. Por eso compar-

---

1. Cf. J. B. Metz, «El futuro a la luz del memorial de la pasión»: *Concilium* 76 (1972), pp. 317-334; Íd., «Anamnetische Vernunft», en A. Honneth *et al.*, (eds.), *Zwischenbetrachtung. In Prozess der Aufkärung*, Frankfurt a. M., 1989, pp. 733-738; Íd., *Dios y tiempo. Nueva teología política*, Trotta, Madrid, 2002.

to el empeño del teólogo alemán por incorporar la «razón anamnética» tanto en la reflexión teológica y filosófica como en el debate político. En el homenaje que le hicieron los colegas y alumnos con motivo de su setenta cumpleaños el 27 de octubre de 1998 el fundador de la teología política radicalizaba sus preguntas en torno a las consecuencias que tendría para la humanidad la instalación en una cultura de la amnesia:

> ¿Qué sucedería si alguna vez los hombres pudieran defenderse con el arma del olvido de la infelicidad presente en el mundo, si pudieran construir su felicidad sobre el olvido inmisericorde de las víctimas, sobre una cultura de la amnesia en la que sólo el tiempo se encargara de curar las heridas? ¿De qué se alimentaría entonces la rebelión contra la sinrazón del sufrimiento presente en el mundo, qué alentaría aún a fijarse en el sufrimiento ajeno y a imaginar una nueva y mayor justicia?[2].

El escenario que plantea Metz como interrogante está empezando a hacerse realidad, y los primeros frutos agraces de insolidaridad, individualismo e inhumanidad ya se están cosechando. Metz apela, por ello, al *saber rememorativo* con referencia a los sujetos, pero no entendidos en abstracto y de manera general, sino centrando la atención en las víctimas. Este saber no debe confundirse con la anamnesis platónica, ni con la contemplación de las ideas eternas; remite, más bien, al recuerdo bíblico subversivo, que desestabiliza el presente, cuestiona los cánones de las evidencias dominantes, se muestra incompatible con la realidad «dada», piensa en el futuro y defiende las causas perdidas de los vencidos, cuyas esperanzas se vieron truncadas por el poder.

Hay aquí una crítica del ideal abstracto de emancipación, que es selectivo, y de la idea ilustrada de progreso, que no es universalizable. La formula Metz con una severidad patética:

> Queda siempre el dolor, la tristeza, la melancolía; queda *ante todo* el mudo sufrir con el sufrimiento sin consuelo del pasado, con el sufrimiento de los muertos, pues la mayor libertad de las futuras generaciones no remedia ni libera el sufrimiento pasado. Ninguna

2. J. B. Metz, «Dios contra el mito de la eternidad del tiempo», en J. B. Metz, J. Ratzinger, J. Moltmann, E. Goodman-Thau, *La provocación del discurso sobre Dios*, edición de T. Rainer Peters y Claus Urban, epílogo de J. Werbick, Trotta, Madrid, 2001, p. 43.

mejora intramundana de las relaciones de libertad alcanza para hacer justicia a los muertos ni transforma la injusticia y el absurdo de los sufrimientos pretéritos. Una historia emancipadora de libertad que elimine o reprima esta forma de la historia del sufrimiento no pasa de ser una historia de la libertad abstracta y a medias; su «progreso» termina siendo una entrada triunfal en la inhumanidad[3].

El pensamiento ilustrado entiende la historia humana como «un proceso progresivo de emancipación, como la realización cada vez más perfecta del hombre ideal», afirma G. Vattimo interpretando correctamente la concepción moderna del «progreso»[4]. Pero dicha concepción es, en realidad, una reconstrucción interesada del pasado hecha por los grupos dominantes a costa de los dominados. La teología no puede asumir acríticamente las ideas ilustradas de «historia» y de «progreso». Debe entender la historia no a partir de sus éxitos, siempre efímeros y beneficiosos para los triunfadores, sino de sus costes humanos; no a partir de las batallas ganadas por los conquistadores, que imponen su ley, sino de las derrotas cosechadas por los perdedores que se convierten en botín de los vencedores; no a partir de la ley de la evolución lineal, que permite progresar a los «mejores» y deja en la cuneta a los «peores», sino a partir de la ley de la involución.

El precio del progreso de Occidente, incluso el de las libertades y los derechos humanos, ha sido la opresión y la esclavitud de los pueblos conquistados. La historia no es historia progresiva para todos, sino historia de un progreso selectivo en favor de los menos y en contra de los más. La historia leída desde los pobres es vista como cautiverio, como fracaso, como derrota. Por eso W. Benjamin afirmaba que a la historia hay que pasarle el cepillo al revés para que aparezca el *plus* de sufrimiento de las víctimas acumulado durante siglos y milenios y para hacer justicia a los inocentes. Hasta el presente el verdugo sigue triunfando sobre sus víctimas. Y no sabemos hasta cuándo. «*Tampoco los muertos* estarán seguros ante el enemigo cuando éste venza. Y este enemigo no ha cesado de vencer»[5].

---

3. J. B. Metz, *La fe, en la historia y la sociedad*, Cristiandad, Madrid, 1979, p. 140.
4. G. Vattimo y otros, *En torno a la modernidad*, Anthropos, Barcelona, 1990, p. 10.
5. W. Benjamin, *Discursos interrumpidos* I, Taurus, Madrid, 1989, p. 181. Cf., en sintonía con Benjamin, L. Boff, *Teología del cautiverio y de la liberación*, San Pablo, Madrid, 1978, especialmente el capítulo 6, sobre «Teología del cauti-

Pero este planteamiento no debe llevar a la frustración. La memoria de los fracasados de la historia posee un fuerte contenido de futuro. «La imaginación de la libertad futura se alimenta del recuerdo del sufrimiento»[6]. La utopía de un mundo sin víctimas adquiere luminosidad, al menos por vía negativa, en la experiencia pasada de los vencidos. La *profecía* requiere el concurso de la *memoria* para construir sobre cimientos firmes, y no sobre arena, la patria de la identidad, el nuevo cielo y la nueva tierra. La historia del sufrimiento hecho recuerdo conserva la forma de tradición peligrosa y subversiva. En ella se encuentran el secreto y la fuerza misteriosa de la liberación del ser humano. Más aún, subraya M. Buber, «sólo en las profundidades del sufrimiento y la desesperación llegan los seres humanos a conocer la gracia»[7].

10.2. *Apología de la apocalíptica*

Metz hace una apología de la herencia apocalíptica, con frecuencia despreciada teológicamente, tachada de ingenua a veces y casi siempre incomprendida. «La más breve definición de religión: *interrupción*». Así resume, inspirándose en Benjamin, el contenido fundamental de la apocalíptica. La interrupción comporta el recuerdo del pasado, pero no un recuerdo añorante, sino, como acabo de decir, subversivo y desestabilizador, la memoria de los perdedores que reclaman justicia y de las víctimas que exigen rehabilitación.

La apocalíptica no se caracteriza por los tonos pesimistas y las tendencias destructivas que suelen atribuírsele, ni tiene por objeto infundir miedo y desesperanza. Todo lo contrario: es *optimista, esperanzada y constructiva*. No deja el futuro de la historia en manos de las fuerzas del destino, sino que remite a la libertad del ser humano y a la acción de Dios para cambiar el curso de la historia y guiarlo hacia la construcción de una nueva humanidad y una nueva creación.

verio: anti-historia de los humillados y ofendidos», y el 7, sobre «La estructura de la modernidad».
   6. J. B. Metz, «El futuro a la luz del memorial de la pasión»: *Concilium* 76 (1972), p. 326.
   7. Citado por R. Alves, *Cristianismo, ¿opio o liberación?*, Sígueme, Salamanca, 1973, p. 190. Alves considera el sufrimiento como «madre de la esperanza», pues «por la negación radical de lo que es, sobre la base del sufrimiento que produce, la historia se ve forzada a buscar un nuevo mañana» (*ibid.*, p. 189).

La actitud fundamental que emana de la apocalíptica es la *expectación cercana*, que nada tiene de ingenua o crédula. Se caracteriza por tener los ojos abiertos para avistar los peligros que se ciernen sobre nuestro mundo y por su sentido activo y paciente. Persevera en el esperar y no cede al desaliento. Es esperanza-en-acción. La apocalíptica no desata las catástrofes. Éstas son desatadas por los seres humanos. Lo que hace la apocalíptica es ayudar a tomar conciencia de ellas. Tampoco la acción de Dios consiste en la destrucción del mundo, sino en la creación de un mundo alternativo: «Mira que hago nuevas todas las cosas» (Ap 21, 5)[8].

El sufrimiento de las víctimas, que está en la base de la apocalíptica, debe convertirse en el horizonte de la teología. Yendo al fondo de la experiencia humana nos encontramos con el sufrimiento, que convierte a la humanidad en «comunidad doliente». El dolor es universal e inexplicable, inesquivable al tiempo que injustificable, inmerecido siempre y sin sentido, insoportable al tiempo que no racionalizable:

> Existe en nuestra historia un *exceso* de sufrimiento y de mal, una exuberancia salvaje de dolor que se resiste a cualquier explicación o interpretación. Es demasiado el sufrimiento *inmerecido y absurdo* para poder racionalizarlo en clave ética, hermenéutica y ontológica. Hay un sufrimiento que no puede soportarse ni siquiera «por una buena causa», en el que los hombres, sin «razón» alguna, son simplemente víctimas de la brutalidad de una causa malvada que beneficia a otros. Además, este sufrimiento recorre de principio a fin la historia humana; es el hilo rojo que permite reconocer cada fragmento histórico precisamente como *historia humana*: la historia es «una *ekumene* de sufrimiento»[9].

10.3. *La obediencia a las víctimas, constitutivo de la conciencia moral*

Las diferentes experiencias humanas han de someterse a la crítica de las historias de sufrimiento, que son historias para no dejar

---

8. He desarrollado el tema de la apocalíptica más ampliamente en J. J. Tamayo-Acosta, *Para comprender la escatología cristiana*, Verbo Divino, Estella, ²2000, pp. 85-92.
9. E. Schillebeeckx, *Cristo y los cristianos. Gracia y liberación*, Cristiandad, Madrid, 1983, pp. 707. Cf. J. J. Tamayo, «El dolor el sufrimiento y la muerte. Reflexiones desde la fe»: *Pastoral Misionera* 152 (1987), pp. 52-68; J. Sobrino, *La fe en Jesucristo. Ensayo desde las víctimas*, Trotta, Madrid, ²1999.

dormir o, si se quiere, para inquietar las conciencias instaladas e interpelar en la búsqueda de una praxis capaz de vencer —o aliviar— el sufrimiento en la historia humana y en la naturaleza —que también sufre, porque tiene sensibilidad—. Interpretar el sufrimiento según las teorías optimistas de la Ilustración sobre la naturaleza del ser humano y del futuro de la humanidad me parece un acto de cinismo[10].

Vivimos en un mundo de víctimas. Y éstas remiten derechamente a la existencia de verdugos en una nueva edición, aumentada y refinada, de Auschwitz. Si Auschwitz fue el Mal Total, el Holocausto, la vergüenza de la humanidad, hoy lo es la exclusión de miles de millones de seres humanos, la muerte de hambre de 40 millones de personas indefensas que no tienen ningún tribunal al que recurrir para defender su inocencia y presentar las alegaciones contra los culpables. Las víctimas constituyen el gran relato macabro de nuestro tiempo. Sin embargo, sobre ellas se tiende un tupido velo de silencio, indiferencia y encubrimiento. Cuando no queda más remedio que reconocer su existencia porque los hechos, tozudos como son, lo ponen de manifiesto, se intenta defender la necesidad de las mismas buscando una justificación o un sentido del que carecen.

Jesús de Nazaret se muestra contrario a las víctimas —sean animales, personas o la naturaleza—, en la línea de los profetas, defensores de una religión ética, no cúltico-sacrificial. La autenticidad de la religión de Jesús no radica en la práctica de sacrificios, sino en el ejercicio de la compasión con el prójimo dolorido (projimidad compasiva). «Misericordia quiero, no sacrificios» es su consigna recogiendo el legado profético de Israel. Ésta es, a mi juicio, la novedad del cristianismo, que la historia posterior —bien se tratara de los enemigos del cristianismo, bien de sus seguidores— no supo captar. Lo que, con el correr de los siglos, se impuso fue la interpretación sacrificial de la vida y la muerte de Jesús, conforme al esquema de la violencia de lo sagrado, inherente a la mayoría de las religiones cultuales. Pero dicha interpretación no responde a la lógica histórico-liberadora de su vida, que busca la reconciliación

---

10. Cf. J. B. Metz (dir.), *El clamor de la tierra. El problema dramático de la teodicea*, Verbo Divino, Estella, 1996; J. A. Estrada, *La imposible teodicea*, Trotta, Madrid, ²2003; J. J. Tamayo-Acosta, «Viernes Santo en la sociedad del bienestar: La experiencia del mal desde la perspectiva de las víctimas»: *Moralia*, Revista de Ciencias Morales, XXII/83/83 (1992/1993), pp. 223-252.

de los seres humanos a través de la opción por los pobres, el trabajo por la justicia y la construcción de la paz.

En el mensaje y la práctica de Jesús de Nazaret la obediencia a los que sufren se convierte en elemento constitutivo de la conciencia moral, como se pone de manifiesto en la parábola del «buen samaritano» (Lc 10, 25-37). El sacerdote y el levita pasan de largo ante la persona malherida. Peor aún, se desvían del camino para no topar con ella, alegando el cumplimiento de deberes religiosos ineludibles. El samaritano, un heterodoxo a los ojos de los judíos, se muestra sensible ante el sufrimiento del viandante y se com-padece de él: «Al llegar junto a él y verlo, sintió compasión; se acercó, le vendó las heridas, después de habérselas curado con aceite [...]». El amor no se queda en el cumplimiento de los deberes religiosos para con Dios, sino que se traduce en solidaridad efectiva con el sufrimiento ajeno y en contribuir a la erradicación de las causas que lo provocan. El buen samaritano es símbolo del encuentro interhumano compasivo. «Para ser yo prójimo de otro y para que el otro sea prójimo mío he de comenzar encontrándome con él y aceptando el encuentro»[11].

La voz de la conciencia, en el plano ético, y el seguimiento de Jesús, en el plano evangélico, son la respuesta de toda persona y de toda comunidad creyente ante el sufrimiento ajeno.

La praxis liberadora de Jesús viene a desenmascarar la lógica sacrificial tan presente en la cultura occidental, actualmente bajo una modalidad laica, como ha demostrado con lucidez y originalidad F. Himkelammert[12]. La liberación que Jesús aporta a la historia humana y a la naturaleza no necesita apelar a la violencia —ni divina ni humana—, ni a los sacrificios, y menos aún a las víctimas. La reconciliación entre los seres humanos hoy tampoco precisa de salvadores que se autoinmolen por los demás. Lo expresa atinadamente R. Girard: «La humanidad entera se encuentra ya enfrentada a un dilema ineludible: es necesario que los seres humanos se reconcilien por siempre sin intermediarios sacrificiales o bien que se resignen a la extinción próxima de la humanidad»[13].

11. P. Laín Entralgo, *Teoría y realidad del otro*, Revista de Occidente, Madrid, 1968, p. 27; J. J. Tamayo-Acosta, *Los sacramentos, liturgia del prójimo*, Trotta, Madrid, 1995, pp. 108-109.
12. F. Himkelammert, *Sacrificios humanos y sociedad occidental*, DEI, San José (Costa Rica), 1991.
13. R. Girard, *El misterio de nuestro tiempo*, Sígueme, Salamanca, 1982.

11
HORIZONTE SIMBÓLICO: DE LOS «SÍMBOLOS ROTOS» A UNA TEOLOGÍA SIMBÓLICA

11.1. El despertar de la imaginación simbólica

Vivimos en la «era de los símbolos rotos» (P. Tillich), por mor de la mentalidad científico-técnica, que elimina del horizonte mental y vital cualquier rastro de pensamiento que no se atenga a las reglas de juego impuestas por la razón instrumental-calculadora. «Somos hoy esos hombres —afirma P. Ricoeur— que no han concluido de hacer morir los *ídolos* y que apenas comienzan a entender los *símbolos*»[1]. Como observa E. Trías, casi toda la filosofía moderna —y también la teología, añado yo— ha tendido a reducir el símbolo a otras figuras del mundo de la retórica, la lingüística, la semiología, etc., más cercanas o más acordes con el principio de razón hegemónico en el pensamiento occidental[2]. La filosofía moderna tiene propensión a destruir o desvirtuar el símbolo. El racionalismo moderno rompe la sintonía entre el orden de la razón y el de la emoción, entre el orden racional y el pasional. Dicho racionalismo es no sólo icono-clasta, sino también *símbolo-clasta*, destructor de símbolos. Con Descartes el símbolo pierde su derecho de ciudadanía en la filosofía y se instaura el reino del algoritmo matemático. El cartesianismo constituye el triunfo del signo sobre el símbolo. Los cartesianos tienden a considerar la imaginación como una especie de

---
1. P. Ricoeur, *Freud: una interpretación de la cultura*, Siglo XXI, México, [7]1987, cap. II, 1.
2. Cf. E. Trías, *Pensar la religión*, Destino, Barcelona, [2]1997, p. 131.

infancia confusa de la conciencia y maestra del error. Por ello la rechazan.

Hoy, sin embargo, asistimos a la recuperación del simbolismo en la filosofía. Tras consumar y concluir su etapa racionalista, el mundo moderno parece orientarse «hacia una nueva época del simbolismo, hacia un horizonte de época en que volverán a ganar preeminencia estética y ontológica los símbolos»[3]. Ese renacimiento de los símbolos se deja sentir en las religiones, también en la cristiana, sobre todo en el mundo de la religiosidad popular[4]. Pero no ha penetrado del todo en la teología, quizá todavía demasiado presa del racionalismo moderno en algunos sectores teológicos y de la dogmática eclesiástica en otros. Ésa es una de las tareas pendientes que tiene ante sí la reflexión cristiana que, junto con la filosofía de la religión y la fenomenología de la religión, puede jugar un papel importante en el restablecimiento del equilibrio entre el orden de la razón y el de la emoción.

La filosofía tiende a encuadrar el símbolo en el horizonte del conocimiento. Con ello lo que hace es restringir —si no eliminar— la capacidad evocativa, mostrativa, imaginativa de aquél. Es como poner plomo en las alas de un pájaro o aprisionarlo en una jaula, por muy dorada que sea. Frente a quienes hablan de «conocimiento simbólico» en el marco de la experiencia religiosa y de la reflexión teológica, yo prefiero hablar, con Trías y Durand, de «acontecimiento simbólico» y de «imaginación simbólica», respectivamente[5].

La *imaginación* constituye también la mediación del conocimiento del mundo divino, como ya viera con especial lucidez Tomás de Aquino:

> Podemos adquirir el conocimiento de las cosas divinas por la razón natural sólo a través de la *imaginación*; y lo mismo puede aplicarse al conocimiento dado por gracia. Como dice Dionisio, «es imposible que el rayo brille sobre nosotros, excepto cuando es tamizado indirectamente por los numerosos velos sagrados multicolores»[6].

3. *Ibid.*, p. 125.
4. Cf. M. Eliade, *Imágenes y símbolos*, Taurus, Madrid, [2]1974; L. Maldonado, *Religiosidad popular*, Cristiandad, Madrid, 1975; Íd., *Génesis de la religiosidad popular*, Cristiandad, Madrid, 1979; J. J. Tamayo-Acosta, *Los sacramentos, liturgia del prójimo*, Trotta, Madrid, 1995, especialmente el capítulo 4: «El ser humano, animal simbólico»; D. Irarrázaval, *Rito y pensar cristiano*, CEP, Lima, 1993.
5. G. Durand, *L'imagination symbolique*, PUF, Paris, [3]1976; E. Trías, *La era del Espíritu*, Destino, Barcelona, 1994.
6. ST I, q. 12, a. 13.

En un innovador artículo de Karl Rahner, recogido en el tomo IV de sus *Escritos de teología*, el teólogo alemán afirmaba hace cuatro décadas que toda teología tiene que ser una teología del símbolo y que en el ámbito de los enunciados dogmáticos es necesario incorporar el concepto de símbolo:

> La teología entera no puede concebirse a sí misma sin ser esencialmente una teología del símbolo, aunque en general se preste tan poca atención expresa y sistemáticamente a ese carácter fundamental suyo [...] Una simple ojeada a los enunciados dogmáticos en el ámbito total de la teología muestra cuánto necesita ésta el concepto de símbolo[7].

A su juicio, la teología del *Logos* es una teología simbólica, quizá la más elevada. El *Logos* es la Palabra del Padre, su imagen perfecta, su autoexplicación. El *Logos* en tanto que realidad de la vida inmanente de Dios es «engendrado» por el Padre *como imagen y expresión* suya y como tal es el «símbolo» del Padre.

En esa clave deben ser elaborados los grandes temas de la teología cristiana. Veamos algunos ejemplos:

— El lenguaje de los místicos constituye para los teólogos y las teólogas el referente de todo discurso sobre Dios. En varios lugares de esta obra me he ocupado del tema y todavía lo abordaré en los capítulos 12, sobre «Teología y ciencias de la religión», y 14, sobre «El futuro de Dios: entre la mística y la liberación». En este mismo capítulo volverá a aparecer la cuestión.

— La cristología, como acabamos de ver, descansa en la idea del *Logos* hecho ser humano como símbolo absoluto de Dios. El *Logos* es, *en su humanidad*, el símbolo revelador de Dios. Schillebeeckx habla de los seres humanos como «relato de Dios» y, citando a H. Böll, considera al ser humano como la prueba de que Dios existe. El lenguaje simbólico deja a Dios ser Dios y no lo reduce a una mera función del mundo, de la sociedad o del mundo, como tampoco a la función ideológica a la que lo reducían las viejas teologías políticas legitimadoras del orden establecido[8].

— Los sacramentos son sin duda el lugar privilegiado para una teología del símbolo. En la teología sacramental neoescolástica ha

---

7. K. Rahner, «Para una teología del símbolo», en Íd., *Escritos de teología* IV, Taurus, Madrid, 1962, p. 300.
8. Cf. E. Schillebeeckx, *Los hombres, relato de Dios*, Sígueme, Salamanca, 1994.

predominado el lenguaje discursivo sobre el simbólico, la oralidad cansina sobre la ritualidad dinámica, la actitud ascético-estática sobre la lúdico-festiva. En nuestra propuesta de teología simbólica deben invertirse las prioridades. Simbolismo y ritualidad son dimensiones fundamentales del ser humano, de la experiencia religiosa y de la celebración de la fe. Así lo ponen de manifiesto la antropología, la fenomenología de la religión, la historia de las religiones, la teología y, en el caso de la tradición judeo-cristiana, la exégesis bíblica[9]. Son estas disciplinas las que deben inter-actuar en la teología sacramental.

— La escatología es uno de los lugares teológicos donde el rico y sugerente lenguaje simbólico ha perdido buena parte de su riqueza y se ha tornado lenguaje dogmático, dando significados únicos y generalmente terroríficos a lenguajes abiertos a una pluralidad de sentidos, y ciertamente nada dogmáticos. Por ejemplo, el fuego, símbolo de purificación, se ha convertido, dentro de la teología dogmática tradicional, en elemento destructor del tejido de la vida humana, y su eternidad cierra la puerta a toda esperanza de liberación. El dogma mismo del infierno y de la condenación eterna a él asociada es sin duda la antiutopía más inhumana que nunca mente humana haya podido imaginar. Sorprende, además, el acento que se pone en la condenación y la poca atención que se presta a la salvación. En el capítulo anterior, dedicado al horizonte utópico del nuevo paradigma teológico, analizo en detalle el rico mundo de los símbolos del futuro esperado y de las utopías de un mundo mejor tejidas en la Biblia, considerada con razón como enciclopedia de utopías. La escatología simbólica no remite a un más allá como lugar de salvación o de condenación en ruptura con —y al margen de— la historia humana, sino al mundo como escenario de salvación o de fracaso del proyecto humano. En ese sentido vincula estrechamente la esperanza cristiana con las utopías históricas.

— La eclesiología debe renunciar al realismo que identificaba a la iglesia con un territorio, la entendía como estructura de poder y

---

9. Cf. J. J. Tamayo-Acosta, *Los sacramentos, liturgia del prójimo*, Trotta, Madrid, 1995. En esta obra expongo y fundamento la teología de los sacramentos como teología simbólica, especialmente en el capítulo 4, pp. 91-113. Cf. también: L. Boff, *Los sacramentos de la vida y la vida de los sacramentos*, Indo-American Press Service, Bogotá, 1975; J. M.ª Castillo, *Símbolos de libertad*, Sígueme, Salamanca, 1981; L. M. Chauvet, *Símbolo y sacramento*, Herder, Barcelona, 1991; C. Floristán y L. Maldonado, *Liberación y sacramentos*, Mañana Editorial, Madrid, 1977; L. Maldonado, *Sacramentalidad evangélica*, Sal Terrae, Santander, 1987.

tenía como presupuesto dogmático el axioma excluyente «fuera de la iglesia no hay salvación». De nuevo el lenguaje simbólico debe sustituir al dogmático, en la línea iniciada en la década de los años cincuenta del siglo pasado por teólogos como Semmelroth, Rahner, Schillebeeckx y asumida por el concilio Vaticano II, donde se habla de la iglesia como misterio y protosacramento[10]. La reflexión posterior abre nuevas perspectivas y ubica a la iglesia en el horizonte del reino de Dios (Loisy) y del movimiento igualitario de Jesús (G. Theissen, Schüssler Fiorenza), en la fuerza del Espíritu y en perspectiva profética (Moltmann), en su estructura carismática (Küng, Boff) y su configuración comunitaria (Floristán) y desde la opción por los pobres (Gutiérrez, Sobrino). Eso no implica renunciar a su carácter institucional, que le es inherente como colectivo humano, pero siempre que sea institución que promueve la libertad y la emancipación (Metz). Una iglesia así entendida, configurada y vivida se convierte en símbolo de innegable significación liberadora.

11.2. *Recuperación de la tradición teológico-simbólica*

Es necesario recuperar la mejor tradición de la teología simbólica, que tiene uno de los momentos álgidos en el Pseudo-Dionisio, cuyo objetivo es doble[11]: explicar las «metonimias de lo sensible a lo divino» y establecer las reglas de interpretación que lleven a aplicar a Dios y al mundo divino los símbolos extraídos del mundo sensible. Ahora bien, cualquier imagen aplicada a Dios debe someterse a un proceso de purificación que permita descubrir la dimensión trascendente de lo divino, capaz de superar la materialidad de los símbolos. Es el modelo de la *anagogía*, que comporta al mismo tiempo semejanza y desemejanza del símbolo con lo divino (*semejanza disímil*), siendo más esencial identificar la desemejanza que la semejanza. La clave de la teología simbólica está en el simbolismo de-semejante.

El Pseudo-Dionisio distingue dos caminos para el conocimiento de Dios, que no tienen por qué oponerse: el simbólico, cuya vía es la iniciación, y el filosófico, cuya vía es la demostración. La vía sim-

---

10. Cf. O. Semmelroth, *Die Kirche als Ursakrement*, Frankfurt a. M., 1953; K. Rahner, *Kirche als Sakrement*, Freiburg Br., 1960.
11. Cf. E. Vilanova, *Historia de la teología cristiana I. De los orígenes al siglo* XV, Herder, Barcelona, 1987, p. 255.

bólica no es un simple adorno accesorio del que pueda prescindirse sin más, sino un instrumento coesencial de la comunicación del misterio. Tiene su justificación y punto de apoyo en la distancia insalvable entre la realidad sensible y la realidad a la que apunta el misterio. Los teólogos de la escuela de Alejandría consideran irresoluble el problema del lenguaje teológico sobre Dios. Plotino comparte ese planteamiento. «Se nos debe perdonar —afirma— si (al hablar de Dios) utilizamos el lenguaje, porque hablando estrictamente no admitimos que el lenguaje sea aplicable (para hablar de Dios)». Hilario de Poitiers va más allá todavía y dice que Dios trasciende incluso el pensamiento. Agustín indica que trasciende el propio acto de comprender. «Si comprendes, no es Dios», dirá, para añadir que, si hablamos de Dios, es «no por decirlo, sino por no callar» (*De Trin.* V, 9). El rabino cordobés Maimónides indica que quien osa afirmar los atributos de Dios, inconscientemente pierde su fe en él. La insuficiencia del lenguaje para hablar de la trascendencia se mantiene a lo largo de la Edad Media y en el renacimiento. «Oh quanto è corto il dire!», escribe Dante en *La divina comedia*, indicando con ello lo imposible que le resultaba decir algo del Amor que «movía el sol y las estrellas» (canto 21)[12]. En la introducción al *Cántico espiritual* san Juan de la Cruz afirma que la sabiduría mística, que es por amor, no necesita entenderse, ya que «a modo de ser la fe, en la cual amamos a Dios sin entenderle».

Ése ha sido el horizonte de los místicos, quienes, para expresar sus trances teopáticos, han recurrido a aproximaciones simbólicas de connotaciones harto enigmáticas. Veamos algunos ejemplos: «la música callada», «la soledad sonora», la «llama de amor viva, que tiernamente hiere», el «cautiverio suave», «máteme tu vista y hermosura» (Juan de la Cruz); el «rayo de tinieblas», «Oscuridad Luminosísima, Oscuridad Maravillosa que irradia en espléndidos relámpagos y que no pudiendo ser vista ni percibida inunda con la Hermosura de sus resplandores a los espíritus santamente cegados, revelándoles los Divinos Misterios» (Pseudo-Dionisio); «el Señor hace sentir Su Presencia sin mostrar Su Cara, derrama en nosotros

---

12. Tomo algunas de estas referencias de Luce López-Baralt, en el concepto «Mística», que ha escrito para J. J. Tamayo Acosta (ed.), *Nuevo diccionario de teología*, Trotta, Madrid, de próxima aparición. Cf. También: J. Martín Velasco, *El fenómeno místico. Estudio comparado*, Trotta, Madrid, ²2003; M. Corbí, *El camino interior. Más allá de las formas religiosas*, Bronce, Barcelona, 2001; Varios, *Mujeres de luz. La mística femenina, lo femenino en la mística*, edición de P. Beneito y coordinación de L. Piera y J. J. Barcenilla, Trotta, Madrid, 2001.

Su Dulzura sin manifestar Su Hermosura; esparce Su Suavidad sin dejarnos ver Su Claridad» (Ricardo de San Víctor); la «luz negra» (Simnani); la «noche luminosa» y el «mediodía oscuro» (Sabastari); el «fuego» escrito en grandes caracteres para expresar su estado de aturdimiento (Pascal); la «dulzura intensa que se vuelve dolor, un dolor indecible, como algo agri-dulce pero que fuera infinitamente amargo e infinitamente dulce» (Ernesto Cardenal).

En la introducción al *Cántico espiritual* san Juan de la Cruz distingue dos tipos de teología: la escolástica, con la que se entienden las verdades divinas, y la mística, que se sabe por amor y en la que las verdades divinas se gustan, y no sólo se saben. El *Cántico espiritual* se ubica en esta última; más aún, es considerado el más admirable libro de teología simbólica. Jorge Guillén, crítico y poeta de la generación del 27, destaca la trascendencia simbólica del poema y cree que los únicos valores a reseñar en él son los simbólicos[13].

La mística recurre a metáforas como «tiniebla», «silencio», «inactividad». Con ellas quiere indicar que el conocimiento de Dios que proporciona la experiencia mística se sitúa más allá del conocimiento humano. En el estado teopático al que acabo de referirme, la inteligencia es arrebatada de sus condiciones ordinarias de pensar e imaginar. De dicho estado resulta la «ciencia mística».

11.3. El símbolo «da que pensar»

El símbolo, dice P. Ricoeur, *da que pensar*. Con ello quiere poner de manifiesto: a) el dinamismo inherente al lenguaje simbólico que participa de la realidad que significa; b) el ser ocasión para pensar; c) el dar al pensamiento carácter de interpretación, al ser polivalentes las posibilidades del símbolo; d) su capacidad de guiar el pensamiento en una determinada dirección. Los símbolos remiten a algo distinto, que se encuentra más allá de sí mismos, pero en lo que ellos participan. Poseen un *plus* de sentido y añaden un nuevo valor a una acción o un objeto. Remiten a experiencias y niveles profundos de la realidad cósmica y de la existencia humana —de nosotros mismos— no expresables por la vía de la razón teórica o del discurso racional, ni traducibles por vía conceptual, y que, sin la media-

---

13. Cf. San Juan de la Cruz, *Poesía*, edición de D. Ynduráin, Cátedra, Madrid, [10]1997.

ción simbólica, permanecerían ocultos o velados[14]. Lo expresa con precisión M. Eliade en estos términos:

> El símbolo revela ciertos aspectos de la realidad —los más profundos— que se niegan a cualquier otro medio de conocimiento. Imágenes, símbolos, mitos, no son creaciones irresponsables de la psique, responden a una necesidad y llevan una función: dejar al desnudo las modalidades más secretas del ser[15].

El símbolo es una especie de puente que relaciona dos sentidos: el literal y aquel al que remite el literal; la relación entre ambos es profunda e interna, y no meramente circunstancial y externa. El símbolo hace presente una ausencia y actualiza algo que no puede alcanzarse, que es imposible percibir o que es desconocido. Su función específica consiste en ser epifanía del misterio, manifestación de lo indecible. Abre a la trascendencia en el seno de la inmanencia, apunta a la presencia en medio de la ausencia, abre caminos de comunicación cuando se experimenta la soledad. Pero precisamente por su carácter inexaurible, el símbolo no sólo desvela, también *vela*; no sólo manifesta, también oculta, para evitar que el misterio se desdibuje y se disuelva en una facticidad inexpresiva.

El símbolo se ubica en el horizonte de la utopía. Ayuda a recuperar la identidad perdida, pero no mirando al pasado con añoranza, sino poniendo la mirada en el futuro con intención anticipadora. Ejerce una función utópico-anticipatoria, ya que apunta al ideal de una humanidad liberada de toda opresión, pero sin emprender una huida hacia delante para escapar de la realidad. En el ejercicio de dicha función, el símbolo ayuda a descubrir la gravidez de futuro latente en la realidad y su carácter tendencial, así como el excedente de sentido ínsito en el ser humano y el excedente cultural presente en la historia. Lo que se anticipa en los símbolos sacramentales cristianos son los valores del Reino, el nuevo cielo y la nueva tierra donde acontece la salvación.

El símbolo no es creación individual, sino que precede al individuo. Nace en el seno de una colectividad, de ella se nutre y en

---

14. Cf. P. Ricoeur, *Finitud y culpabilidad*, Trotta, Madrid, 2004; P. Tillich, *Dynamics of Faith*, Harper and Row, New York, 1957; Íd., *Teología sistemática*, 3 vols., Sígueme, Salamanca, 1974-1982; A. Dulles, *Models of Revelation*, Doubleday, Garden City, NY, 1983.
15. M. Eliade, *Imágenes y símbolos*, Taurus, Madrid, 1974, p. 12.

HORIZONTE SIMBÓLICO

ella adquiere sentido. El ser humano, simbolizador como es, «no fabrica los símbolos a su arbitrio, ni entra a su arbitrio en los símbolos colectivamente generados, para viajar por la vida como se viaja en un utilitario [... Los símbolos] pueden cultivarse como los árboles y morir o secarse si se les arranca de la tierra las raíces, pero tienen su ritmo de vida y les gusta el aire y el sol de lo natural»[16]. Del carácter comunitario del símbolo emana directamente su participación en él. Porque el símbolo no es para contemplarlo desde fuera cual espectador ajeno y pasivo. Hay que implicarse en su dinámica, y no con la cabeza sino con la totalidad del ser humano.

Hay una pregunta que se hace con frecuencia: ¿Se oponen símbolo y razón? Ésa es la idea más extendida. Sin embargo, no parece la más correcta. El símbolo no lucha contra la razón, ni la razón busca —o no debería buscar— la eliminación del símbolo. Existe una razón simbólica que amplía el horizonte de la racionalidad, muy achicada por un positivismo y un utilitarismo de vía estrecha destructores del símbolo. La razón simbólica se caracteriza por la gratuidad, la alteridad y la no-manipulación. Es una razón solidaria, dialógica y respetuosa con otras formas de racionalidad que no sean la instrumental.

11.4. *Del lenguaje dogmático al simbólico*

A la hora de fundamentar los principios de la fe y de exponer sus contenidos, la teología tiende a utilizar un lenguaje dogmático y realista. Lo que son símbolos los convierte en dogmas, eliminando así la polisemia para imponer el significado único. La operación a desarrollar tiene que ser la inversa: liberar al lenguaje teológico de su carácter dogmático y recuperar su dimensión simbólica. Veámoslo en dos ejemplos emblemáticos: la resurrección y el título «Hijo de Dios» aplicado a Jesús de Nazaret.

La *resurrección* de Jesús es descrita por determinadas tendencias teológicas como un suceso real, visible, empíricamente demostrable a través de los testigos a quienes se apareció y que compartieron mesa con él en las mismas condiciones que antes de su muerte. Para ello se apela a los relatos de la tumba vacía y a las listas de personas a quienes se apareció el Resucitado: las mujeres, los apóstoles, «los quinientos», Pablo, los discípulos de Emaús, etcétera.

---

16. A. Tornos, *Acciones mágicas y sacramentos de fe*, Fundación Santa María, Madrid, 1987, p. 51.

Es necesario decir adiós a la resurrección como acontecimiento histórico empíricamente verificable, superar el lenguaje realista, recuperar el lenguaje simbólico en que fue presentado en los orígenes del cristianismo y preguntarse por su significado[17]. La idea misma de resurrección es ya una interpretación de lo vivido por los discípulos y las discípulas de Jesús de Nazaret tras su muerte. Los verbos empleados en el Nuevo Testamento para hablar de la resurrección son metafóricos: *egeiro*, cuyo significado es «despertar», y el sustantivo *egersis*; *anistemi*, con el significado de «levantarse», «ponerse en pie», alzarse», y el sustantivo *anástasis*. No se utilizan, por tanto, para describir un fenómeno real en el terreno físico-visual.

El símbolo de la resurrección está en sintonía con las utopías de un mundo mejor que la humanidad ha tejido a lo largo de la historia y con las utopías formuladas y vividas en el seno de religiones, que buscan sobrevivir y trascender la negatividad de la historia. Lo expresa bellamente E. Bloch:

> Tras su muerte, el recuerdo real de Jesús provoca con necesidad dimensiones de esperanzas desconocidas en cualquier fundador religioso anterior. De entre todos ellos, éste había de ser el *primero* que se sumiera en el sueño y fuera despertado; de entre todos ellos, éste tenía que ser el que ascendiera *a los cielos*, no ennoblecido como Heracles o como Elías, lejanos y trascendentes, sino como un ancla de la esperanza que arrastra consigo; y de entre todos, era Jesús quien tenía que retornar para dar conclusión al reino del hombre: «Permanezcamos firmes en la confesión de la esperanza, porque fiel es el que la ha prometido» (Heb 10, 23)[18].

La resurrección debe situarse en la perspectiva de las víctimas, siguiendo la tradición de la apocalíptica judía, que nada tiene de catastrofista, como se tiende a presentar, sino que anuncia la liberación al final de la historia. La apocalíptica se toma en serio la negatividad de la historia, pero no la considera un hecho fatal al que haya que someterse sino como realidad a la que oponer resistencia. La rehabilitación de las víctimas está en el origen de la fe judía en la resurrección de los muertos (Dn 12, 1-3; 2 Mc 7) y en

---

17. Cf. G. Lüdemann, *Was mit Jesus wirklich geschah. Die Auferstehung historisch betrachtet*, Radio Verlag, Stuttgart, 1995; G. Lüdemann y A. Özen, *La resurrección de Jesús. Historia, experiencia, teología*, Trotta, Madrid, 2001; J. J. Tamayo-Acosta, *Dios y Jesús. El horizonte religioso de Jesús de Nazaret*, Trotta, Madrid, 2000, pp. 143-178.
18. E. Bloch, *El principio esperanza*, 3 vols., Trotta, Madrid, 2003.

la primera predicación apostólica sobre Jesús de Nazaret el Cristo (Hch 2, 22-36; 3, 15-16). La resurrección de Jesús de Nazaret posee una dimensión ecológico-cósmica que no puede descuidarse. La resurrección remite, en fin, al Jesús histórico, a su vida, su mensaje y su práctica. La fe en la resurrección «nace del recuerdo del Jesús histórico», afirma E. Schillebeeckx[19].

Otro ejemplo de símbolo convertido en dogma por la ortodoxia cristiana es *Hijo de Dios*, que, siguiendo a N. Lash, he definido como «metáfora de la teología cristiana» o, si se prefiere, como la gran metáfora del cristianismo[20].

«Hijo de Dios» es un título aplicado desde antiguo a faraones y reyes. En el caso de Israel, la literatura sálmica del Antiguo Testamento deja constancia de ello repetidamente (Sal 2, 7; 9, 28; 119, 1). Otros textos veterotestamentarios aplican la filiación divina al pueblo de Israel (Éx 4, 23) y se refieren a los israelitas como hijos e hijas de Yahvé. La literatura bíblica sapiencial presenta al justo como hijo de Dios (Sab 2, 16.18). A partir del exilio es a la Sabiduría a quien se denomina hija de Dios, engendrada antes de la creación de todas las cosas y formada desde la eternidad.

En el hebreo bíblico los términos «padre» e «hijo» no se utilizaban de manera exclusiva para referirse a la descendencia y al parentesco, como suele suceder en nuestras lenguas. En el griego neotestamentario persiste la misma tendencia a utilizar «hijos» o «hijitos» y padre sin que exprese relaciones de descendencia. Tampoco expresa esa relación la denominación «hijo de Dios», cuyo significado suele ser la unión íntima de la persona a la que se aplica con Dios.

Los evangelios sinópticos aplican a Jesús de Nazaret el título «hijo de Dios» repetidas veces y con un significado similar. El reconocimiento de Jesús como hijo de Dios en la confesión de fe de Cesarea de Filipo, que recoge el Evangelio de Marcos, debe enmarcarse en el tema central de este evangelio, el *secreto mesiánico*, y quizá signifique simplemente que Jesús es rey mesiánico, observa B. van Iersel[21].

19. E. Schillebeeckx, *Jesús. La historia de un viviente*, Trotta, Madrid, 2002, p. 371.
20. Cf. J. J. Tamayo-Acosta, *Dios y Jesús. El horizonte religioso de Jesús de Nazaret*, cit., pp. 111-142.
21. Cf. B. van Iersel, «"Hijo de Dios" en el Nuevo Testamento»: *Concilium* 173 (1982), p. 359. Para un estudio exegético cf. J. Gnilka, *El evangelio según san Marcos* II, Sígueme, Salamanca, ²1992.

Cuando Mateo refiere a Jesús la expresión «hijo de Dios», suele atenerse a los significados de la expresión en el Antiguo Testamento, sobre todo el *mesiánico*. Hay veces que el título expresa unas relaciones especiales, únicas, de conocimiento, amor y unión entre Dios y Jesús, como en Mt 11, 25-30: «Yo te bendigo, Padre, porque has ocultado estas cosas a sabios e inteligentes, y se las has revelado a pequeños. Sí, Padre, pues tal ha sido tu beneplácito. Todo me ha sido entregado por mi Padre, y nadie conoce al Hijo sino el Padre, ni al Padre sino el Hijo, y aquel a quien el Hijo se lo quiera revelar». Pero en ningún caso llega a producirse un desplazamiento del significado hacia el contenido de la definición dogmática de Calcedonia. Ni siquiera cuando Jesús dice a Pedro que su confesión de fe «tú eres el Cristo, el hijo de Dios vivo» no se la ha revelado ni la carne ni la sangre, sino el Padre de los cielos (Mt 16, 17). Otras veces Mateo destaca la dimensión taumatúrgica de Jesús (Mt 14, 33).

En Lucas «hijo de Dios» aplicado a Jesús tiene también significado mesiánico, si bien en el relato del nacimiento parece ir más allá al relacionarlo con la procedencia divina (Lc 1, 35).

«Hijo de Dios» es el título que mejor caracteriza la cristología paulina (1 Tes 1, 10; Rom 1, 3-4.9; 9, 5; Gál 1, 16; 2, 20; 4, 4.6). En cuanto hijo de Dios, Jesús de Nazaret es «imagen de Dios» en la primera y en la nueva creación (Col 1, 15; Rom 8, 29; 2 Cor 4, 4), reflejo de la gloria de Dios (2 Cor 6, 6) y primogénito de toda la creación (Col 1, 15). Rom 1, 3-4 recoge una confesión cristológica prepaulina muy antigua que vincula el título de hijo de Dios con la resurrección. Al resucitar a Jesús, Dios se pone de su parte, lo rehabilita tras su muerte, le confirma como su Ungido, le justifica frente a sus perseguidores y le reconoce como hijo suyo.

Los escritos atribuidos a Juan (tres cartas y el Cuarto Evangelio) emplean frecuentemente el título de hijo de Dios aplicado a Jesús y le conceden especial relevancia. Su significado coincide en los aspectos fundamentales con el de Pablo y, en buena medida, con el de los sinópticos. Entre el Padre y el Hijo hay una relación íntima, una comunicación fluida tanto en las palabras como en las obras (Jn 5, 19 ss.). El conocimiento de Dios es inseparable del conocimiento del Hijo, y viceversa (Jn 8, 19).

En suma, con el título «hijo de Dios» el Nuevo Testamento quiere expresar, por una parte, la relación personal de Jesús con Dios, una relación especial que no logra manifestarse en toda su profundidad y radicalidad sólo con la afirmación de la humanidad, y, por otra, la manifestación de Dios al modo humano, es decir, el *Deus humanisimus* de que habla con originalidad el teólogo holandés E. Schillebeeckx. «Hijo de Dios» integra armónicamente a Dios y a Jesús de Nazaret. Ahora bien, de los datos que aporta el Nuevo Testamento no puede deducirse la identificación de Jesús de Nazaret con Dios.

El concilio de Calcedonia da un salto doctrinal y eleva a categoría dogmática la divinidad de Jesús de Nazaret. Éste es el texto de la definición:

> Siguiendo a los santos Padres, todos a una voz enseñamos que ha de confesarse a uno solo y mismo Hijo, nuestro Señor Jesucristo, el mismo perfecto en la divinidad y el mismo perfecto en la humanidad, verdaderamente Dios y verdaderamente hombre, de alma racional y cuerpo, uno en esencia con el Padre según la divinidad, también uno en esencia con nosotros según la humanidad, en todo semejante a nosotros, menos en el pecado (Heb 4, 15); engendrado del Padre antes de todos los siglos según la divinidad, y el mismo, en los últimos días, por nosotros y por nuestra salvación, engendrado de María Virgen, Madre de Dios, según la humanidad. Uno mismo y único Cristo, Hijo, Señor, Unigénito, en dos naturalezas, sin confusión, sin cambio, sin división y sin separación, jamás suprimida la diferencia de las naturalezas a causa de la unión, sino conservando cada naturaleza su propiedad y concurriendo en una sola persona y en una sola hipóstasis, no dividido o separado en dos personas, sino un mismo y único Hijo Unigénito, Verbo, Dios Verbo, Señor Jesucristo, tal como ya de antiguo nos enseñaron de él los profetas, y el mismo Jesucristo, y nos lo transmitió la confesión de fe de los Padres.

En esta definición no se hace referencia a la vida terrena de Jesús de Nazaret, a su actividad pública, a su pasión y muerte. El Cristo de Calcedonia parece una persona estática, inmóvil, sin acción ni pasión, sin vida ni historia. Es verdad que constantemente se habla de su humanidad, pero sin ofrecer un solo rasgo de la misma. Se trata de una humanidad a-histórica, a-pática, a la que no se reconoce valor por sí misma, si no es en su relación con la divinidad. La humanidad adquiere relevancia en la medida en que opera como mediación para que lo divino se manifieste. Estamos ante una ruptura total con el Jesús histórico. Jesús de Nazaret es trasladado conceptualmente de la Palestina rural donde se desarrolló su vida a la Grecia de los filósofos.

En la base de la definición de Calcedonia sobre la divinidad de Cristo está una concepción estática, a-histórica y a-pática de la divinidad: Dios eterno, todopoderoso, inalterable en sus planes, ajeno a los sufrimientos de los seres humanos y de la naturaleza, que no se altera por nada de lo que suceda fuera de él. Ningún parecido con el Yahvé compasivo del Éxodo (Éx 3, 7 ss.) ni con el Siervo sufriente de los cantos de Isaías (Is 52, 13 - 53,12).

En la formulación cristológica de Calcedonia, lo mismo que antes en los concilios de Nicea y Constantinopla, se produce un desplazamiento múltiple: se pasa del campo cultural bíblico al cultural helenístico, del género literario del relato al argumentativo, de la experiencia al pensamiento especulativo. El Cristo de Calcedonia poco tiene que ver —por no decir nada— con el Jesús de los evangelios crucificado como malhechor, ni con el Cristo que asume el modo de existencia de un esclavo (Flp 2, 6-11).

Calcedonia salva la humanidad y la divinidad de Jesús el Cristo, pero en vacío, en abstracto, sin referentes históricos. En cuanto a precisión conceptual, la definición resulta impecable, pero en cuanto a su relación con el Jesús histórico, cualquier parecido con la realidad es pura coincidencia.

¿Jesús, hijo de Dios? Éste es, como dice Martin Hengel, el enigma por excelencia de la cristología, pero también uno de los problemas fundamentales de la teología y una dificultad no pequeña de muchas personas para adherirse a la fe cristiana[22]. Ahora bien, el enigma se salva mejor si la expresión «hijo de Dios» se entiende como símbolo de una comunicación fluida humano-divina Jesús de Nazaret-Dios, sin mediaciones institucionales, en la línea que acabo de exponer, y no como definición dogmática de la divinidad de Jesucristo. La definición dogmática blinda la figura de Jesús y la convierte en objeto doctrinal de creencia, cerrando toda posibilidad de comunicación vital, interpersonal. La vía simbólica, sin embargo, libera del corsé del dogma y deja abierto un amplio campo de significaciones y de relaciones.

---

22. Cf. M. Hengel, *El Hijo de Dios. El origen de la cristología y la historia de la religión judeo-helenística*, Sígueme, Salamanca, 1978.

12

TEOLOGÍA Y CIENCIAS DE LA RELIGIÓN

12.1. *La teología, «saber parcial sobre un objeto parcial»*

La teología no agota la reflexión sobre Dios, ni el estudio de las religiones en general o de cada religión en particular. No abarca todos los campos de análisis de la realidad religiosa. Es uno más entre los numerosas caminos y formas de aproximación a la experiencia de lo sagrado. Coincido con J. Pohier —quizá para escándalo de algunos— en que la teología es un «saber parcial sobre un objeto parcial» y en que «el conocimiento de Dios es [...] algo fragmentario, aleatorio y limitado [...], no porque Dios no sea el infinito, sino porque yo soy finito»[1].

Por mucho que se enorgullezca de ser «la ciencia de lo Absoluto», la teología tiene que dialogar, e incluso confrontarse, con otras ciencias o disciplinas que también se ocupan del Absoluto desde otros métodos y enfoques. La actitud de los teólogos y las teólogas

---

1. J.-M. Pohier, «Teología y psicoanálisis»: *Concilium* 135 (1978), pp. 226-227. En un texto de gran fuerza expresiva Pohier relativiza el carácter totalizador que se reconocía a la teología en épocas pasadas. «Hoy —afirma— no puedo concebir la teología como esas extraordinarias catedrales del saber sobre Dios, donde la inteligencia avanzaba en el conocimiento del misterio divino con toda intrepidez de una epistemología pseudoaristotélica o con el aplomo de un Cayetano, un Juan de Santo Tomás o un Maritain. No me siento a gusto, por otra parte, con las pretensiones —también exorbitadas a fin de cuentas— de las teologías de la historia de la salvación, convencidas de que puedan dominar y abarcar toda la realidad de la historia tan fácilmente como las teologías "metafísicas" de antaño creían captar el ser y todas sus modalidades», *ibid.*, p. 227.

ante otras disciplinas que se mueven en el mismo ámbito de estudio ha de ser de *modestia* y de *apertura*. Modestia para reconocer con honestidad intelectual el carácter provisional y los límites de su propio trabajo, sin por ello minusvalorarlo o considerarlo irrelevante. Apertura para acoger con lealtad las aportaciones de las otras fuentes de estudio del fenómeno religioso.

La teología es un género literario que tiene sus propias reglas de juego o, si se prefiere, una disciplina con su propio estatuto de autonomía. Es, por expresarnos en términos de Wittgenstein, un «juego de lenguaje» que, como todo juego de lenguaje, tiene su *Sitz im Leben* (= contexto vital) y su propia gramática. Pero, a su vez, está dentro de una amplia red de comunicaciones con otras disciplinas. Vive en un régimen de «dependencia en relación con las condiciones sociales de producción, es decir, con la economía de los bienes culturales, sobre los que el teólogo está llamado a ejercer una vigilancia ideopolítica permanente»[2]. De ahí la importancia de la sociología, la economía, la politología, la antropología cultural, la ecología, etc., como mediaciones necesarias del discurso teológico[3].

La apertura de la teología se extiende también, y de manera prioritaria, a las diferentes disciplinas que se ocupan del estudio de la religión: filosofía de la religión, fenomenología de la religión, historia de las religiones, sociología de la religión, psicología de la religión, antropología religiosa, etc. Siguiendo a M. Eliade, en estas disciplinas la palabra «religión» no implica de forma necesaria la creencia en Dios, dioses o espíritus, sino que se refiere a la *experiencia de lo sagrado* y se relaciona con los conceptos de *ser, sentido y verdad*[4].

¿Cómo debe entenderse esa apertura? No al modo tradicional en que las diferentes disciplinas, y muy especialmente la filosofía, eran consideradas ciencias subordinadas y auxiliares que estaban al servicio de la teología y se sometían obedientemente a sus órdenes. Las disciplinas citadas son todas ellas «mayores de edad», autónomas, y no necesitan pasar por el Jordán de la teología para conseguir su legitimidad intelectual y académica. Por ello, su relación ha de ser de diálogo, de colaboración y de crítica en sentido bidireccional.

2. Cl. Boff, *Teología de lo político. Sus mediaciones*, Sígueme, Salamanca, 1980, p. 301.
3. Sobre la mediación socioanalítica en la teología de la liberación, cf. J. J. Tamayo-Acosta, *Para comprender la teología de la liberación*, Verbo Divino, Estella (Navarra), [5]2000, pp. 71-97.
4. M. Eliade, *La búsqueda. Historia y sentido de las religiones*, Kairós, Barcelona, 1998, p. 7.

12.2. Filosofía de la religión y fenomenología de la religión

La *filosofía de la religión*[5] reflexiona sobre la racionalidad de las creencias religiosas y estudia las relaciones entre la fe y la razón. La crítica moderna de la religión, desde los maestros de la sospecha (Marx, Nietzsche y Freud) hasta nuestros días, juega un papel fundamental en esta disciplina. Dicha crítica impugna la credibilidad, legitimidad e incluso utilidad de la religión, sobre todo la cristiana[6]. Es verdad que en ella no faltan reduccionismos y dogmatismos, como ya viera Bloch cuando calificaba a a la Ilustración de «roma» en materia religiosa. Sin embargo, plantea importantes problemas epistemológicos que la teología no puede eludir, hace luminosas aportaciones en torno al carácter ideológico del cristianismo que la teología haría bien en asumir o, al menos, analizar, y pone el dedo en la llaga sobre las perversiones de que con frecuencia es objeto la religión tanto en la teoría como en la práctica: irracionalismo, fideísmo, intolerancia, fanatismos, conciencia mágica, ideologización de la

---

5. Cf. D. Hume, *Diálogos sobre la religión natural. Historia natural de la religión*, prólogo de J. Sádaba, Sígueme, Salamanca, 1974; E. Kant, *La religión dentro de los límites de la mera razón*, Akal, Madrid, 1969; Íd., *La contienda de las facultades de filosofía y teología*, estudio preliminar de J. Gómez Caffarena, Trotta, Madrid, 1999; G. W. F. Hegel, *Lecciones sobre filosofía de la religión*, 3 vols., Alianza, Madrid, 1984-1987; Íd., *El concepto de religión*, estudio introductorio de A. Ginzo, FCE, Madrid, 1981; G. Bataille, *Teoría de la religión*, Taurus, Madrid, 1975; X. Zubiri, *El problema filosófico de la historia de las religiones*, Alianza-Fundación Xavier Zubiri, Madrid, 1993; J. Gómez Caffarena y J. Martín Velasco, *Filosofía de la religión*, Revista de Occidente, Madrid, 1973; J. Gómez Caffarena, *El teísmo moral de Kant*, Cristiandad, Madrid, 1983; Instituto Fe y Secularidad, *Convicción de fe y crítica racional*, Sígueme, Salamanca, 1973; J. Sádaba, *¿Qué es un sistema de creencias?*, Mañana Editorial, Madrid, 1978; Íd., *Lecciones de filosofía de la religión*, Mondadori, Madrid, 1989; A. Fierro, *Sobre la religión. Descripción y teoría*, Taurus, Madrid, 1979; J. Gómez Caffarena y J.-M.ª Mardones (coords.), *Cuestiones epistemológicas. Materiales para una filosofía de la religión* I, Anthropos, Barcelona, 1992; Íd., *La tradición analítica. Materiales para una filosofía de la religión* II, Anthropos, Barcelona, 1992, J. J. Tamayo-Acosta, «Ernst Bloch: filosofía de la religión en clave de utopía»: *Biblia y Fe* 59 (1994), pp. 11-45; M. Fraijó (ed.), *Filosofía de la religión. Estudios y textos*, Trotta, Madrid, ²2001.
6. Cf. H. Zirker, *Crítica de la religión*, Herder, Barcelona, 1985; H.-K. Weger (dir.), *La crítica de la religión en los tres últimos siglos. Diccionario de autores y escuelas*, Herder, Barcelona, 1985; J. A. Gimbernat, «Religión (Crítica)», en C. Floristán y J. J. Tamayo (dirs.), *Conceptos fundamentales del cristianismo*, Trotta, Madrid, 1993, pp. 1137-1144.

realidad, etc. Lejos de considerar la crítica de la religión como adversaria de la teología cristiana, yo creo que debe ser entendida como un impulso para la reflexión y un momento interno de la práctica teológica. La religión se encuentra segura en manos de los filósofos, decía F. Nietzsche. Sin embargo, cuando sale del campo de la filosofía y pasa a manos de «supuestos profesionales», hay que echarse a temblar. La filosofía de la religión pregunta a la teología por la fundamentación de sus afirmaciones teológicas y por su relevancia en el plano epistemológico. La ayuda, a su vez, a tener precisión conceptual[7].

El actual enfoque ha superado airosamente, a mi juicio, tres de los obstáculos teóricos que han dificultado el estudio objetivo de la religión a lo largo de la segunda mitad del siglo XX: *a*) el prejuicio existencialista —sobre todo heideggeriano—, que, al reconocer valor exclusivo al tiempo histórico, descuida la experiencia del tiempo cíclico; *b*) el prejuicio cristiano-ortodoxo, que encierra a la religión en los límites de la interpretación dogmática de los primeros concilios y deja en la sombra las experiencias religiosas y culturales ecuménicas anteriores a Nicea; *c*) el prejuicio posmoderno, que rechaza todo fundamento y todo gran relato. El estudio del fenómeno de lo sagrado tiene lugar hoy por vía polilógica. En esa perspectiva hay una recuperación del mito en cuanto palabra reveladora de una realidad viva, y no como fábula, impostura o enfermedad del lenguaje. Así lo afirma F. García Bazán:

> El mito y la historia no se oponen, sino que son los dos modos irreductibles entre sí, pero complementarios, como los seres humanos han sido capaces de vivir finita y temporalmente la realidad de lo sagrado, habiendo producido, a partir de sus concepciones, culturas y civilizaciones que han querido conservar estas vivencias[8].

Uno de los problemas centrales de la filosofía de la religión es *Dios,* que, según Hegel, constituye por igual el objeto de la filosofía y el de la religión[9]. Hay una correlación entre el problema de Dios

---

7. Cf. H. Duméry, *Critique et religion. Problèmes de méthode en philosophie de la religion*, Paris, 1957; R. Schäffler, *Religionsphilosophie*, Freiburg-München, 1983.
   8. Cf. F. García Bazán, *Aspectos inusuales de lo sagrado*, Trotta, Madrid, 2000, p. 12.
   9. Cf. H. Duméry, *Le problème de Dieu en philosophie de la religion*, Paris, 1957; T. Miethe-A. Flew, *¿Existe Dios? El debate entre un creyente y un ateo*, Cátedra, Barcelona, 1994; J. A. Estrada, *Dios en las tradiciones filosóficas.* 1.

y la filosofía, que ha ido evolucionando a lo largo de la modernidad europea, desde la armonía Dios-razón (con Descartes y Leibniz), pasando por la crisis del teísmo y la muerte de Dios, la consideración de absurdo semántico de la palabra «Dios» en la filosofía analítica, hasta el cuestionamiento radical de teodicea, por una parte, y los intentos de reconstrucción del teísmo, por otra. J. A. Estrada centra correctamente el debate actual sobre el teísmo en torno a estas preguntas:

> ¿Cuál es el estatuto del teísmo? ¿Cómo podemos fundamentar el pensamiento religioso y teológico? ¿Hasta qué punto está justificada la apelación al teísmo para dar respuesta a las preguntas humanas por el saber, hacer y esperar que planteaba Kant? ¿Qué significado pueden tener, si es que tienen alguno, las clásicas pruebas de la existencia de Dios a partir del hombre?[10].

La *fenomenología de la religión*[11] analiza los elementos comunes de la estructura religiosa a partir de las manifestaciones, múltiples y variadas, complejas y ambiguas, del fenómeno religioso a lo largo de la historia: el ámbito de lo sagrado, el misterio como realidad determinante de lo sagrado, la actitud religiosa del sujeto, las mediacio-

---

Aporías y problemas de la teología natural, Trotta, Madrid, 1994; 2. *De la muerte de Dios a la crisis del sujeto*, Trotta, Madrid, 1996; Íd., *La imposible teodicea. La crisis de Dios hoy*, Trotta, Madrid, ²2003; Íd., *Razones y sinrazones de la creencia religiosa*, Trotta, Madrid, 2001; A. Gesché, *Dios para pensar. 1. El mal-El hombre*, Sígueme, Salamanca, 1995; Íd., *Dios para pensar. 2. Dios-El cosmos*, Sígueme, Salamanca, 1997; A. Torres Queiruga, *El problema de Dios en la modernidad*, Verbo Divino, Estella, 1997; J. J. Tamayo-Acosta, *Para comprender la crisis de Dios hoy*, Verbo Divino, Estella, ²2000.
10. J. A. Estrada, *Dios en las tradiciones filosóficas. 2. De la muerte de Dios a la crisis del sujeto*, cit., p. 240.
11. Cf. H. Duméry, *Phénoménologie et religion*, Paris, 1958; G. Van der Leew, *Fenomenología de la religión*, FCE, México, 1964; M. Eliade, *Lo sagrado y lo profano*, Guadarrama, Madrid, 1967; G. Widengren, *Fenomenología de la religión*, Cristiandad, Madrid, 1976; Ll. Duch, *Historia y estructuras religiosas. Aportación al estudio de la fenomenología de la religión*, Bruño, Madrid, 1978; R. Otto, *Lo santo. Lo racional y lo irracional en la idea de Dios*, Alianza, Madrid, 1980; J. Martín Velasco, *Introducción a la fenomenología de la religión*, Cristiandad, Madrid, ⁴1984; Íd., «La fenomenología de la religión en el campo de los saberes sobre el hecho religioso», en J. Gómez Caffarena y J. M.ª Mardones (coords.), I. *Cuestiones epistemológicas. Materiales para una filosofía de la religión*, Anthropos, Barcelona, 1992, pp. 13-58; Íd., «Religión (Fenomenología)», en C. Floristán y J. J. Tamayo (dirs.), *Conceptos fundamentales del cristianismo*, Trotta, Madrid, 1993, pp. 1155-1172; L. Dupré, *Simbolismo religioso*, Herder, Barcelona, 1999.

nes en que se presencializa el misterio, las expresiones de reconocimiento del misterio en la persona religiosa, los tiempos sagrados, las personas sagradas, las creencias y su formulación doctrinal, etc. La fenomenología ofrece, asimismo, una tipología de las religiones conforme a diferentes criterios: el cronológico, el de la forma de representar el misterio, el de la realidad que sirve de sujeto, el del carácter más personalizado o impersonal de la divinidad, etcétera[12].

Ahora bien, la fenomenología de la religión no se queda en el estudio de la estructura religiosa en el pasado. Se interesa, asimismo, por las posibilidades de realización —e incluso de supervivencia— del hecho religioso en medio del actual pluralismo cultural —aspecto éste que comparte con la sociología de la religión—, atendiendo a la crisis radical por la que están pasando las religiones y, sobre todo, las instituciones en que éstas se encarnan[13].

Una de las líneas más prometedoras de la investigación fenomenológica actual sobre la religión es el estudio del fenómeno místico. Es opinión muy extendida —convicción, diría mejor— entre los fenomenólogos de la religión que el estudio de la mística constituye uno de los caminos más directos para avanzar en el conocimiento de la verdad de la religión y para encontrarse con su núcleo más íntimo. Así lo entendía H. Bergson, para quien la religión es «la cristalización, operada por un enfriamiento intelectual, de lo que la mística vino a depositar, incandescente, en el alma de la humanidad». Por eso, la mística es considerada hoy como el elemento de mayor convergencia de las religiones. Ello explica el interés creciente que los estudios interdisciplinares de las religiones muestran por los místicos, sus experiencias espirituales y sus escritos[14].

Dichos estudios desmienten que la mística sea un fenómeno a-histórico, oscurantista y generador de pasividad en la persona creyente. Lo que muestran, más bien, como veremos en el capítulo siguiente, es que en la experiencia mística se compaginan armónicamente el pensar y el amar, la inteligencia y la afectividad, la espiri-

---

12. Cf. J. Martín Velasco, «Religión (Fenomenología)», en C. Floristán y J. J. Tamayo (eds.), *op. cit.*
13. Cf. J. Martín Velasco, *El malestar religioso en nuestra cultura*, San Pablo, Madrid, ³1998.
14. Cf. Maestro Eckhart, *El fruto de la nada*, Siruela, Madrid, 1998; Ibn 'Arabi, *Las iluminaciones de La Meca*, Siruela, Madrid, 1994; R. Panikkar, *El silencio de Buddha*, Siruela, Madrid, 1996; T. Izutsu, *Sufismo y taoísmo*, vol. 1: Ibn 'Arabi, vol. 2: *Laozi y Zhuangzi*, Siruela, Madrid, 1997.

TEOLOGÍA Y CIENCIAS DE LA RELIGIÓN

tualidad y la teología. En el mundo místico el sujeto no queda eliminado o negado, sino que es afirmado y potenciado[15].

La alternancia de opuestos es la forma como el místico expresa su experiencia más profunda: ausencia-presencia, silencio-palabra, desolación-consolación, dolor-gozo, invidencia-visión, muerte-vida, nesciencia-saber, desposesión-posesión, despojo-apropiación, prisión-libertad, soledad-acompañamiento, tinieblas-luz, etc. Es todo un cuestionamiento a la teología afirmativa y una invitación a reflexionar en clave dialéctica.

La mística cuenta hoy con una buena acogida más allá de la experiencia religiosa. Importantes científicos y pensadores no creyentes han sabido valorar adecuadamente su significación antropológica y su capacidad movilizadora en campos como la ciencia y el arte. Así lo expresa Einstein: «La más bella emoción que podemos tener es la mística. Ella es la fuerza de toda ciencia y arte verdaderos. Y para quien esta experiencia resulte extraña, es como si estuviera muerto»[16].

12.3. Psicología de la religión y sociología de la religión

La *psicología de la religión* se ocupa del estudio del impulso religioso: su origen y evolución, sus diferentes manifestaciones y motivaciones: miedo, consuelo, necesidad de amparo y protección, defensa frente a la naturaleza hostil[17]. Uno de los análisis psicológicos de la

15. Cf. W. James, *Las variedades de la experiencia religiosa*, Península, Barcelona, 1986; G. Scholem, *Las grandes tendencias de la mística judía*, Siruela, Madrid, 1996; A. M. Haag, *Visión en azul. Estudio de mística europea*, Siruela, Madrid, 1998; A.-M.ª Schlütter y J. I. González Faus, *Mística oriental y mística cristiana*. XXII Foro del Hecho Religioso, Cuadernos Fe y Secularidad/Sal Terrae, Madrid/Santander, 1998; J. Martín Velasco, *El fenómeno místico. Estudio comparado*, Trotta, Madrid, ²2003.
16. Citado por E. Miret Magdalena, *Occidente mira a Oriente*, Plaza y Janés, Barcelona, 1998, p. 32.
17. Cf. S. Freud, *Obras completas*, 3 vols., Biblioteca Nueva, Barcelona, ³1973; C.-G. Jung, *Simbología del espíritu*, FCE, México, 1962; Íd., *Psicología y religión*, Buenos Aires, ⁴1967; E. Fromm, *Psicoanálisis y religión*, Buenos Aires, 1967; A. Vergote, *Psicología religiosa*, Taurus, Madrid, 1969; P. Ricoeur, *Freud: Una interpretación de la cultura*, Siglo XXI, México, ⁷1987; A. Plé, *Psicología y religión*, estudio introductorio de J. Rof Carballo, BAC, Madrid, 1969; J.-M. Pohier, *Psicología y teología*, Barcelona, 1969; Íd., *En el nombre del Padre. Estudios teológicos y psicoanalíticos*, Sígueme, Salamanca, 1976; W. James, *Las variedades de la experiencia religiosa*, cit.; C. Domínguez Morano, *El psicoanálisis freudiano*

183

religión más influyentes en la cultura moderna es el psicoanálisis freudiano, que estudia los procesos inconscientes que se producen en la persona. La oscura percepción de los factores psíquicos y de las relaciones de lo inconsciente, afirma Freud, se refleja en la construcción de una realidad sobrenatural, que la ciencia transforma en «psicología de lo inconsciente». El psicoanálisis freudiano considera la religión como neurosis obsesiva de la colectividad humana. La entiende también como ilusión. En consecuencia, no puede exigirse al ser humano fe en —o adhesión a— ella. El origen de la religión se encuentra en «la necesidad de protección del niño inerme y débil» y de «la nostalgia por el padre» (Freud).

Uno de los intentos recientes más logrados de diálogo entre psicología y teología es el llevado a cabo por el teólogo y psicoterapeuta alemán E. Drewermann, cuyo principal propósito es vencer la desconfianza de la iglesia y de la teología católicas hacia el psicoanálisis. «El psicoanálisis, la terapia anímica, la pastoral y la misma teología —asevera— hunden sus raíces en la común herencia cultural»[18]. Drewermann recurre a la psicología profunda para llegar al fondo de la experiencia religiosa. Gracias a ella se llega a entender el sentido antropológico escondido en el rico mundo de las leyendas y fábulas, de los sueños y mitos, de las historias y utopías de la Biblia. La psicología profunda permite incorporar el mundo de los sentimientos en la reflexión teológica.

Como en el caso de la filosofía de la religión, la realidad y la experiencia de Dios son el objeto central de estudio de la teoría psicoanalítica, a partir de la concepción freudiana del Dios personal como un *padre amplificado* o *transfigurado*[19].

El psicoanálisis presta especial atención a la experiencia mística desde dos enfoques bien diferentes. Uno de ellos se centra en el estudio de la génesis y evolución de dicha experiencia: motivaciones, vicisitudes, movimientos madurativos o regresivos. El otro hace

---

de la religión. Análisis textual y comentario crítico, San Pablo, Madrid, 1991; Íd., *Creer después de Freud*, Paulinas, Madrid, 1992; Íd., *Experiencia mística y psicoanálisis*, Cuadernos Fe y Secularidad/Sal Terrae, Madrid/Santander, 1999.

18. E. Drewermann, *La palabra de salvación y sanación. La fuerza liberadora de la fe*, Herder, Barcelona, 1996, 84; Íd., *Psicoanálisis y teología moral. 1. Angustia y culpa*; *2. Caminos y rodeos del amor*, Desclée de Brouwer, Bilbao, 1996.

19. Cf. A. Tornos, *Psicoanálisis y Dios*, Mensajero, Bilbao, 1979. He dedicado un amplio estudio al problema de Dios en Freud en J. J. Tamayo-Acosta, *Para comprender la crisis de Dios hoy*, Verbo Divino, Estella, ²2000, capítulo 10: «Freud: Dios, nostalgia del padre», pp. 149-172.

una consideración estructural y parte de la experiencia mística como de un texto escrito[20].

La *sociología de la religión* juega un papel importante en la reflexión teológica en cuanto ayuda a descubrir la radicación y función sociales de las religiones[21]. Éstas no son aerolitos intemporales caídos del cielo, sino que surgen en unos contextos determinados y están motivadas por unos condicionamientos sociales, culturales, económicos, políticos. Desde esa óptica pueden considerarse productos socio-culturales que se mueven en el horizonte de la búsqueda del sentido de la existencia humana y de la cohesión socio-comunitaria. Influyen, a su vez, significativamente —y a veces de forma decisiva— en el contexto en que surgen, ejerciendo una funcionalidad social no unívoca o lineal, sino ambigua: de liberación o alienación, de pacificación o conflictividad, de humanización o deshumanización, de integración o desintegración en la sociedad, de legitimación o deslegitimación del sistema.

La sociología de la religión libera a la teología cristiana de su tendencia a huir de las mediaciones y a situarse por encima del bien y del mal, y proporciona el marco adecuado para descubrir el carácter histórico del cristianismo.

---

20. Cf. C. Domínguez Morano, *El psicoanálisis freudiano de la religión*, cit.; Íd., *Experiencia mística y psicoanálisis*, cit.
21. Cf. É. Durkheim, *Las formas elementales la vida religiosa*, traducción e introducción de R. Ramos, Akal, Madrid, 1982; J. Matthes, *Introducción a la sociología de la religión*. I. *Religión y sociedad*. II. *Iglesia y sociedad*, Alianza, Madrid, 1971; P. Berger, *Para una teoría sociológica de la religión*, Kairós, Barcelona, 1971; Íd., *Rumor de ángeles. La sociedad moderna y el descubrimiento de lo sobrenatural,* Herder, Barcelona, 1975; Th. Luckmann, *La religión invisible*, Sígueme, Salamanca, 1973; J. Milanesi, *Sociología de la religión*, CCS, Madrid, 1974; Instituto Fe y Secularidad, *Sociología de la religión y teología. Estudio bibliográfico*, Madrid, 1975; M. Hill, *Sociología de la religión*, Cristiandad, Madrid, 1976; P. Berger, B. Berger y H. Kellner, *Un mundo sin hogar. Modernidad y conciencia*, Sal Terrae, Santander, 1979; A. Fierro, *Sobre la religión. Descripción y teoría*, cit.; G. Baum, *Religión y alienación. Lectura teológica de la sociología*, Cristiandad, Madrid, 1980; M. Weber, *Economía y sociedad*, 2 vols., México, ²1964; Íd., *Ensayos de sociología de la religión*, tomo I, Taurus, Madrid, 1984; tomo II, Taurus, Madrid, 1987; tomo III, Taurus, Madrid, 1988; J. M.ª Mardones, *Capitalismo y religión. La religión política neoconservadora*, Sal Terrae, Santander, 1991; Íd., *Fe y política*, Sal Terrae, Santander, 1993; Íd., *Análisis de la sociedad y fe cristiana*, PPC, Madrid, 1995; Íd., *Neoliberalismo y religión*, Verbo Divino, Estella, 1998.

12.4. *Historia de las religiones y antropología de la religión*

La *historia de las religiones* es un largo viaje por la geografía y por el tiempo en busca de las huellas religiosas dejadas por el ser humano en las diferentes culturas. Constituye una notable ampliación del estrecho horizonte religioso en que se mueve cada pueblo. Muestra la gran creatividad mítica y simbólica de la humanidad. Revela su capacidad humana ininterrumpida de plantear preguntas sobre el origen, el destino y sentido del mundo, de la vida y de la existencia humana. Pone de manifiesto, asimismo, la desbordante imaginación de la humanidad en la búsqueda de caminos de salvación, tanto histórica como metahistórica[22].

Esta disciplina muestra que no existe un solo universo religioso, sino múltiples y muy variados, no siempre coincidentes, y cada uno con su especificidad. No establece una jerarquía entre las religiones que lleve a privilegiar a unas sobre otras, ni pretende dilucidar de qué parte está la verdad. Lo que sí hace es ponerlas en comunicación y diálogo para su mutuo conocimiento y enriquecimiento.

La historia de las religiones aporta a la teología cristiana una amplia y rigurosa información sobre los múltiples universos simbólicos creados por la humanidad, las plurales representaciones y manifestaciones de la divinidad y su dimensión alienante o emancipadora. La ayuda a superar la concepción religiosa cristianocéntrica, a trascender la tradición cultural occidental y a abrirse a los horizontes y valores de otras tradiciones religiosas. Permite, asimismo, la incorporación de nuevos símbolos a la celebración de la fe.

La historia de las religiones facilita el diálogo entre las religiones y sus correspondientes teologías, ayuda a reducir las distancias que las han separado y a descubrir los elementos comunes. La verdad no es algo dado *a priori* ni la posee una sola religión. Es, más bien, el resultado de un rico entramado de experiencias vivas formuladas de manera plural.

---

22. Cf. J. Wach, *El estudio comparado de las religiones*, Paidós, Barcelona, 1967; M. Eliade, *Tratado de historia de las religiones*, 2 vols., Cristiandad, Madrid, 1974; Íd., *Historia de las creencias y de las ideas religiosas*, 4 vols., Cristiandad, Madrid, 1978-1983; Íd., *La búsqueda. Historia y sentido de las religiones*, Kairós, Barcelona, 1998; O. James, *Introducción a la historia comparada de las religiones*, Cristiandad, Madrid, 1973; C. J. Bleeker y G. Widengren (eds.), *Historia religionum. Manual de historia de las religiones*, Cristiandad, Madrid, 1973; H.-Ch. Puech (dir.), *Historia de las religiones*, 12 vols., Siglo XXI, Madrid, 1977-1982; J. Delumeau (dir.), *El hecho religioso. Enciclopedia de las grandes religiones*, Alianza, Madrid, 1995.

La historia de las religiones —como el resto de las disciplinas que se ocupan del fenómeno religioso— necesita guiarse por una hermenéutica. Gracias a ella, «deja de ser un museo de fósiles, ruinas y *mirabilia* obsoletas, y se convierte en lo que debería haber sido desde el principio para cualquier investigador: una serie de "mensajes" que esperan ser descifrados y entendidos»[23]. La hermenéutica descubre en estos mensajes situaciones existenciales fundamentales que poseen relevancia y significación para nosotros hoy.

Tres son las grandes líneas por donde discurren los estudios de la historia de las religiones hoy: consideración de éstas como productos culturales determinados históricamente; reconocimiento de la dignidad cultural de los diferentes sistemas religiosos; necesidad de compaginar el planteamiento histórico-filológico con el análisis comparativo de los fenómenos religiosos[24].

La *antropología de la religión*[25] se pregunta si existe un *a priori* religioso en el ser humano e intenta buscar las raíces últimas de la fe del individuo o de las comunidades humanas. Estudia, de manera comparada y empírica, la religión como sistema cultural, sistema de símbolos y sistema de fe y de acción. Su centro de atención son los comportamientos religiosos, ritos, mitos, valores y creencias, así como la organización religiosa. Y lo hace no aislando la religión del entorno sociocultural en que se desenvuelve, sino estudiando su interacción con el ordenamiento social y jurídico, con instituciones como la familia y con otros ámbitos de la vida como la política y la economía.

La religión se diferencia de otros sistemas culturales y sociales por su referencia a —su creencia en— seres que trascienden el horizonte humano y están fuera de los procesos regulares de la naturaleza. Es-

---

23. M. Eliade, *La búsqueda. Historia y sentido de las religiones*, cit., p. 9.
24. Cf. G. Filoramo, M. Massenzio, M. Raveri y P. Scarpi, *Historia de las religiones*, Crítica, Barcelona, 2000.
25. Cf. Evans-Pritchard, *Las teorías de la religión antigua*, Siglo XXI, Madrid, 1973; Ll. Duch, «Antropología de la religión»: *Anthropologica* 6 (1982), pp. 11-139; Íd., «La religió: universal cultural»: *Questions de Vida Cristiana* 188 (1997), pp. 21-41; Íd., *Antropología de la religión*, Herder, Barcelona, 2001; B. Malinowski, *Magia, ciencia, religión*, Ariel, Barcelona, 1974; A. de Waal, *Introducción a la antropología religiosa*, Verbo Divino, Estella, 1975; Varios, «Qué es la religión»: *Concilium* 156 (1980); E. Schwimmer, *Religión y cultura*, Anagrama, Barcelona, 1982; C. Geertz, «La religión como sistema cultural», en Íd., *La interpretación de las culturas*, Gedisa, Barcelona, 1987, pp. 87-117; J. Ries (coord.), *Tratado de antropología de lo sagrado. I. Los orígenes del homo religiosus. II. El hombre indoeuropeo y lo sagrado*, Trotta, Madrid, 1995.

tablece una clasificación de los objetos, espacios, tiempos y personas en dos órdenes o categorías: lo *sagrado* y lo *profano*. La antropología religiosa se ocupa del estudio de las experiencias de lo sagrado en la historia de la humanidad. La experiencia de lo sagrado permite a la mente humana captar la diferencia existente entre lo que se revela a sí mismo como real y significativo y lo que no es, es decir, el flujo caótico de las cosas. Ha de tenerse en cuenta, a este respecto, que, según la certera aseveración de M. Eliade, «lo *sagrado* es un elemento de la estructura de la conciencia, y no una etapa de su historia»[26].

Por eso, ni siquiera en tiempos de secularización como los actuales, sobre todo en las sociedades occidentales, puede hablarse del ser humano completamente desacralizado. La pérdida de sentido de los antiguos dogmas, creencias, rituales e instituciones religiosas no ha conseguido eliminar el horizonte de lo sagrado de nuestra cosmovisión secularizada. Una buena prueba de ello es la recuperación de la religión cósmica, es decir, el redescubrimiento del carácter sagrado de la vida y de la naturaleza, que no implica necesariamente la vuelta al paganismo o a la idolatría.

Las religiones son fenómenos culturales relevantes de la humanidad que han intervenido de manera decisiva en la formación de las sociedades, como ha demostrado Roy A. Rappaport. Nacimiento y evolución de la religión, por una parte, y origen y desarrollo de la humanidad, por otra, son dos fenómenos interconectados. Lo sagrado y lo numinoso han jugado un papel fundamental en los procesos de adaptación de las distintas unidades sociales en que la especie humana se ha organizado. En ausencia de la religión, cree Rappaport, la humanidad quizá no hubiera sido capaz de salir de su estado prehumano o protohumano. A su vez, le parece que una respuesta adecuada a la actual crisis mundial podría ser una religión que tuviera su base en una ciencia posmoderna fundada en la ecología más que en la astronomía. Se trata de una opinión sólidamente fundada, que puede dar lugar a una amplia discusión intelectual en el campo de la antropología de la religión[27].

---

26. M. Eliade, *La búsqueda. Historia y sentido de las religiones*, cit., p. 8.
27. Cf. R. A. Rappaport, *Ritual y religión en la formación de la humanidad*, Cambridge University Press, Madrid, 2002. Esta obra expone los resultados de más de tres décadas de investigación en torno a la relación entre religión, sociedad y ecología, y es considerado uno de los grandes hitos de la antropología de la religión que algunos especialistas comparan en alcance y perspectivas de futuro con *Las formas elementales de la vida religiosa*, de É. Durkheim, publicada en 1912.

13
HORIZONTE ECONÓMICO: TEOLOGÍA Y ECONOMÍA EN TIEMPOS DE GLOBALIZACIÓN

13.1. Relación entre teología y economía

Los teólogos se han resistido durante mucho tiempo a incorporar el campo de la economía de la reflexión teológica, alegando que resultaba ajeno al discurso cristiano sobre Dios y que no era tema de su competencia. Por ende, ni se planteaban siquiera las relaciones entre ambas disciplinas.

No pocos economistas, en su afán por preservar la economía de injerencias externas, han opuesto todo tipo de resistencias a la inclusión de la economía en las tierras de labor de la teología y de la moral cristianas. Según ellos, la intervención de la teología y la moral en la ciencia y actividad económicas supone una injerencia en un terreno que no les pertenece, limita la independencia de la economía y perjudica seriamente su libre desarrollo.

La resistencia procede también de las instituciones y personas que mueven los hilos de la práctica económica: empresarios y empresarias, poderes financieros, etc., para quienes los negocios se rigen por sus propias leyes y la actividad económica se basa en la consecución del mayor provecho o beneficio al menor coste posible, sin cortapisa ética o religiosa alguna. Lo que subyace a esta concepción tan estrecha y amoral —que suele desembocar en *inmoral*— es el individualismo utilitarista.

Pues bien, venciendo estas y otras resistencias, la economía ha ido incorporándose al discurso teológico preferentemente en las teologías de la liberación elaboradas en el Tercer Mundo, pero también en algunas tendencias de la teología política del Primer Mundo. La urgencia de la solidaridad con los más desposeídos, amenazados en sus bases materiales de supervivencia, constituyó desde el principio el punto de referencia de la teología de la liberación. Y no podía ser de otra manera, ya que a una teología encarnada en la realidad histórica no le está permitido ser ajena a la situación de injusticia que clama al cielo. A su vez, la teología de la liberación ha llamado la atención sobre la grave responsabilidad del Norte en el empobrecimiento del Sur.

Las teologías del Primer Mundo, por lo general, han tardado más tiempo en ser conscientes de dicha responsabilidad por dos razones. La primera, porque estaban dentro de la lógica del capitalismo y su discurso religioso legitimaba dicho modelo económico, consciente o inconscientemente. La segunda, porque no sentían la miseria en su derredor de manera tan acusada y extrema como la sentían en su propio pueblo y en su propia carne los teólogos y las teólogas de los países subdesarrollados.

Hoy la economía está plenamente incorporada tanto en el discurso ético como en el teológico dentro de la reflexión cristiana. Su justificación no plantea dificultad alguna. La economía es una ciencia humana y, en cuanto tal, debe contribuir a la realización integral de la persona y de la sociedad. En el fondo de este planteamiento late una concepción social de la persona y una concepción personalista de la sociedad. La economía debe moverse dentro de un proyecto que compagine armónicamente los valores de la libertad, la conciencia y la responsabilidad con los principios del bien común, la solidaridad y la unidad del género humano.

Hasta aquí existe hoy un amplio consenso entre los teólogos y las teólogas. Pero a partir de aquí comienzan las divergencias. Lo primero que se advierte es la existencia de planteamientos difícilmente conciliables en las relaciones entre economía y teología, debido no sólo ni principalmente a diferencias de carácter técnico, sino a los intereses económicos enfrentados e incluso contrapuestos que cada tendencia teológica representa y a las interpretaciones que ofrece del cristianismo y de su relación con los modelos económicos.

13.2. *Teología económica del mercado*

Hay una teología económica que considera el capitalismo en su modalidad neoliberal como el mejor de los modelos económicos, alegando tres razones: *a)* es el que más riqueza genera; *b)* el que mejor la distribuye; *c)* el que más altas cotas de felicidad obtiene para la mayoría de la humanidad. Ésta es la teología desarrollada por M. Novak, quien llama la atención sobre dos aspectos complementarios. Por una parte, subraya el *potencial creativo* del capitalismo en cuanto posibilita el desarrollo de las capacidades personales y el espíritu de superación y permite aplicar la inteligencia práctica a la actividad económica sin traba alguna. Cree que al catolicismo romano le ha costado mucho reconocer este valor del capitalismo, pero, al final, ha terminado por reconocerlo. Por otra parte, considera la tradición judeo-cristiana como un aliciente que motiva la «ética de la producción». Desde esa perspectiva intenta mostrar la afinidad entre esa tradición religiosa, la democracia y el capitalismo: «Como la democracia, el capitalismo brotó de un suelo específicamente judeocristiano. Sus prejuicios son también judeocristianos. Su ética es, en alguna medida, sustancialmente, aunque no del todo, judeocristiana»[1]. Novak llega a hablar de las «raíces evangélicas del capitalismo» y de la convergencia del carácter social del capitalismo con el carácter social del reino de Dios[2].

En un memorable artículo aparecido en 1981 bajo el título «A Theology Corporation», Novak osa vincular a las empresas multinacionales con el Siervo doliente de Yahvé de los cantos del profeta Isaías y llega a considerarlas la encarnación de Dios en el mundo:

> Por muchos años uno de mis textos preferidos de la escritura era Isaías 53, 2-3: «Creció en su presencia como brote, como raíz en el páramo; no tenía presencia ni belleza que atrajera nuestras miradas ni aspecto que nos cautivara. Despreciado y evitado de la gente, un hombre hecho a sufrir, curtido en el dolor; al verlo se tapaban la cara; despreciado, lo tuvimos por nada». *Quisiera aplicar estas palabras a la Businness Corporation moderna, una extremadamente despreciada encarnación de la presencia de Dios en este mundo*[3].

Según esto, la empresa capitalista sería la manifestación de la presencia de Dios en este mundo y del Cristo crucificado; es la destinataria del encargo de Cristo: «Sal al mundo del trabajo diario,

---

1. M. Novak, *Visión renovada de la sociedad democrática*, Centro de Estudios de Economía y Educación, México, 1984, p. 65.
2. Cf. M. Novak, *El espíritu del capitalismo democrático*, Tres Tiempos, Buenos Aires, 1991; M. Novak y M. Simon, *Hacia el futuro. El pensamiento social católico y la economía de EE. UU. Una carta laica*, Ediciones del Rey, Buenos Aires, 1988; L. Hayek, *Los fundamentos de la libertad*, Unión Editorial, Madrid, 1983; Íd., *Caminos de servidumbre*, Alianza, Madrid, 1985.
3. Tomo la cita de Novak de F. Himkelammert, *Democracia y totalitarismo*, DEI, San José (Costa Rica), 1987, p. 180.

para llevar allí la paz y el amor de Jesucristo». Adquiere una significación trascendental y se convierte en sujeto absoluto. En consecuencia, toda crítica dirigida contra ella constituye una crítica a Dios encarnado y a Cristo crucificado.

Los teólogos del capitalismo coinciden con F. Fukuyama en considerar la democracia liberal y la comercialización global como el «fin de la historia» y a la humanidad que surge de la globalización neoliberal como «el último hombre». No hay alternativa al modelo político y económico neoliberal. Los demás modelos han sido derrotados o están a punto de caer por su ineficacia económica y por la esclavitud política que imponen sobre la ciudadanía: el comunismo, las socialdemocracias europeas, los regímenes nacional-populares de América Latina, los regímenes nacionalistas de los países descolonizados. Sólo el modelo neoliberal conduce derechamente a la libertad, argumentan.

Últimamente estos teólogos se han apropiado del lenguaje de la teología de la liberación y de sus planteamientos de fondo, si bien los vacían de todo contenido liberador real para los pobres. Hacen suya la opción por los pobres, pero sin entrar en conflicto con los poderosos y manteniendo a los pobres en situación de postración inhumana. Afirman que los principios igualitarios del cristianismo se hacen realidad en la economía de mercado, cuando lo que esta economía genera son desigualdades sin límite y cada vez mayores y más profundas.

Este planteamiento, falseador del ideal evangélico de la solidaridad, está instalado hoy en las más altas instancias del poder económico mundial. Así se puso de manifiesto en el discurso pronunciado en 1992 por Michel Camdessus, entonces secretario general del Fondo Monetario Internacional (FMI), en Lille (Francia), ante los empresarios cristianos franceses, donde afirmó que el mandato del FMI está claramente expresado en el discurso de Jesús sobre la liberación de los oprimidos en la sinagoga de Nazaret, tal como lo describe Lc 4, 16-23. La liberación anunciada por Jesús la llevan hoy a cabo las personas que están al cargo de la economía: «Somos nosotros (los empresarios) —afirmaba Camdessus en el citado discurso— quienes hemos recibido esta Palabra. Ella puede cambiarlo todo. Sabemos que Dios está con nosotros en la tarea de hacer crecer la fraternidad».

La eficacia del mercado en la generación de la riqueza individual y colectiva constituye, para Camdessus, la mejor garantía para la consecución de una «solidaridad mayor». Según esto, «mercado y solidaridad no se oponen, sino que pueden reunirse». A partir de estas premisas he aquí su sorprendente propuesta: es necesario efectuar «una boda entre el Mercado y el Reino»[4]. Esta mentalidad se extiende como una mancha de aceite por el conjunto de la sociedad y está penetrando poco a poco en la conciencia religiosa de no pocos cristianos y cristianas y en las prácticas económicas de las iglesias del Primer Mundo.

13.3. Crítica de los dogmas de la economía liberal

Una teología crítico-liberadora no puede dar por válida la legitimación religiosa que desde la teología del mercado se pretende dar a la ideología neoliberal. Pero tampoco puede desconocer el atractivo que dicha mentalidad tiene en el imaginario colectivo tanto en el terreno social como en el religioso. Debe desenmascarar la lógica inhumana del neoliberalismo y sus consecuencias destructivas para la mayoría de la humanidad. Pero, al mismo tiempo, ha de estar muy atenta a las frecuentes metamorfosis políticas y económicas que buscan hacerlo compatible con el cristianismo y aceptable a los cultivadores de la teología.

El neoliberalismo opera con categorías religiosas, y no precisamente con las más flexibles y humanizadoras, sino con las más rígidas e inmisericordes. Se rige por dogmas que impone a los pueblos más débiles e indefensos. Y cuando no logra convencer por sus resultados, lo hace recurriendo a la fuerza. Proclama que fuera del modelo neoliberal no hay salvación, mientras deja fuera de la salvación a la mayoría de la población del Tercer Mundo y a amplios sectores del Primer Mundo.

Las relaciones del neoliberalismo con los pueblos empobrecidos no se rigen por la ley de la justicia y de la igualdad, sino por las de la explotación y la depredación. La ideología neoliberal no adopta actitudes humanitarias, como la condonación de las deudas, la compasión o la misericordia. Exige, más bien, pagar las deudas hasta el último céntimo. Se parece al «siervo sin entrañas» de la parábola evangélica, quien, tras haberle sido perdonada una elevadísima suma de dinero, se encuentra con un compañero y le exige el pago de una

---

4. Tomo las citas de Camdessus del artículo de F. Himkelammert «La teología de la liberación en el contexto económico y social de América Latina: economía y teología o la racionalidad de lo irracionalizado», en J. Duque (ed.), *Por una sociedad donde quepan todos*, DEI, San José (Costa Rica), 1997, pp. 71-73.

pequeña cantidad de dinero que le adeudaba y, al no poder pagarla, le lleva a la cárcel hasta que la salde íntegramente (Mt 18, 23-35). Cuando la deuda no puede ser pagada en efectivo y en el plazo exigido, la economía neoliberal la cobra a través del sacrificio de vidas humanas o de la naturaleza.

Una teología crítico-liberadora ha de saber descubrir las trampas que se esconden tras los dogmas de la economía neoliberal. Una de ellas —quizá la más importante— es la *idolatría*. Para su desenmascaramiento hay que recurrir a la tradición profética de Israel y a los análisis de Marx sobre las afinidades entre el mundo de la religión y el de las mercancías, sobre el fetichismo del dinero y el capital convertido en dios Moloc, que exige sacrificios de vidas humanas, sobre todo de los pobres[5].

Al eliminarse el pluralismo de modelos económicos y políticos, lo que termina por imponerse es, al certero decir de F. Himkelammert, un «totalitarismo emergente», cuyas principales características son: anti-estatismo neoliberal; auto-regulación del mercado; cautiverio de las utopías mediante la utopización de la sociedad dada; ausencia de alternativas al capitalismo; exclusión social y desesperanza colectiva[6].

Desembocamos así en el «pensamiento único», amalgama de conservadurismo ideológico y neoliberalismo económico, cuyas principales características son las siguientes: primacía de la economía sobre la política (siguiendo esta filosofía logró independizarse una institución tan poderosa como el Banco de Francia en 1994: «el Banco de Francia —afirmó su director J.-C. Trichet— es independiente, apolítico y transpartidario»); vinculación intrínseca del mercado con la democracia, hasta el punto de considerar que el estado natural de la sociedad es el capitalismo y no la democracia; tratamiento de las personas como «recursos» para el mejor funcionamiento del sistema; ausencia de dimensión social y ética en la actividad económica; axfisia de toda alternativa al mercado alegando falta de rigor científico; librecambio sin limitaciones como factor de desarrollo del comercio y de la sociedad; competencia y competitivi-

---

5. Cf. H. Assmann y F. Himkelammert, *A idolatria do mercado*, Vozes, Petrópolis, 1989; E. Dussel, *Metáforas teológicas de Marx*, Verbo Divino, Estella, 1993; J. J. Tamayo-Acosta, *Para comprender la crisis de Dios hoy*, Verbo Divino, Estella, [2]2000, especialmente el capítulo 8: «Marx: ateísmo, fetichismo e idolatría».

6. Cf. F. Himkelammert, *Cultura de la esperanza y sociedad sin exclusión*, DEI, San José (Costa Rica), 1995.

dad como principios de dinamismo y permanente modernización empresarial; privatización, desregulación, liberalización y menos Estado; muerte de las ideologías y fin de las utopías; desinterés e indiferencia ante las consecuencias negativas para la ecología[7].

Ricardo Petrella resume la actual ética del pensamiento único en seis mandamientos de las *Nuevas Tablas de la Ley*, que consagran el pacto de los grupos dirigentes de los países desarrollados con el Dios-Mercado y que yo me permito reformular así: 1.º No puedes resistirte a la globalización de los capitales, de los Mercados, de las finanzas y de las empresas. Debes adaptarte a ella. 2.º No puedes resistirte a la innovación tecnológica. Deberás innovar constantemente para reducir gastos y mano de obra y mejorar los resultados, aunque con ello aumente el desempleo. 3.º Deberás liberalizar los Mercados, renunciando a la protección de las economías nacionales. 4.º Transferirás todo el poder a los Mercados, y el Estado se convertirá en mero notario de la realidad o en simple ejecutor de órdenes. 5.º Tenderás a eliminar la propiedad pública y los servicios, privatizando todo lo privatizable y dejando el gobierno de la sociedad en manos de las empresas privadas. 6.º Deberás llegar a ser el más fuerte, si quieres sobrevivir en medio de la brutal competitividad mundial. De lo contrario serás eliminado del Mercado (que es como ser expulsado del reino de los cielos). De los seis mandamientos, tres se sitúan en el terreno de los imperativos fundamentales y otros tres en el plano de los medios. El último viene a legitimar a los demás en los ámbitos económico, ideológico y moral[8].

Recurriendo al conocido título de una de las obras de Karl Popper, puede decirse que el pensamiento único es hoy el principal enemigo de la sociedad abierta[9].

---

7. Cf. I. Ramonet, «Pensamiento único y nuevos amos del mundo», en N. Chomsky e I. Ramonet, *Cómo nos venden la moto*, Icaria, Barcelona, [11]2001, pp. 55-98.
8. R. Petrella, *El bien común. Elogio de la solidaridad*, Debate, Madrid, 1997, pp. 74 ss.
9. Cf. K. Popper, *La sociedad abierta y sus enemigos*, Paidós, Barcelona, 1993; J. Estefanía, *Contra el pensamiento único*, Taurus, Madrid, 1997, donde el autor defiende el pensamiento mestizo como alternativa al pensamiento único. La expresión «Pensamiento único» fue lanzada en 1994 por Ignacio Ramonet, que lo definía como «una especie de doctrina viscosa que, insensiblemente, envuelve cualquier razonamiento rebelde, lo inhibe, lo perturba, lo paraliza y acaba por ahogarlo» (cf. *Le Monde diplomatique*, edición española; *Pensamiento crítico vs. Pensamiento único*, Debate, Madrid, 1998). Este libro recoge una selección de artículos aparecidos en la edición española de *Le Monde diplomatique* agrupados

13.4. *Globalización neoliberal y globalización de la solidaridad*

Numerosos analistas hablan de una simbiosis entre el neoliberalismo y la globalización. La «aldea global» ha sido sustituida por el «mercado global», que ha dado lugar al fenómeno de la *globalización* económica, definida como «aquel proceso por el cual las economías nacionales se integran progresivamente en el marco de la economía internacional, de modo que su evolución dependerá cada vez más de los mercados internacionales y menos de las políticas económicas gubernamentales»[10].

Pero la globalización no se queda en la esfera económica. Como su propio nombre indica, tiene carácter global e incide en todos los ámbitos de la existencia humana: el científico, el tecnológico, el político, el cultural, el educativo, el religioso, etc. Nada escapa a su influencia.

Conforme avanza dicho fenómeno, los ciudadanos van perdiendo poder y capacidad de decisión sobre las principales cuestiones que tienen que ver con su presente y su futuro. Son las oligarquías liberales las que se apropian del espacio público abierto por la democracia. Son los mercados los que ejercen el control total sobre la economía, hurtándose a la ciudadanía el debate previo. Lo económico se convierte en el factor central de la vida social, que pone a su servicio los sectores antes indicados: el tecnológico, el científico, el político, el cultural[11].

---

en torno a los siguientes ejes temáticos: pensamiento crítico-pensamiento único, globalización, demolición social, refundación de la democracia, la corrupción al asalto de los Estados, planeta y especie humana, mujeres y equidad social, refugiados e inmigración, nuevos desafíos para los medios de comunicación, cultura y mercado. Colaboran, entre otros: I. Ramonet, Samir Amín, G. Grass, J. Goytisolo, Noam Chomsky, K. S. Karol y E. Galeano.

10. J. Estefanía, *La nueva economía. La globalización*, Debate, Madrid, ³1997, p. 14. Hay una coincidencia entre los especialistas a la hora de definir la globalización, si bien cada autor destaca un aspecto peculiar. Según J. Albarracín, «es la forma en que el capitalismo actual se ha internacionalizado, desbordando los estrechos marcos de los mercados nacionales para invadir la inmensa mayoría de las facetas de la actividad económica» («Una aldea global regida por la ley de la selva»: *Éxodo* 39 [1997], p. 4). Del mismo autor, *La economía de mercado*, Trotta, Madrid, ²1994, donde, tras un análisis crítico de la economía de mercado, pone de manifiesto que dicho modo de producción no es el único modo de organizar la sociedad, ni el más equitativo.

11. A. M. Ezcurra, «Globalización, democracia y organismos financieros»: *Cristianismo y Sociedad* 129-130 (1996), pp. 35-76; F. Himkelammert, «El huracán de la globalización: la exclusión y la destrucción del medio ambiente vistos

El proceso de globalización tiene importantes consecuencias negativas tanto en el Norte como en el Sur. Las secuelas en el Norte son: paro estructural creciente y empleo cada vez más precario, aun cuando se cuente con un elevado nivel de crecimiento económico; marginación y exclusión de sectores de la población cada vez más amplios; incremento de las desigualdades, dualización social, gradual desmantelamiento del Estado de Bienestar, etc. En el Sur sus efectos son todavía más devastadores: continentes enteros excluidos, miseria generalizada, graves carencias de recursos para la satisfacción de las necesidades básicas de salud, educación, alimentación y vivienda; agravamiento de las condiciones de vida de los sectores marginados; profundización de las desigualdades; deuda externa cada vez más abultada e impagable y, lo que es peor, pérdida de toda esperanza de cambio[12].

El proceso de globalización en curso establece unas relaciones internacionales que favorecen a los países económicamente fuertes, y dentro de dichos países a los sectores dominantes, y perjudican a los países económicamente más débiles y a importantes sectores de los países poderosos.

Estamos ante un proyecto imperial que pretende uniformar las culturas, controlar las economías y someter todo tipo de heterodoxia que aparezca en cualquiera de los campos de la actividad humana. La globalización, sobre todo a nivel económico, matiza Fornet-Betancourt, «no es más que un manto con que se quiere ocultar la dura realidad de una nueva colonización del mundo por el capital», cuyo objetivo es «someter los pueblos a la lógica del mercado capitalista». Lo que se globaliza en realidad «es un modo de producción y de vida que conlleva una reducción imperialista»[13].

desde la teoría de la dependencia»: *Pasos* 69 (1997), pp. 21-27; Íd. (comp.), *El huracán de la globalización*, DEI, San José (Costa Rica), 1999; U. Beck, *¿Qué es la globalización? Falacias del globalismo, respuesta a la globalización*, Paidós, Barcelona, 1998; F. J. Ibisate, «Neoliberalismo y globalización»: *Estudios Centroamericanos* 600 (1998), pp. 893-930; R. Fornet-Betancourt, «Aproximaciones a la globalización como universalización de políticas neoliberales»: *Pasos* 88 (1999), pp. 9-21; J. J. Tamayo-Acosta (dir.), *Diez palabras clave sobre la globalización*, Verbo Divino, Estella, 2002, con colaboraciones de J. Estefanía, L. de Sebastián, G. Girardi, G. Gutiérrez, P. de Villota, A. Arnau, J. Fernández, R. Fornet-Betancourt, J. Leguina y C. Taibo.

12. Cf. J. M. Vidal Villar, «Mundialización de la economía versus Estado centralista», en *La economía mundial después de la guerra fría*, Icaria, Barcelona, 1993; F. Himkelammert, *El mapa del emperador*, DEI, San José (Costa Rica), 1996.

13. R. Fornet-Betancourt, *op. cit.*, p. 14.

El término mismo de globalización en perspectiva neoliberal responde a las exigencias de una ofensiva ideológica del sistema capitalista con la que pretende ocultar la hegemonía imperial de los países capitalistas del Norte o de las grandes empresas y centros financieros de esta región con una palabra que sugiere realidades «irreales» como «integración», crecimiento común a escala mundial, etcétera.

Una teología crítico-liberadora no debe contentarse con la descripción de la globalización, ni siquiera con la valoración de sus pros y sus contras. Debe identificarla como ideología, pues, según el certero análisis de A. Touraine, es «una construcción ideológica y no la descripción de un nuevo entorno económico. Constatar el aumento de los intercambios mundiales, el papel de las nuevas tecnologías y la multipolarización del sistema de producción es una cosa; decir que constituye un sistema mundial autorregulado y, por tanto, que la economía escapa y debe escapar a los controles políticos es otra muy distinta. Se sustituye una descripción exacta por una interpretación errónea»[14].

¿Qué se pretende con la globalización como construcción ideológica? Fundamentalmente tres cosas: ocultar la asimetría de poder a nivel planetario en las relaciones entre los pueblos; hacer ver que vivimos en un mundo interdependiente, cuando en realidad estamos sometidos a nuevas formas de dependencia; mostrar que la globalización posibilita como ningún otro modelo de relaciones económicas la universalización de lo local y la localización de lo universal, cuando lo que realmente se universaliza es la cultura capitalista del Primer Mundo, sin posibilidad de autodefensa por parte de las culturas y economías locales.

El cristianismo es una *religión mundial* y puede generar o, al menos, inspirar un proceso de mundialización alternativo al del neoliberalismo, siempre desde el respeto al pluralismo cultural. La auténtica globalización del cristianismo nada tiene que ver con la uniformidad de las conciencias o la imposición de sus creencias, culto, moral y estructuras organizativas al mundo entero, como sucedió en los momentos florecientes de las misiones o de las conquistas al servicio de los grandes imperios. Debe propiciar, más bien, un proceso de globalización no imperialista, desde abajo, por la vía de la universalidad de la justicia, la paz y la humanización sin fronteras ni discriminaciones, a partir de la opción por los pueblos oprimidos.

14. A. Touraine, «La globalización como ideología»: *El País*, 29 de septiembre de 1996, p. 17.

Se trata, según D. Irarrázaval, de la «otra» globalización: la que teje y tiende *redes de solidaridad* e *incluye* a quienes la globalización neoliberal excluye; la que imagina y crea un «mundo donde quepamos todos» o, como decía la maestra boliviana Rosa Khuno, «todo para todos contando con todos»[15]; la que «incluye a cada persona, es forjada mancomunadamente, da beneficios sin exclusiones»; la de la *ekumene* de la esperanza que forman las personas y los pueblos oprimidos.

Una teología crítica y liberadora no puede caer en una especie de fatalismo histórico que se resigna y no ve salidas a la actual situación de injusticia estructural generalizada. Debe ser portadora de esperanza y contribuir, en la medida de sus posibilidades, a cambiar el curso de la historia en la dirección de una hermandad-sororidad universales. Ha de estar atenta y abierta a las iniciativas surgidas en los diferentes foros de solidaridad, cada vez más numerosos. El más importante ahora mismo es el Foro Social Mundial de Porto Alegre (Brasil), espacio de encuentro y de reflexión de los movimientos de resistencia global para la supresión de la dominación imperialista de los mercados en cada país y en las relaciones internacionales, y para la búsqueda de alternativas que den prioridad al desarrollo humano, y no sólo al crecimiento económico selectivo, como sucede en la actual economía de mercado. Este Foro representa la corriente cálida de las alternativas frente a la corriente fría de la ortodoxia neoliberal. Hay que valorar positivamente la presencia de teólogos y teólogas de muchas religiones en el Foro de Porto Alegre. Con ella queremos demostrar que el lugar social de la teología en el siglo XXI no son las cumbres de Davos, donde se reúnen los representantes del poder económico mundial, sino los movimientos de resistencia global, que movilizan a millones de ciudadanos y ciudadanas con propuestas de una sociedad sin exclusión donde quepamos todos los seres humanos.

A pesar de las dificultades, la alternativa es posible. Ya está surgiendo. El nuevo paradigma teológico en clave de liberación haría bien en asumir la consigna del *Manifiesto del Foro Internacional de las Alternativas*: «es tiempo de revertir la historia». Una reversión que implica: encarar la crisis de civilización optando por la defensa del derecho a la vida de la naturaleza y de los seres humanos como un

---

15. Tomo la cita de la maestra boliviana de D. Irarrázaval, «La globalización. Anotación teológica»: *Pasos* 77 (1998), p. 2. Al mismo artículo pertenece la cita siguiente.

todo indiviso; ejercer el derecho de ciudadanía en toda su plenitud; derribar el muro de separación entre el Norte y el Sur; colocar la economía al servicio de los pueblos, y no éstos al servicio de aquélla; desdivinizar el capital, y no someterse a su poder idolátrico; democratizar los Estados en torno a los valores colectivo-comunitarios, frente a la tendencia a poner los Estados al servicio del mercado; mundializar las luchas sociales haciendo converger sus ideales liberadores de justicia e igualdad e integrando las utopías parciales en un proyecto ético global; generar un pensamiento creador de alcance universal; generar una red de personas y organizaciones populares solidarias; despertar la esperanza de los pueblos.

El cristianismo puede contribuir a detener la alocada carrera de la globalización hegemónica, hija del neoliberalismo, hacia la barbarie, activando algunas de las actitudes y opciones ético-proféticas radicales, cuales son: la denuncia de los viejos profetas de Israel contra las estructuras generadoras de pobreza y desigualdad; el anuncio del reino de Dios como modelo de sociedad y de ser humano nuevos; la incompatibilidad entre Dios y el dinero, la experiencia del compartir, la gratuidad en las relaciones interhumanas, etc. Ha de recuperar, asimismo, algunos de sus temas y símbolos de más alta temperatura utópica y capacidad liberadora y ubicarlos en el horizonte histórico, entre los que cabe citar los siguientes: promesa, esperanza, mesianismo, profetismo, nuevo cielo y nueva tierra, tierra prometida, éxodo de liberación, vida, resurrección, utopías ecológicas, sociales, etcétera.

13.5. *Marginación y exclusión: lugar social de la teología*

a) La cultura de la satisfacción, una cultura excluyente

La cultura hoy imperante es la «cultura de la satisfacción»[16]. Las personas instaladas en ella creen merecer su situación de bienestar, al tiempo que están convencidas de que los pobres son culpables de su situación de marginación y se han ganado a pulso el lugar social marginal en que se encuentran por su indolencia y falta de conciencia de superación. Quienes disfrutan de la cultura de la satisfacción no piensan que la desigualdad social sea algo perjudicial que haya que erradicar; la entienden como necesaria y beneficiosa para la sociedad. Ésta se estructura en dos mundos independientes y perfectamente separa-

---

16. Cf. J. K. Galbraith, *La cultura de la satisfacción*, Ariel, Barcelona, ²1992.

bles —o, mejor, separados—: el de la gente «integrada» o de dentro, formado por las personas y los grupos sociales que lo tienen todo y quieren más, viven en la opulencia y nunca se sienten saciados; y el de la gente «desintegrada» o de fuera, donde se encuentran las personas y los grupos excluidos, que carecen de todo y a quienes la lógica del sistema les cierra todas las puertas a la esperanza. La franja de la exclusión y de la marginación es cada vez mayor y más profunda, no sólo en los países subdesarrollados, sino también en los desarrollados, como demuestran los estudios socio-económicos de los organismos internacionales[17]. Sirvan como botón de muestra los resultados del Informe del PNUD de 1998 centrado en el *Consumo Mundial*:

> El consumo mundial ha aumentado a un ritmo sin precedentes a lo largo del siglo XX, y el gasto del consumo privado y público llegó a 24 billones de dólares en 1998, el doble del nivel de 1975 y seis veces que el de 1950. En 1900 el gasto real en el consumo era de apenas 1,5 billones de dólares [... Sin embargo] las desigualdades del consumo son brutalmente claras. A escala mundial, el 20% de los habitantes de los países de mayor ingreso hacen el 86% de los gastos en consumo privado, y el 20% más pobres, un minúsculo 1,3%. Más concretamente, la quinta parte de la población mundial:
> — Consume el 45% de toda la carne y el pescado, y la quinta parte más pobre, el 5%.
> — Consume el 58% del total de la energía, y la quinta parte más pobre, menos del 4%.
> — Tiene el 74% de todas las líneas telefónicas, y la quinta parte más pobre, sólo el 1,5%.
> — Consume el 84% de todo el papel, y la quinta parte más pobre, el 1,1%.
> — Posee el 87% de la flota mundial de vehículos, y la quinta parte más pobre, menos del 1%[18].

Si del aspecto específico del consumo pasamos a la situación económica general, el Informe ofrece cifras todavía más alarmantes: en torno a 100 países han experimentado un grave descenso económico. Entre 70 y 80 de ellos tenían en 1998 un ingreso *per capita* inferior al que tenían hace 10, 20 o 30 años. En los países subdesarrollados 1.300 millones de personas viven con menos de 1 dólar diario. En los países en estado de transición económica y política,

---

17. Cf. los *Informes sobre Desarrollo Humano*, realizados por el PNUD (Programa de las Naciones Unidas para el Desarrollo) desde 1990.
18. *Informe sobre Desarrollo Humano 1998*, Mundi-Prensa, Madrid, 1998, pp. 1-2.

120 millones de habitantes viven por debajo del límite de la pobreza con un ingreso de 4 dólares diarios.

La marginación y la exclusión sociales constituyen el hecho más escandaloso de nuestro tiempo, un clamoroso fracaso de los proyectos de desarrollo realizados por los grandes organismos internacionales, una prueba fehaciente de la falacia de la sociedad de bienestar que se quiere construir a nivel mundial, una negación de la hermandad entre los seres humanos, un rotundo fracaso de la ética de la alteridad y, en fin, una prueba irrefutable de la inmoralidad del capitalismo.

b) Una población sobrante e indefensa

Lo que caracteriza al fenómeno de la exclusión hoy —y lo diferencia de épocas anteriores— es que las personas, los colectivos y los pueblos excluidos son colocados *fuera del sistema*, no tienen lugar en la sociedad, carecen de relevancia e influencia sociales, e incluso se ven privados de poder para negociar y de capacidad de presión. No cuentan a efectos de derechos sociales o de satisfacción de las necesidades básicas. Ni siquiera entran en los cálculos de los presupuestos generales de los Estados. La población de los excluidos y excluidas es superflua, sobra en todos los sitios. Su misma vida se ve amenazada a diario. Así las cosas, la supervivencia se convierte en la principal causa de su lucha.

En esta situación se encuentra una gran parte de la población del Tercer Mundo y numerosos sectores de población en países desarrollados. Pero el Tercer Mundo lo vive de manera más excluyente, como demuestra Franz Hinkelammert:

> El Primer Mundo no se retira del Tercer Mundo, sino que desarrolla ahora una imagen de éste como un mundo en el que existe una población *que sobra* [...] A esta población que no puede explotar, la considera *superflua*. Es una población vista como *superpoblación*, que no debería siquiera existir, pero que ahí está [...] La población sobrante del Tercer Mundo carece completamente de poder. Quien sobra no puede ir a la huelga, no tiene poder de negociación, no puede amenazar [...] La situación de su población sobrante se ha transformado en una situación en la cual están amenazados en su propia existencia[19].

Esta población sobrante vive la experiencia de un silencio de

---

19. F. Himkelammert, «La crisis del socialismo y el Tercer Mundo»: *Pasos* 30 (1990). Este texto fue reproducido en *Iglesia Viva* 157 (1992), pp. 19-49; la cita aparece en pp. 23-25.

impotencia, no de protesta. Las personas excluidas han perdido la esperanza en el futuro y ni siquiera se esfuerzan por gritar; están tan exhaustas que no tienen fuerza ni para protestar. Peor aún, para qué gritar si nadie los va a escuchar. Esta situación es descrita muy expresivamente por Elsa Tamez en un espléndido artículo sobre Job, donde analiza dos tipos de silencio: el silencio como comunión profunda con las personas que sufren y el silencio de impotencia de los pobres de hoy. «Los excluidos de la ciudad —escribe— no gritan, y si gritan lo hacen muy suavemente, como sabiendo de antemano que no serán escuchados. Están allí trabajando en el basurero: recogiendo, respirando, oliendo, comiendo, tocando, pidiendo basura. Tal vez no gritan porque los transeúntes llevan *walkman*»[20]. Hasta la esperanza les ha sido robada. Y sin esperanza las posibilidades de vida se estrechan cada vez más.

En el Primer Mundo la franja de la exclusión se alarga y ensancha a pasos agigantados conformando un *Cuarto Mundo* de miseria que tiene múltiples manifestaciones: desempleo, que afecta mayoritariamente a las mujeres y a los jóvenes, y a veces a todos los miembros adultos de la familia; prostitución, como medio de supervivencia; violencia contra las mujeres; delincuencia; drogadicción; sida; inmigrantes y refugiados que son objeto de xenofobia y racismo; gitanos; presos; personas sin hogar, ni familia ni trabajo, que se ven obligadas a vivir de la mendicidad; personas mayores solas, abandonadas, sin recursos; personas alcohólicas; niños y niñas sin familia, sometidos a tráfico sexual, etc. Se trata del *estado de malestar* que las sociedades desarrolladas necesitan para que funcione el Estado de Bienestar.

El mundo de la exclusión en las sociedades desarrolladas, afirma Sols Lucia, «está formado por minorías diversificadas que viven infrahumanamente en un medio social de opulencia, que son difícilmente integrables en el sistema social y a menudo no tienen conciencia refleja de su marginación»[21]. La situación de marginación suele convertirse en un estado crónico que tiende a reproducirse y llega a situaciones de extrema inhumanidad. Quienes la sufren carecen tanto de voz para hacerse oír como de portavoces que defiendan su causa.

---

20. E. Tamez, «Job: ¡Grito violencia y nadie me responde!»: *Concilium* 273 (1997), p. 80.
21. J. Sols Lucia, *Teología de la marginación*, Cristianisme i Justicia, Barcelona, 1992, p. 9.

c) Hacia una teología desde la exclusión

La marginación y la exclusión social son categorías sociológicas descriptivas y explicativas de la parte más sórdida de la realidad humana. Son, a su vez, *categorías teológicas* que interpretan la realidad analizada a la luz de la experiencia liberadora de la fe, vivida en comunidad. Con ello queremos subrayar tres aspectos que no pueden ser ajenos a la reflexión cristiana:

— Que la marginación y la exclusión son el lugar social donde debe ubicarse el cristianismo: su mensaje, sus símbolos, su praxis, su organización, sus movimientos proféticos y comunidades, su espiritualidad, etc. Dicha ubicación viene exigida desde dos marcos complementarios: la propia realidad antes descrita y la Revelación de Dios en la historia, que tiene lugar desde los pobres.

— Que las personas y los grupos excluidos son el ámbito privilegiado de la experiencia de Dios. Ellos ayudan a descubrir dimensiones de Dios que suelen escaparse cuando uno se sitúa en otro lugar. Así, por ejemplo: la generosidad, la misericordia, la gratuidad, el compartir, el amor, la sorpresa, la mirada al futuro, la provisionalidad, la no instalación en el sistema, etcétera.

— Que la exclusión social constituye el horizonte teológico más adecuado para re-pensar y reformular los contenidos fundamentales de la fe a partir del principio fundamental y fundante de la opción por los pobres, que es una verdad de fe, una experiencia espiritual y una actitud ética. Los pobres, observa J. Sobrino, dan que pensar, capacitan para pensar y enseñan a ver la realidad con ojos de solidaridad[22].

Este planteamiento nos lleva derechamente a elaborar una *teología desde la marginación y la exclusión*[23] y a asumir un *compromiso* a través de las mediaciones históricas, que han de evolucionar en función de los cambios producidos en la sociedad, así como de las raíces y de las manifestaciones cambiantes de la marginación.

---

22. J. Sobrino, *Jesucristo liberador*, Trotta, Madrid, [4]2001, pp. 52-57.
23. Cf. J. J. Tamayo-Acosta, *La marginación, lugar social de los cristianos*, Trotta, Madrid, [3]1998; Íd., *Teología, pobreza y marginación*, PPC, Madrid, 1999; J. Sols Lucia, *Teología de la marginación,* cit.; V. Renes, J. Sols y L. González-Carvajal, *Pobreza y exclusión social*, PPC, Madrid, 1999; Varios, «La dignidad de los marginados»: *Concilium* 150 (1979); Varios, *Exclusión social y cristianismo*, Nueva Utopía, Madrid 1996; J. Duque (ed.), *Por una sociedad donde quepan todos*, CETELA-DEI, San José (Costa Rica), 1996; J. Mo Sung, «Exclusión social: ¿un tema teológico?», en J. Duque (ed.), *Perfiles teológicos para un nuevo milenio*, San José (Costa Rica), 1997, pp. 89-113.

14

EL FUTURO DE DIOS:
ENTRE LA MÍSTICA Y LA LIBERACIÓN

Después de la crítica moderna de la religión y de la idolatría, el nuevo paradigma teológico tiene que plantearse no sólo el problema de Dios, sino el futuro de Dios en las nuevas coordenadas religiosas y culturales. De él depende, en buena medida, el futuro de la propia teología y la orientación que haya que seguir en adelante.

14.1. *«Dios ha perecido en la locuacidad de sus testigos»*

Empiezo por decir algo que parece obvio pero que se olvida con frecuencia: el futuro de Dios, desde el punto de vista estrictamente religioso, depende de la capacidad de las personas y comunidades creyentes para testimoniarlo y dar razón de él tanto en el seno de la propia confesión religiosa como en el contexto en que han de vivir la fe. Por lo que se refiere al cristianismo, esa capacidad no parece ser hoy muy fuerte y convincente. Como afirma Gottfried Bachtl, «en un mundo que encuentra un gran placer en la palabra sin fin y todo lo reduce a eso, *Dios ha perecido en la locuacidad de sus testigos»*[1]. Los rezos se convierten, con frecuencia, en un espacio donde Dios viene a morir o a congelarse en los labios de sus más piadosos adoradores.

Ya lo advirtió 24 siglos ha el libro bíblico del Qohélet o Eclesiastés: «Cuando presentes un asunto a Dios, no te precipites a hablar, ni tu corazón se apresure a pronunciar una palabra ante

---

1. Tomo la cita de H. Waldenfelds, *Dios, futuro de la vida*, Sígueme, Salamanca 1996, p. 71; subrayado mío.

Dios. Dios está en el cielo, pero tú en la tierra: sean, por tanto, pocas tus palabras» (Qo 5, 1). Jesús de Nazaret, correligionario del Qohélet, vino a ratificarlo cuatrocientos años después cuando amonestara de esta guisa al grupo de personas que lo acompañaban: «Cuando oréis, no hagáis como los hipócritas, que gustan de rezar de pie en las sinagogas y en las esquinas para exhibirse ante la gente [...] Cuando oréis, no seáis palabreros como los paganos, que se imaginan que por hablar mucho les harán más caso» (Mt 6, 5-8). Los argumentos de los defensores de Dios, de una aparente factura lógica muy sólida, se quedan en pura formalidad y no logran mover el corazón humano hacia la solidaridad. Es posible que lleguen a demostrar la existencia de Dios con una sarta de razonamientos perfectamente encadenados, pero a costa de sacrificar al prójimo, delante del cual pasan de largo como el levita y el sacerdote de la parábola del «buen samaritano» ante la persona malherida. Algo parecido les sucede a los amigos de Job, que se estrujan la mente buscando razones en favor de Dios, pero son incapaces de comprender el sufrimiento de su amigo y de *com-padecer* con él. Su obsesión por salvar a Dios les lleva a declarar culpable a Job de acusaciones que no pueden probar. Con tal de preservar al Omnipotente de cualquier crítica, todo les está permitido, hasta cargar sobre el amigo pecados que no ha cometido. Los amigos de Job, como los actuales apologetas de Dios, terminan por ser charlatanes de feria, que repiten la misma retahíla con fines comerciales. Además de insolidarios con el sufrimiento ajeno, son necios, y sus razonamientos en favor de Dios no hay quien se los crea. Mejor así, porque el «dios» que se fabrican es lo más parecido a los tiranos de la historia o a la proyección de «dios» desenmascarada por Feuerbach. Con razón afirma Camus a este respecto que nunca vio morir a nadie por defender el argumento ontológico.

En este ámbito, los creyentes de las diferentes religiones no pueden responsabilizar de la crisis o muerte de Dios a sus críticos. Es, más bien, en los propios creyentes en quienes recae la responsabilidad principal de dicha crisis, como ya advirtiera el concilio Vaticano II en un texto antológico de lúcida autocrítica sobre la génesis del ateísmo moderno: «Por lo cual, en esta génesis del ateísmo pueden tener parte no pequeña los propios creyentes, en cuanto que, con el descuido de la educación religiosa, o con la exposición inadecuada de la doctrina, o incluso con los defectos de su vida religiosa, moral y social, han velado más bien que revelado el genuino rostro de Dios» (GS 19).

14.2. Versiones contrapuestas de Dios

A las tres incoherencias apuntadas por el Vaticano II —descuido de la educación religiosa, exposición inadecuada de la doctrina y falta de testimonio— quizá haya que sumar una cuarta, más grave si cabe: la dificultad —por no decir imposibilidad— de compaginar las imágenes tan dispares y contrapuestas que los cristianos y las cristianas transmiten de Dios.

Mientras el Dios del «dictador cristiano» Pinochet legitima la represión contra el pueblo, a través de un cruento golpe de Estado, para salvar del comunismo a la civilización cristiana, donde cree estar más protegido y amparado por el poder, el Dios de los mártires cristianos monseñor Romero y Ellacuría arriesga su vida poniéndose del lado de los pueblos crucificados, corriendo su misma suerte y convirtiéndose Él mismo en «Crucificado».

Mientras el Dios de Martin Luther King defiende la igual dignidad de todos los seres humanos, como hijos suyos que son, y no permite discriminación alguna por el color de la piel, el Dios de Pieter Botha, por una parte, y de muchos cristianos norteamericanos, por otra, legitima la segregación racial. Mientras creyentes de distintas religiones rezan a sus dioses en actos ecuménicos en favor de la paz, los líderes políticos los invocan como señores de la guerra, como hicieron Sadam Hussein y George Bush en la guerra del Golfo.

Mientras Ernesto Cardenal intenta compaginar —con el evangelio en la mano— su experiencia mística de Dios y el sentido poético de la fe con el compromiso por la liberación de su pueblo, Juan Pablo II apela al Dios apolítico para echar en cara al ministro cristiano de Cultura de Nicaragua su apuesta por la revolución. Mientras Leonardo Boff presenta al Dios trinitario como liberador de los pobres y oprimidos, el cardenal Ratzinger pone una mordaza en los labios del teólogo brasileño, como en los mejores tiempos de la Inquisición, y le prohíbe hablar del Dios liberador porque provoca escándalo entre los cristianos.

Mientras el moralista Bernhard Haring presenta a Dios como fuente de una ética de la responsabilidad y a Jesús como principio del seguimiento en libertad, y se niega a confundir a Dios y a la iglesia con la Congregación para la Doctrina de la Fe, los funcionarios de dicha congregación, apoyándose en un Dios represor de la sexualidad y enemigo del cuerpo, le amonestan, le someten a un severo proceso y le acusan de desviarse de la doctrina moral del Vaticano. Fue tan degradante el trato recibido por Häring durante el proceso eclesiástico, que llegó a hacer esta afirmación verdaderamente escalofriante: «Preferiría encontrarme nuevamente ante un tribunal de Hitler», para añadir a continuación: «Sin embargo, mi fe no vacila».

Mientras el Dios de Pedro Casaldáliga y de los *posseiros* sale en defensa de los derechos de los campesinos e indígenas, apuesta por una «Tierra sin males» y afirma que «el Verbo se hizo indio», el dios de los *fazendeiros* alquila a matones para eliminar a los campesinos e indígenas que claman por la tierra, con la que se sienten identificados.

Mientras el dios nazi legitima a Hitler como defensor de la pureza de la raza aria y justifica el Holocausto como medio de purificación del pueblo judío maldito, el Dios de las víctimas se pregunta, entre la perplejidad y el desconcierto, dónde estaba Dios cuando las víctimas eran eliminadas en los crematorios de los campos de concentración.

¿Cómo compaginar tantas y tan contrapuestas imágenes de Dios? Es muy difícil, por no decir imposible. Y esto provoca desconcierto y escándalo entre propios y extraños. Dios entra en competencia consigo mismo y termina por autonegarse. Aun cuando la imagen que mejor responde al Dios de los profetas, de Jesús y de los principales fundadores religiosos es la de Sobrino, Ellacuría, Gandhi, Luther King, Casaldáliga, etc., en el imaginario colectivo ha quedado introyectada, cual foto fija, la del dios déspota, represivo, segregacionista. Y en ese dios no se puede creer, y menos aún confiar. Mejor que haya cada vez más ateos de ese dios, que es un ídolo.

14.3. «*Venciste, Galileo*»

Desde el punto de vista cultural, el futuro de Dios depende de los contextos y de las condiciones de plausibilidad que se den en los climas sociopolíticos y culturales. Y aquí conviene recordar las previsiones hechas por no pocos sociólogos de la religión e importantes pensadores postreligiosos —incluidos los «teólogos de la muerte de Dios»— a lo largo de todo el siglo XX sobre la secularización. Se anunció, con la solemnidad de una profecía, que el proceso de secularización iba a extenderse como una mancha de aceite por todas las sociedades occidentales; que las religiones no lograrían sobrevivir al siglo XX y se convertirían en un fenómeno residual, sin relevancia sociocultural alguna; que la fe quedaría recluida en el estrecho espacio de la conciencia y sólo sobreviviría en los corazones de las personas creyentes; que el anuncio nietzscheano de la «muerte de Dios» estaba a punto de hacerse realidad. Se creía que el avance del pensamiento *crítico* de la modernidad llevaba consigo el retroceso del pensamiento *mítico* de las religiones; que las luces de la razón eliminarían el oscurantismo de las creencias. Cuanto más territorio ganaba la modernidad, más perdían las religiones. Más aún, se consideraba la supresión de la religión como un factor de progreso y de emancipación de la humanidad.

Además, el final de las religiones parecía corresponderse con el final de las ideologías y de las utopías. Eliminadas las tres en lo que pudieran tener de incontrolables y subversivas, ya no había lugar para sobresaltos: todo estaba bajo el control de la razón instrumental.

El sociólogo francés Émile Poulat resumía la mentalidad liquidacionista de la religión, que caracterizaba a algunas corrientes de la modernidad europea, en este texto antológico con el que termina su libro *Iglesia contra burguesía*: «Has vencido, Galileo [...] Has vencido, modernidad, y eso te confiere legitimidad histórica. Nos dominas, nos tienes en un puño, nos arrastras quién sabe adónde, y a eso se debe el que, ineludiblemente, se nos pregunte tanto sobre ti, cada vez más y por todas partes»[2].

No pocos cristianos y cristianas hicieron suyas las tesis de los sociólogos de la secularización. ¿Cómo? Ofreciendo una interpretación no religiosa del cristianismo, vaciando la fe de sus dimensiones simbólicas y místicas, y reduciéndola a su vertiente ética y a su funcionalidad sociopolítica. Ser creyente en plena era de la modernidad exigía renunciar a las adherencias míticas del mundo religioso en que uno había sido educado.

14.4. *El retorno de Dios, contra todo pronóstico*

Sin embargo, ya entrados en el siglo XXI, las previsiones liquidacionistas de Dios y de la religión están muy lejos de cumplirse, y sus autores no podrían ganarse la vida como adivinos. Haciendo un poco de historia, cabe recordar que, a finales de la década de los años setenta del siglo XX, se produjo la llamada «revancha de Dios» o «sorpresa divina». Algunas religiones recuperaron el protagonismo político y social que habían perdido en décadas anteriores, tanto en Occidente como en Oriente. Sus dioses, tras un largo

---

2. Tomo la cita de A. Riccardi, «Las religiones en el siglo XX. Entre el diálogo y la violencia»: *Concilium* 273 (1997), p. 111.

período de silencio y ocultamiento impuestos, se tornaron visibles a través de regímenes teocráticos, se hicieron audibles por medio de los telepredicadores fundamentalistas y desplegaron algunos de sus viejos atributos más arrogantes y peligrosos para los mortales: omnipotencia, intolerancia, agresividad. Sus líderes religiosos salieron de los recintos sagrados en que vivían recluidos, entraron en la vida pública y tomaron las riendas de los poderes del Estado, imponiendo por decreto a la ciudadanía el propio sistema de creencias y unas normas estrictas de moralidad, sin respetar ni la libertad religiosa ni la de conciencia.

Durante la última década el factor religioso ha vuelto a convertirse en un elemento fundamental en la configuración de la identidad cultural de algunos pueblos. Cada religión ha recurrido a su Dios unas veces para legitimar guerras, invasiones, agresiones y hasta «intervenciones humanitarias»; otras, como estandarte de la independencia nacional; otras, como punto de apoyo de la resistencia popular; y siempre como piedra arrojadiza contra otros dioses.

Si de la recuperación de la función socio-política de las religiones pasamos al ámbito de la experiencia, puede observarse una revalorización de la subjetividad de la fe, que se corresponde con el proceso de desinstitucionalización de las creencias y de las instituciones religiosas. El escritor y político francés A. Malraux anunció que el siglo XXI sería espiritual o no sería nada. Y no parece que se equivocara en el pronóstico. Estamos asistiendo a un despertar religioso que tiene múltiples y heterogéneas manifestaciones, y que resulta difícil de tipificar. Una de ellas la constituyen los llamados nuevos movimientos religiosos, que los sociólogos de la religión tienden a tipificar en torno a tres grupos: los fundamentalistas, los de inspiración oriental y los psicológico-terapéuticos. La mayoría de ellos suelen dar prioridad a la experiencia directa de lo divino sobre los razonamientos y al fervor emocional sobre el pensamiento racional. Operan con una concepción holística —no fragmentada— de la realidad y se apoyan en certezas intuitivas más que en verdades dogmáticas (salvo en el caso de los fundamentalistas). Buscan una comunidad de apoyo para la reafirmación del yo y, a veces, adoptan actitudes contraculturales. Algunos movimientos, sin embargo, fomentan en sus seguidores actitudes sociales y políticas acríticas, cuando no los alejan de la realidad.

14.5. El tiempo de los místicos: Dios como «silencio del universo»

El teólogo alemán K. Rahner predijo que el hombre del siglo XXI sería místico o no sería. Y parece haber acertado. En plena crisis de las religiones estamos asistiendo a una revalorización de la mística tanto en sus formas profanas como religiosas, que nada tienen de alienantes y mucho de subversivas. La mística es el grado sumo de la experiencia religiosa y el elemento de mayor convergencia entre las religiones. En vano se buscaría en la historia de las religiones resto alguno de conflicto entre los místicos, pues lo que predomina en ellos es una espiritualidad afín en sus rasgos fundamentales. La idea de Dios, que constituye una de las principales fuentes de divergencia entre los teólogos de las distintas religiones, se convierte en punto de coincidencia entre los místicos. Para ellos Dios es el indecible, el innombrable, el irrepresentable, el elusivo, el sin principio ni fin, el ser gratuito pero no superfluo, como afirmara González Ruiz en el título de uno de sus libros más bellos.

Los místicos y las místicas presentan a Dios como la «Nada pura y desnuda». Así Hadewijch de Amberes, Ruysbroeck el Admirable y el Maestro Eckhardt. Este último desconfía de toda manifestación divina concreta y de las mediaciones con que pudiera representarse a Dios. La visión nocturna es la que mejor expresa la nada de Dios. En la mística ser y nada coinciden: «El ser no es sino la nada; la nada no es sino el ser», leemos en el poema *Escritura de cincel del espíritu creyente*, de Sengts'an. La experiencia de Dios es vivida como inmersión en el abismo de la incognoscibilidad sin fondo. Dios es Misterio y, como tal, inmanipulable y contrario a la magia, ajeno a todo utilitarismo religioso[3].

Al Dios de los místicos parece referirse el escritor y premio Nobel José Saramago cuando escribe: «Dios es el silencio del Universo, y el ser humano el grito que da sentido a ese silencio». Para los teólogos ortodoxos de las religiones teístas esto quizá sea decir poco. Para mí es suficiente. Decir más me parece una irreverencia para con Dios y una falta de respeto hacia el Misterio que se esconde en él. Los místicos se sitúan, así, dentro de la mejor tradición judía de la prohibición de las imágenes (teología negativa por excelencia): «No te harás escultura ni imagen alguna de lo que hay

---

3. Cf. J. Martín Velasco, *El fenómeno místico. Estudio comparado*, Trotta, Madrid, ²2003.

arriba en los cielos, abajo en la tierra o en las aguas debajo de la tierra [...] No te postrarás ante ellas ni les darás culto [...] No pronunciarás el nombre de Yahvé en falso» (Éx 20, 4.5.7).

Cuenta el libro primero de los Reyes (1 Re 19) que, tras caminar cuarenta días y cuarenta noches, el profeta Elías se refugia en la gruta del monte Horeb para pasar la noche. Dios le pide que se ponga de pie en el monte porque va a pasar el Señor. Vino un huracán violento que hizo trizas la roca, pero Dios no estaba en el huracán. Vino luego un terremoto, y tampoco estaba Dios en el terremoto. Después vino el fuego, y tampoco estaba Dios en él. Pasó más tarde una brisa suave, y allí estaba Dios. En un bellísimo comentario a este texto Umberto Eco dice que Dios estaba en el alma de Elías, en los monjes de Qumrán, en los monasterios benedictinos medievales, pero no está en el ruido, o en la primera página de los periódicos, o en la televisión, o en Broadway. «Dio no está en el barrillo». Máxima válida también para quienes no creen en Dios pero van tras la Verdad, pues ésta se encuentra en la búsqueda silenciosa, y no en el tumulto[4].

Encontrar a Dios en el alma sin intermediarios: ése es el objetivo último y el momento cumbre de la experiencia mística. En la teología de Hildegarda de Bingen, cuando el alma llega a la cima de la visión consigue ser semejante a Dios[5]. Las beguinas hablan del retorno del alma a su ser original en Dios e incluso de la aniquilación del alma, que se convierte en «lo que es Dios». Estas mujeres llegan a elaborar una lengua propia para poder expresar su plena conjunción con Dios. El ser humano se desposee de su ser «creado» para recuperar su ser «increado» y llegar a ser «Dios con Dios» (Hadewijch de Amberes) o «Dios en Dios» (Maestro Eckhardt).

El tema central del libro *Espejo de las almas simples anonadadas*, de Margarita Porete, declarada hereje y quemada viva en 1310, es la liberación que logra el alma al aniquilarse en Dios por amor, hasta transformarse en Dios. «*Amor:* Yo soy Dios, pues Amor es Dios y Dios es Amor, y esta Alma es Dios por condición de Amor y yo soy Dios por naturaleza divina, y esta Alma es por justicia de Amor. De forma que esta mi preciosa amiga es instruida

---

4. Cf. U. Eco, «La fuerza de la cultura podrá evitar el choque de civilizaciones»: *El País*, 12 de junio de 2002, p. 11.
5. Cf. Hildegarda de Bingen, *Scivias. Conoce los caminos*, Trotta, Madrid, 1999; *Vida y visiones de Hildegard von Bingen*, edición a cargo de V. Cirlot, Siruela, Madrid, 2001.

y conducida por mí sin ella, pues ella se ha transformado en mí»[6]. Hay aquí una identidad entre Dama Amor y Dios. Es la unión sin diferencia. Se trata, en definitiva, de una radicalización de la doctrina tradicional de la *deificación* en la línea de la patrística griega y del Pseudo-Dionisio, que es común a las místicas del siglo XIII y tiene su fuente de inspiración en Guillermo de Saint Thierry[7].

14.6. *La mística, en el horizonte del sentido*

Habrá quien, desde posiciones racionalistas, siga repitiendo la vieja cantinela de que la mística es antiintelectualista y puramente emocional, y que se mueve fuera de la órbita de la razón. Pero los más recientes estudios interdisciplinares parecen desmentirlo. Lo que muestran, más bien, es que en ella se compaginan armónicamente el intelecto y la afectividad, la espiritualidad y la teología, la experiencia y la reflexión, la facultad de pensar y la de amar.

Tampoco tiene mucha consistencia la acusación de ahistórica que se lanza contra ella. La mística tiene mucho de sueño, es verdad. Pero el sueño está cargado de utopía. Y, como afirma Walter Benjamin, la utopía «forma parte de la historia». Ciertamente, la utopía se ubica en el corazón de la historia, pero no acomodaticiamente y a ras de suelo, sino críticamente y en el nivel de la profundidad.

Sobre los místicos pesa otra acusación: que huyen de la realidad como de la quema y se recluyen en la soledad-individualidad de la contemplación por miedo a mancharse las manos. A ello cabe responder con Cristina Kaufmann que la mística «es el dinamismo interno de toda actividad solidaria y creativa del cristiano. Crea personas de incansable entrega a los demás, de capacidad de transformación de las relaciones entre las personas, ya que hace vivir al sujeto en consciente y operativa comunicación con la fuente misma de la vida: Dios»[8].

---

6. Margarita Porete, *El espejo de las almas simples*; Anónimo, *Hermana Katrei*, estudio y traducción de B. Garí y A. Padrós-Wolff, Icaria Antrazyt, Barcelona, 1995, cap. 21, p. 97.
7. Cf. V. Cirlot y B. Garí, *La mirada interior. Escritoras místicas y visionarias en la Edad Media*, Martínez Roca, Barcelona, 1999; G. Epiney-Bougard y E. Zum Brunn, *Mujeres trovadoras de Dios. Una tradición silenciada de la Europa Medieval*, Paidós, Barcelona, 1998; L. Muraro, *Guillerma y Maifreda. Historia de una herejía femenina*, Omega, Barcelona, 1987; M. Wade Labarge, *La mujer en la Edad Media*, Nerea, Madrid, 1988.
8. C. Kauffmann, «Mística», en C. Floristán y J. J. Tamayo (eds.), *Conceptos fundamentales del cristianismo*, Trotta, Madrid, 1993.

A la experiencia mística se la acusa también de que, en ella, el sujeto se pierde en el abismo de la trascendencia y desaparece. No es ésta, sin embargo, la impresión que se tiene leyendo a los místicos. Sin sujeto no hay experiencia religiosa. Él es el verdadero protagonista de la vida de fe. La experiencia mística implica a la totalidad del sujeto, que, en su relación con Dios, se siente transformado y enriquecido en sus facultades cognitivas y afectivas. He aquí dos textos de Angelus Silesius:

> Yo sé que, sin mí, Dios no puede vivir ni un instante. Si yo me aniquilo, Él tiene que dejar necesariamente el espíritu.
>
> Yo soy tan rico como Dios, no puede existir ninguna partícula que yo, hombre, créeme, no tenga en común con Él[9].

El Maestro Echkart lo ratifica en un texto enigmático:

> Por eso ruego a Dios que me vacíe de Dios, pues mi ser esencial está por encima de Dios, en la medida en que comprendemos a Dios como origen de las criaturas [...] Soy la causa de mí mismo según mi ser, que es eterno, no según mi devenir, que es temporal [...] En mi nacimiento (eterno) nacieron todas las cosas, y si (yo) hubiera querido no habría sido ni yo ni todas las cosas; pero si yo no hubiera sido, tampoco habría sido Dios: que Dios sea Dios, de eso soy yo una causa; si yo no fuera, Dios no sería Dios[10].

Matilde de Magdeburgo habla en su obra *La Luz resplandeciente de la Divinidad* de la «alienación de Dios», del vacío de lo que resplandece y de la inutilidad de la emanación como modo de la Luz resplandeciente, de la noche y la oscuridad, de la soledad y el sufrimiento, de la necesidad de habitar el desierto. En el poema sobre las doce cosas del desierto, de la obra citada, podemos leer:

> Debes amar la nada,
> debes huir del algo,
> debes permanecer sola
> y no ir a casa de nadie.
> Debes ser activa
> y libre de todas las cosas.
> Y liberar a los cautivos
> y encarcelar a los libres.

---

9. Tomo las citas de E. Bloch, *El ateísmo en el cristianismo*, Taurus, Madrid, 1983, pp. 203-204.
10. Maestro Eckhart, *El fruto de la nada*, Siruela, Madrid, 1998, p. 80.

> Debes consolar a los enfermos
> y no quedarte nada para ti.
> Debes beber el agua del sufrimiento
> y alumbrar el fuego del amor
> con los leños de las virtudes.
> Y así habitarás el verdadero desierto[11].

A la mística se la acusa de ser conformista con la realidad y fomentar actitudes pasivas. Esta crítica tampoco parece resistir un análisis en profundidad. Los místicos suelen ser incómodos para el sistema, tanto religioso como político, por su carácter subversivo y desestabilizador. Sus experiencias son objeto de estricto control por parte de los inquisidores. Sus mensajes están en el punto de mira de los poderes doctrinales, verdaderos cancerberos de la fe. Veamos dos ejemplos. Juan de la Cruz fue detenido y encarcelado por los enemigos de la reforma carmelitana. El Maestro Eckhart fue controlado siendo profesor de teología y formador, y, poco más de un año después de su muerte, el papa Juan XXII hacía pública una Bula en la que condenaba una serie de proposiciones sacadas de sus obras.

La mística se sitúa en el horizonte del sentido, y el Dios de los místicos tiene mucho que ver con dicho horizonte. Por eso me parece que tiene futuro.

14.7. *En la senda de la liberación, de la vida y de la esperanza*

También tiene futuro el Dios de la libertad y de la liberación, de la esperanza y de la compasión, de la justicia y de la vida, que está en la base de las teologías de la liberación y de los movimientos de solidaridad de todas las religiones. Es el Dios que, como en el Éxodo, escucha el clamor de los pueblos oprimidos, ve la opresión a que los egipcios someten a los hebreos y, movido por la compasión, envía a Moisés a liberarlos (Éx 3, 9-10). El Dios de los profetas que detesta los sacrificios y el humo del incienso, aborrece los novilunios y las solemnidades, está harto de de holocaustos y desoye las plegarias de los que se dirigen a él para pedirle favores (Is 1, 10-15); la verdadera religión para él es desistir de hacer el mal, aprender a hacer el bien, buscar lo justo, reconocer sus derechos a los oprimidos, hacer justicia a los huérfanos, abogar por las viudas,

---

11. El texto aparece en G. Epiney-Burgard y E. Zum Brunn, *Mujeres trovadoras de Dios*, cit., 95.

acoger a los extranjeros, vendar los corazones rotos, consolar a los que lloran, partir el pan con el hambriento y liberar a los cautivos de sus cadenas (Is 1, 17; 61, 1-2). Es el Dios que se resiste a mirar al pasado y llama a dirigir la vista al futuro, donde se encuentra lo nuevo, como dice el Segundo Isaías: «No recordéis el pasado, no penséis en lo antiguo; mirad que realizo algo nuevo; ya está brotando, ¿no lo notáis?» (Is 43, 18). Precisamente el futuro es una dimensión constitutiva del Dios de la Biblia, y la esperanza la respuesta ante la oferta del futuro.

Es el Dios que defiende la vida, sobre todo la de los pobres, que siempre se ve amenazada por peligros de todo tipo: hambre, persecuciones, inmigración, discriminación por razones religiosas, étnicas, sociales, culturales, de género, etc., frente a los ídolos —sobre todo económicos— de muerte, que exigen sacrificios para aplacar su ira, pero no sacrificios cualesquiera, sino la vida de los pobres.

Es el Dios que defiende la vida de la naturaleza, frente a los ídolos que la depredan y le sacan el jugo hasta dejarla exhausta; el Dios de la misericordia, que cancela a los empobrecidos la deuda impuesta por los poderosos, frente a los dioses del neoliberalismo, que exigen pagar hasta el último céntimo de una deuda surgida de la explotación.

Es el Dios al que se accede no a través de complicadas operaciones mentales, sino «contemplándolo y practicándolo» (G. Gutiérrez). Como afirma Jon Sobrino, al Dios liberador se le va conociendo en la praxis de la liberación, al Dios bueno y misericordioso, en la praxis de la bondad y de la misericordia, al Dios escondido y crucificado, en la fidelidad en la persecución y martirio, al Dios de la utopía, en la praxis de la esperanza. Es, en fin, el *Deus humanisimus* del que habla el teólogo holandés Edward Schillebeeckx.

Todavía habrá quien se pregunte cómo puedo asociar dos concepciones y experiencias de Dios tan dispares como la de la mística y la de la liberación. Mi respuesta es que no hay tal disparidad, como muestra L. Boff cuando define al/a cristiano/a como contemplativo/a en la liberación[12].

---

12. Cf. L. Boff, «Contemplativus in liberatione. De la espiritualidad de la liberación a la práctica de la liberación», en E. Bonnin (ed.), *Espiritualidad de la liberación*, DEI, San José (Costa Rica), 1982, pp. 49-59; S. Galilea, «La liberación como encuentro de la política y de la contemplación»: *Concilium* 96 (1974), pp. 313-327.

EL FUTURO DE DIOS: ENTRE LA MÍSTICA Y LA LIBERACIÓN

El Dios de los místicos y de la liberación no tiene nada de omnipotente, al estilo de los poderosos de la tierra. Cuando las religiones se empeñan en presentar a Dios con el atributo de la omnipotencia, lo convierten en dueño y señor de vidas y haciendas, que se pone del lado de los dictadores y aplasta a las personas sin poder. Ese Dios, que ha estado vigente durante muchos siglos, carece de futuro.

Sí tiene futuro, sin embargo, el Dios que aparece como víctima, débil, sufriente, crucificado. «Dios, clavado en la cruz, permite que lo echen del mundo. Dios es impotente y débil en el mundo —escribía el teólogo mártir Dietrich Bonhoeffer el 16 de julio de 1944 desde una prisión nazi— y sólo así está Dios con nosotros y nos ayuda. Mateo 8, 17 indica claramente que Cristo no nos ayuda por su omnipotencia, sino por su debilidad y sus sufrimientos [...] Sólo el Dios sufriente puede ayudarnos»[13].

14.8. Adiós al Dios del teísmo

El Dios del teísmo carece de presente y de futuro. «Dios está por encima del Dios del teísmo», afirma Paul Tillich, quien aboga por superar los teísmos y desenmascara a los dioses que se esconden tras ellos[14]. El teísmo político enfunda a Dios en una retórica hueca y lo invoca para causar impacto en el auditorio y como garantía del cumplimiento de las promesas de los políticos, que nunca llegan a cumplirse y, en consecuencia, sumen a Dios en el más profundo descrédito. La palabra «dios» en sus labios está vacía de contenido. Ese teísmo debe ser superado porque resulta irreverente y está siempre del lado del poder de los dictadores. Pero también hay que superar al Dios del teísmo teológico, que es un ser aparte de los demás seres y una parte de la realidad total, su parte más importante, es verdad, pero, en definitiva, sometida a la totalidad. Ese Dios priva al ser humano de su subjetividad. Aparece como el tirano invencible, que no permite el desarrollo de la libertad de los demás seres. «Éste es el Dios —matiza Tillich— que Nietzsche dijo que había que matar porque nadie puede tolerar el ser convertido en un mero objeto de un conocimiento absoluto y de un control absoluto»[15].

13. D. Bonhoeffer, *Resistencia y sumisión. Cartas y apuntes desde el cautiverio*, Ariel, Esplugas de Llobregat, 1969, p. 210.
14. Cf. P. Tillich, *El coraje de existir*, Laia, Barcelona 1973, pp. 173 ss.
15. *Ibid.*, p. 176.

Volvemos así de nuevo al Dios de los místicos, que está por encima de cualquier representación de Dios. El ser humano sólo puede hablar de Dios por medio de símbolos. Éstos apuntan hacia Él, pero no coinciden con Él ni lo agotan. Todo conocimiento de Dios es un conocimiento simbólico. Toda confesión de Dios no pasa de ser un símbolo de la fe. A este Dios no se le puede matar del todo, por mucho que lo pretendan los distintos ateísmos, dice Tillich. Sólo se puede matar a los ídolos. Dios siempre vive y pervive porque está «en el fondo del ser».

14.9. *La muerte del Dios de la teodicea*

El Dios de la *teodicea*, defensor a ultranza de su omnipotencia e insensible al sufrimiento de las víctimas, hace mucho tiempo que está herido de muerte, si no muerto del todo[16]. Primero fue Epicuro quien, con su conocido argumento —constantemente reformulado a lo largo de la historia de la filosofía—, puso en cuestión la incompatibilidad entre la bondad y la omnipotencia de Dios. El filósofo Pierre Bayle, veinte siglos después, aplicó el argumento epicúreo a la inevitabilidad o no, por parte de Dios, del pecado original, que, según la doctrina tradicional, es la causa de todos los males posteriores y de la muerte.

Voltaire volvió a retomarlo con motivo del terromoto de Lisboa, sucedido el 1 de noviembre de 1775, que le sirvió de base real para mofarse de Leibniz, cuyo optimismo había compartido antes:

> Se alza contra los abusos que se pueden hacer de ese antiguo axioma «todo está bien». Adopta aquella triste y más antigua verdad, reconocida por todos los hombres, de que hay mal en la tierra; confiesa que el lema «todo está bien», tomado en sentido absoluto y sin la esperanza de un futuro, no es más que un insulto a los dolores de nuestra vida [...] Reconoce, pues, con toda la tierra que hay mal en el mundo, así como que ningún filósofo ha podido explicar el origen del mal moral y físico[17].

El terremoto de Lisboa, constata Adorno, fue suficiente para curar a Voltaire de su adición a la teodicea leibniziana. Ahora bien, la negatividad de la existencia se pone de manifiesto en toda su radicali-

---

16. Cf. J. A. Estrada, *La imposible teodicea*, Trotta, Madrid, ²2003.
17. Voltaire, *Opúsculos satíricos y filosóficos*, Madrid, 1978, p. 204.

dad en Auschwitz: «Pero la abarcable catástrofe de la primera naturaleza fue insignificante comparada con la segunda, social, cuyo infierno real a base de la maldad humana sobrepasa nuestra imaginación». Hasta la capacidad de la metafísica quedó paralizada después de Auschwitz, «porque lo ocurrido le deshizo al pensamiento metafísico especulativo la base de su compatibilidad con la experencia»[18].
Luego vino Kant, quien decretó el fracaso de toda teodicea. En este asunto, dijo, no se trata tanto de razonar ingeniosamente cuanto de ser sinceros reconociendo la incapacidad de nuestra razón y de ser honrados no falseando nuestros pensamientos. Así lo expresó en un breve y lúcido texto que lleva por título *Sobre el fracaso de todo ensayo filosófico en la teodicea*, donde afirma que «la teodicea no es tanto asunto de ciencia cuanto, mucho más, de fe»[19].
Dostoievski y Camus lo reformularon en toda su radicalidad a partir del sufrimiento de los inocentes, que constituye todo un grito y una rebelión contra Dios[20]. Las víctimas que aparecen en las obras de estos autores someten a Dios a un juicio moral. Iván Karamazov se rebela contra la creación divina donde sufren los niños. «No es que no admita a Dios, Aliosha —afirma en la novela de Dostoievski *Los hermanos Karamazov*—; me limito a devolver respetuosamente el billete»[21]. En Camus la indignación de la razón contra la creación lleva derechamente a la negación de Dios. Reformulando el viejo argumento de Epicuro afirma: «Se conoce la alternativa: o bien somos libres y Dios todopoderoso es responsable del mal, o bien somos libres y responsables, pero Dios no es todopoderoso. Todas las sutilezas de escuela no han añadido ni quitado nada a lo decisivo de esta paradoja»[22].
Comparto la calificación de «fraudulenta» que hace J. Muguerza de la noción leibniziana de mal y coincido con él en que su poder explicativo es «prácticamente nulo». Esa noción hace abstracción de los males concretos que afectan realmente a los seres humanos. Es en esa abstracción donde se encuentra precisamente la base estratégica que lleva a Leibniz y a sus fieles seguidores a afir-

---

18. Th. W. Adorno, *Dialéctica negativa*, Taurus, Madrid, 1984, pp. 361-362.
19. I. Kant, *Sobre el fracaso de todo ensayo filosófico en la teodicea*, Universidad Complutense, Madrid, 1992, p. 25.
20. Cf. J. J. Tamayo-Acosta, *Para comprender la crisis de Dios hoy*, Verbo Divino, Estella, ²2000, pp. 200-215.
21. F. Dostoievski, *Los hermanos Karamazov*, Cátedra, Madrid, 1992, pp. 394-395.
22. A. Camus, *El mito de Sísifo*, Alianza, Madrid, 1996, pp. 260-261.

mar que este mundo «es el mejor de todos los mundos posibles». Ahora bien, cuando el mal metafísico se desglosa en los males visibles, palpables y sufribles concretos, el optimismo leibniziano se viene a bajo como un castillo de naipes ante un soplido. Vuelve a oírse entonces la incisiva pregunta que ya hiciera Voltaire: «¿Curaréis vuestros males pretendiendo negarlos?».

14.10. *Hablar de Dios, creer en Dios y orar a Dios, después de Auschwitz*

Los filósofos judíos se preguntan si se puede hablar de Dios, creer en él y rezarle después de Auschwitz. Para Elie Wiesel, Dios y Auschwitz son incompatibles, pues el primero es la Creación, mientras que el segundo es la Destrucción Total. Pero, a la vez, ambos son inconcebibles, inexpresables; pertenecen a la esfera del (M)misterio, con mayúscula y minúscula[23]. Hans Jonas, en su conocido artículo «El concepto de Dios después de Auschwitz. Una voz judía», plantea dos objeciones a la idea tradicional de un poder divino absoluto e ilimitado: una, lógica; otra, teológica. Y concluye su razonamiento de manera contundente: «¡No es un Dios omnipotente!»[24]. Prefiere hablar de un Dios sufriente, un Dios que deviene, un Dios involucrado en el devenir de la creación —ser humano y naturaleza—. A la hora de elegir entre la omnipotencia y la bondad sacrifica la primera y opta por la segunda.

La teodicea falsea la realidad y se olvida del dolor de las víctimas. Por ello constituye, según la certera observación de W. Oelmüller, un *auto-engaño para quienes la elaboran*, un *engaño para los otros*, especialmente *para las víctimas*, y, como dijera el libro de Job, un insincero «embuste para Dios»[25].

Tras este rápido recorrido cabe concluir con Georg Büchner, en su obra teatral *La muerte de Danton,* que el sufrimiento es la roca del ateísmo[26].

Contra la teodicea se levanta hoy con especial severidad la teología feminista, que la considera una invención de la teología patriarcal y al tiempo sospecha que se trata de una evasión ante el

---

23. Cf. J. B. Metz y E. Wiesel, *Esperar a pesar de todo,* Trotta, Madrid, 1996.
24. H. Jonas, *Pensar sobre Dios y otros ensayos,* Herder, Barcelona, 1998, p. 205.
25. W. Oelmüller, «No callar sobre el sufrimiento», en J. B. Metz (dir.), *El clamor de la tierra,* Verbo Divino, Estella, 1996, pp. 81-85.
26. Cf. G. Büchner, *Obras completas,* Trotta, Madrid, 1992.

sufrimiento, más aún, de una negación del sufrimiento. Frente al intento de la teodicea de defender a Dios, Sölle se pregunta si existe una defensa de Dios que no sea satánica:

> ¿Por qué los seres humanos adoran a un dios cuya cualidad más importante es el poder, cuyo interés es la sumisión, cuyo miedo es la igualdad de derechos? ¿Por qué vamos a adorar y amar a un Ser que no sobrepasa el nivel moral de la cultura actual determinada por varones, sino que además la estabiliza?[27].

La teología feminista prefiere hablar de Dios como «Fuente de todos los bienes», «Viento vivo», «Agua de la vida», «Luz», etc., y utilizar símbolos que expresen no sacrificio, entrega o sumisión, sino comunión, religación no opresiva como, por ejemplo, el Dios Amor, de san Juan, o Dios en el fondo del ser, de Paul Tillich. Todo ello dentro de la mejor tradición de la teología mística, como la de Beatriz de Nazaret, religiosa cisterciense del siglo XIII que en una de sus *Visiones* ve a Dios como la fuente de un gran río del que salen otros ríos y arroyos: el gran río es Dios; los otros ríos, los estigmas de Cristo; los arroyos, los dones del Espíritu Santo[28].

---

27. D. Sölle, *Reflexiones sobre Dios,* Herder, Barcelona, 1996, p. 29.
28. Cf. G. Epiney-Burgard y E. Zum Brunn, *Mujeres trovadoras de Dios,* cit., pp. 109-110.